〈 착한보험 프로젝트 I 〉

보험 보상 손해사정 분쟁조정 약관
실전위주의 쉽고 명쾌한 해석

손해사정사가 쓴

알기쉬운

보험·보상 솔루션

저 자 손해사정사 김 영 현

도서출판 대학서림

보험 및 보상관련 책들은 많다. 그러나 이론중심이다보니 해법을 찾기가 쉽지 않다. 그래서 약관 및 실무에서 애매한 사항에 대한 논리적인 해답, 사례, 관련법령 및 판례를 같이 명시하여 실무에 도움이 될 수 있도록 하였고, 보상때문에 힘들어 하는 소비자도 적극 활용 할 수 있도록 하였다. 다만 보다 합리적인 판단을 위해 실질적 가이드라인을 정하고자 저자의 의견이 많이 들어가다보니 마치 규정된 법령인 것처럼 오해를 불러일으킬 수 있으나, 양해바란다.

제1장은 보상의 출발점, 즉 보험사, 손해사정사, 금융감독원의 소비자보호를 위해서는 무엇을 해야 하는지, 각자의 역할이 무엇인지에 대해 살펴보았다.

제2장은 단답형의 논리적인 해법을 제시하였다. 보험보상관련 종사자라면, 그 이상의 전문가라면 연관된 업무, 가령 보험금은 압류대상인지, 상속세를 내야하는지, 장애인 등록절차 및 혜택은 어떻게 되는지, 산재부터 국민연금까지 장해진단방법에서부터 보상결과까지 알아야 할 것이다. 기본적인 사항(예, 상해와 재해의 차이 등)에 대해서도 명확하게 설명할 수 있어야 한다. 복잡해진 현대사회에서 한분야만 잘해서는 합리적인 해결책을 제시했다고 볼 수 없다. 개인만의 특화된 전문성은 기본전제가 되어야 하고, 여러 분야(손해보험, 생명보험, 자동차 보험, 화재보험, 산재보험, 국민건강보험, 국민연금, 국가배상책임보험, 각종법률, 의학, 회계학 등)에 대한 지식도 고루 갖추고 있어야 한다. 숲 전체를 볼 수 있는 역량을 갖추었을 때 소비자로부터 진정한 신뢰를 얻을 수 있을 것이다.

제3장은 실무중심이다. 우선적으로 도움이 될 만한 사안 중심으로 각종 진단서, 시체검

머리말

안서, 부검결과, 수사기록, 관련 판례(1심, 2심, 대법원), 자문회신, 손해사정서 등을 제시함으로써 실무에 응용할 수 있도록 하였다.

이해를 돕기 위해 각 사안의 맨 첫장은 사례를 요약하였다. 이후 사례연습에서 손해사정서를 그대로 옮겨놓는 형식으로 하였다. 따라서 유사 사건에서 직접적인 해결책이 될 수 있을 것이다. 사건 해결을 위해서 의학지식이 필요한 경우가 많다. 저자 또한 필요한 의학지식을 찾고자 많은 시간을 할애했다. 그래서 의학지식도 병행하였다.

궁극적인 목적은 단순히 사건해결을 위함만은 아니다. 해결하는 과정에서 약관 보는 눈을 가질 수 있을 것이다. 표면상에 드러나 있는 문구 그대로의 의미가 아닌, 존재 취지 등을 이해할 수 있게 될 것이다. 복잡해지고 수시로 바뀌는 규정에 대해 해석할 수 있는 눈을 가질 수 있다면 다툼은 줄어 들 것이다. 그리고 각 사안마다 끝부분의 "● 보험 & 보상의 눈" 부분은 내용 요약, 전문가의 팁(Tip), 저자 의견에 해당한다.

제3장은 소비자에게는 내용이 어려울 수 있다. 그래서 각 사안마다 맨 첫장에 "알기쉬운 사례", 끝부분에 "● 보험 & 보상의 눈"을 두었다. 이 부분만 보더라도 이해하기 편할 것이다.

민원 처리절차 등에 대해 살펴보는 것도 필요하여, 제4장과 제5장은 저자 논문의 일부를 인용하였다.[1]

---

1) 김영현, 보험분쟁의 원인과 대책, 고려대학교 법무대학원, 2014, 30-55면.

제4장은 금감원에 제기된 민원 진행절차 및 국외의 유사 제도에 대해서 서술하였다. 또한, 한국의료분쟁조정중재원 산하의 의료사고감정단의 역할에 대해 함께 살펴봄으로써 보상시 문제되고 있는 의료자문에 있어 해결책을 찾아보았다.

제5장은 보험심사의 개선방안이다. 첫째, 보험약관내용 중 제3자(의료기관)의 자문시행절차가 개선되어야 한다. 제3자를 선정하는 과정에서 소비자의 일방에 의해 정할 수 있도록 하는 것이 상대적으로 정보(의료기관 선정 등)가 취약한 소비자를 보호하는 것이다. 또한, 보험협회의 소속 자문의 선정을 위해 외부자문위원회를 구성해야하며, 자문의사의 질을 높일 수 있는 재교육(장해평가 및 배상의학분야에 관한 교육 등)이 필요하다. 그 외에도 자문의사의 자문범위가 의학적 소견으로 국한되어야 한다. 만약 약관상 부합여부에 대한 자문이 필요하다면 의학적 자료외에 문리적(법리적) 해석을 함께 할 수 있는 자료가 제출되어야 한다. 둘째, 심사 절차준수 강화, 자기손해사정 금지, 조사업무의 제3자 위탁 가능함의 안내의무화가 지켜져야 한다. 셋째, 금감원의 민원처리절차상 일반민원과 분쟁민원의 구분기준의 표준화, 당사자(손해사정사 포함)의 참여하에 의견진술 절차 의무화, 처리기일은 민원이 접수된 날부터 60일 이내에 처리하고 1회에 한하여 30일까지 연장할 수 있도록 개선되어야한다. 금융분쟁조정위원은 외부 조정위원추천위원회의 추천을 통해야 한다. 또한, 의료사고감정단의 경우처럼 모든 민원에 대해 의료인외에 해당전문가(손해사정사, 변호사 등)가 함께 참여토록 해야 한다.

머리말

특 징

- 이젠 나도 전문가
- 실무 적용
- 사례 및 판례를 통한 이해
- 명쾌한 솔루션
- 법학, 의학 등의 다방면의 지식 습득
- 민원 해결방안

이상으로 본 저서가 보험제도의 건강한 발전, 소비자의 권익향상, 보험종사자 및 전문가의 정보 욕구충족 에 유익한 내용이 되기를 기대하며, 착한 보험 프로젝트는 계속 될 것이다.

차 례

제3장 보상사례로 본 실무 • 119

제1절 재해사망보험금 • 120

제2절 양성종양의 일반암(악성종양) 진단비 • 179

Ⅳ. 양성 비정형적수막종(D42.9)의 암진단비 · 191

Ⅴ. 양성 중심성신경세포종(D43.9)의 암 진단비 · 197

제3절 림프절 전이된 갑상선암의 일반암 진단비 • 202

제 4 장 보상민원 해결 • 277

제1절 금융분쟁조정위원회 • 277

Ⅰ. 법적근거 · 277

Ⅱ. 금융분쟁조정위원회 · 278

Ⅲ. 외국의 민원해결 · 281

제2절 의료자문 및 감정 • 284

제 1 장

보상의 출발은 소비자 보호

제1절 보험회사의 소비자 보호

소비자는 어떻게 보호 받을 수 있는지 살펴보자.

- 공정성을 위해서 보험사는 보험금의 심사를 위해 손해사정사(이하 '사정사'라 함) 를 고용하거나 업무를 위탁해야한다.
- 보험사는 정당한 사유없이 손해사정업무를 지연해서는 안되며, 이미 제출받은 서류와 중복되는 서류 및 손해사정과 관련이 없는 서류를 요청해서는 안된다.

> 진료기록사본발급 위임장 및 동의서 요청시 필요성에 대해 설명해야하고, 보험금 청구시 이미 제출된 서류와 중복되는 서류는 요청해서는 안된다

- 보험사는 정당한 사유없이 손해사정서 접수를 받은 날부터 7일이 경과하여도 심사에 착수하지 아니한 때에는 소비자가 사정사를 선임할 수 있으며, 이 경우에 그 보수는 보험사에서 부담한다.

- 보험사는 사정사의 자료 요청이 있을 경우에는 지체없이 협조해야 한다. 다만, 손해사정업무와 무관한 자료요청, 중복되는 자료를 요청한 경우에 그 사유를 사정사에게 서면으로 통보한 경우에는 그러하지 아니하다.
- 보험사는 손해사정서 접수시 심사할 사정사를 지정하고, 독립 사정사에게 안내하여야 한다.
- 보험사는 소비자가 요청하는 경우에는 보험사가 위탁한 사정사가 작성한 손해사정서의 사본을 교부하여야 한다.

일의 효율적인 진행을 위해서는 보험사의 기존 심사자료(손해사정서 등)를 요청하여 사전 확인 후 진행.

- 보험사는 보험금 지급시 소비자에게 보험금 세부산출근거가 명시된 보험금지급내역서를 교부해야 한다.
- 금융위원회는 사정사가 그 직무를 게을리하거나, 직무를 수행하면서 부적절한 행위를 하였다고 인정되는 경우에는 기간을 정하여 업무의 정지를 명하거나 해임하게 할 수 있다.
- 금융위원회는 보험사가 보험업법 또는 보험업법관련 규정 · 명령 또는 지시를 위반하여 보험사의 건전한 경영을 해칠 우려가 있다고 인정되는 경우에는 금융감독원장의 건의에 따라 **'보험회사에 대한 주의 · 경고 또는 그 임직원에 대한 주의 · 경고 · 문책 요구, 해당 위반행위에 대한 시정명령, 임원의 해임권고 · 직무정지의 요구, 6개월 이내의 영업의 일부 정지'**의 하나에 해당하는 조치를 하거나, 금융감독원장으로 하여금 조치를 하게 할 수 있다.

●● 보험업법

제185조(손해사정)

대통령령으로 정하는 보험회사는 손해사정사를 고용하여 보험사고에 따른 손해액 및 보험금의 사정(이하 "손해사정"이라 한다)에 관한 업무를 담당하게 하거나 손해사정사 또는 손해사정을 업으로 하는 자(이하 "손해사정업자"라 한다)를 선임하여 그 업무를 위탁하여야 한다. 다만, 보험사고가 외국에서 발생하거나 보험계약자 등이 금융위원회가 정하는 기준에 따라 손해사정사를 따로 선임한 경우에는 그러하지 아니하다.

제189조(손해사정사의 의무 등)

① 보험회사로부터 손해사정업무를 위탁받은 손해사정사 또는 손해사정업자는 손해사정업무를 수행한 후 지체 없이 손해사정서를 보험회사에 내어 주고, 그 중요한 내용을 알려주어야 한다.

② 보험계약자 등이 선임한 손해사정사 또는 손해사정업자는 손해사정업무를 수행한 후 지체 없이 보험회사 및 보험계약자 등에 대하여 손해사정서를 내어 주고, 그 중요한 내용을 알려주어야 한다.

③ 손해사정사 또는 손해사정업자는 손해사정업무를 수행할 때 보험계약자, 그 밖의 이해관계자들의 이익을 부당하게 침해하여서는 아니 되며, 다음 각 호의 행위를 하여서는 아니 된다.

1. 고의로 진실을 숨기거나 거짓으로 손해사정을 하는 행위
2. 업무상 알게 된 보험계약자 등에 관한 개인정보를 누설하는 행위
3. 타인으로 하여금 자기의 명의로 손해사정업무를 하게 하는 행위
4. 정당한 사유 없이 손해사정업무를 지연하거나 충분한 조사를 하지 아니하고 손해액 또는 보험금을 산정하는 행위
5. 보험회사 및 보험계약자 등에 대하여 이미 제출받은 서류와 중복되는 서류나 손해사정과 관련이 없는 서류를 요청함으로써 손해사정을 지연하는 행위

제192조(감독)

① 금융위원회는 보험계리사 · 선임계리사 · 보험계리업자 · 손해사정사 또는 손해사정업자가 그 직무를 게을리하거나 직무를 수행하면서 부적절한 행위를 하였다고 인정되는 경우에는 6개월 이내의 기간을 정하여 업무의 정지를 명하거나 해임하게 할 수 있다.

② 보험계리업자 및 손해사정업자에 관하여는 제131조 제1항 · 제133조 및 제134조 제1항을 준용한다. 이 경우 "보험회사" 는 각각 "보험계리업자", "손해사정업자"로 본다.

●● 보험업감독규정

제9-16조(보험계약자 등의 손해사정사 선임)

① 법 제185조에서 정한 "보험계약자 등"이라 함은 보험계약자 · 피보험자 · 보험수익자 · 피해자 · 그 밖에 보험사고와 관련된 이해관계자를 말한다.

② 보험계약자등이 손해사정사를 선임하고자 할 때는 다음 각 호의 1의 경우에 의한다.

1. 손해사정이 착수되기 이전에 보험계약자 등이 보험회사에게 손해사정사의 선임의사를 통보하여 동의를 얻은 때
2. 정당한 사유없이 보험회사가 보험사고 통보(제3보험상품의 경우 접수가 완료된 날을 말한다)를 받은 날부터 7일이 경과하여도 손해사정에 착수하지 아니한 때.

3. 보험회사가 고용 또는 선임한 손해사정사가 사정한 결과에 보험계약자 등이 승복하지 아니한 때.
4. 보험계약자 등이 보험회사와는 별도로 손해사정사를 선임하고자 할 때.

③ 제2항의 규정에 의하여 선임된 손해사정사의 보수는 제2항 제1호 및 제2호의 경우에는 보험회사가, 제2항 제3호 및 제4호의 경우에는 보험계약자 등이 부담함을 원칙으로 한다.

④ 보험계약자 등은 손해사정사를 선임하였을 때에는 지체없이 이를 보험회사에게 통보하여야 하며, 이 경우 선임된 손해사정사는 보험계약자 등을 대리하여 통보할 수 있다.

⑤ 보험회사가 손해사정사를 선임한 보험계약에 대해 재보험계약을 체결하는 경우 재보험을 받은 보험회사는 법 제185조에 따른 손해사정사 또는 손해사정을 업으로 하는 자를 선임하여 그 업무를 위탁한 것으로 본다.

제9-20조(보험회사의 의무)

② 보험회사는 보험계리사 또는 손해사정사가 그 업무를 신속, 공정하게 수행할 수 있도록 업무에 필요한 자료제공요청이 있을 경우에는 지체없이 협조하여야 한다. 다만, 다음 각 호의 경우로서 그 사유를 당해 보험계리사 또는 손해사정사에게 서면으로 통보한 경우에는 그러하지 아니하다.
1. 당해 건의 보험계리 또는 손해사정업무와 무관한 자료요청
2. 기 제공자료와 중복되는 자료의 요청
3. 일반적으로 널리 알려진 사항에 대한 자료의 요청
4. 그 밖에 요청내용이 현저히 부적당한 것으로 판단되는 자료의 요청

③ 보험회사는 보험금청구권자가 보험금지급을 청구한 때에는 당해 손해사정업무를 담당하거나 보험금을 심사할 손해사정사 또는 손해사정업자를 지정하고(제9-18조제1항에 따라 손해사정서를 작성하지 않는 경우는 제외한다), 보험금청구권자(보험금청구권자가 독립손해사정사를 선임한 경우에는 독립손해사정사를 포함한다)에게 통보하여야 한다.

④ 보험회사는 보험계약자, 피보험자, 보험금청구권자가 요청하는 경우에는 손해사정사가 작성 · 제출한 손해사정서를 열람하게 하거나 그 사본을 교부하여야 한다.

⑤ 보험회사는 보험금지급시 보험금수령자에게 보험금 세부산출근거가 명시된 보험금지급 내역서를 교부하여야 한다.

제9-21조(손해사정서 접수 및 처리절차 등)

① 보험회사는 손해사정사가 제출하는 손해사정서의 접수를 거절하지 못하며, 제9-18조제1항 단서의 사유에 해당하는 경우를 제외하고는 손해사정서가 제출되지 아니한 상태에서 보험금을 지급하여서는 아니된다.

② 보험회사는 손해사정사가 제출한 손해사정서를 접수한 때에는 지체없이 보험금을 심사 · 지급하여야 한다. 다만, 다음 각 호의 1에 해당되어 보험금지급이 지연될 경우에는 손해사정서 접수일부터 10일이내에 그 사유를 보험금청구권자에게 통보하여야 한다.

1. 손해사정서의 내용이 사실과 다르거나 자체적으로 조사 · 확인한 내용과 다른 것으로 판명된 때
2. 손해사정서의 내용이 관련법규, 약관에 위반된 경우
3. 보험금청구권자가 손해사정서의 내용에 이의를 제기한 경우
4. 민원 또는 소송이 제기되거나 수사기관에 의하여 수사가 진행중인 경우

③ 보험회사는 손해사정사가 제출한 손해사정서가 제2항제1호 또는 제2호에 해당되어 정정 · 보완("이하 보정"이라 한다)이 필요한 경우에는 손해사정서 접수일부터 10일이내에 구체적인 사유와 근거를 명시하여 손해사정사 또는 보험금청구권자에게 서면으로 요청하여야 한다.

④ 손해사정사 또는 보험금청구권자는 보험회사로부터 제3항의 규정에 의한 보정을 요청받은 경우에는 지체없이 손해사정서를 보정하거나 기 제출한 손해사정서의 정당성에 대한 의견과 근거를 작성하여 보험회사에 서면으로 제출하여야 한다.

⑤ 보험회사는 제4항의 규정에 의한 보정서 또는 의견서를 접수한 때에는 지체없이 보험금을 심사 · 지급하여야 하며, 다음 각 호의 1에 해당하는 경우를 제외하고는 다시 보정을 요청할 수 없다.

1. 보정서 또는 의견서의 내용이 부당하다는 객관적이고 명백한 반증이 있는 경우
2. 제2항 제1호 또는 제2호에 해당하는 경우(기존의 보정요청에 대하여 보정이 완료된 경우는 제외)

⑥ 보험회사는 제9-18조 제1항 단서의 규정에 해당하는 경우를 제외하고는 제2항 내지 제5항의 절차에 따라 확정된 손해사정서에 의한 보험금을 지급하여야 한다. 다만, 다음 각 호의 1에 해당하는 경우에는 손해사정서에 따른 보험금을 정정하여 지급할 수 있다.

1. 민원 또는 소송이 제기되어 보험회사가 지급하여야 하는 보험금이 손해사정서와 다르게 결정된 경우
2. 보험금청구권자가 손해사정서 내용의 부당함에 대한 근거 및 자료를 서면으로 제출하고 보험회사가 이를 수용하여 보험회사가 지급하여야 하는 보험금이 손해사정서와 다르게 된 경우
3. 보험회사가 결정한 보험금을 보험금청구권자가 수용한 경우

손해사정절차 도식(보험업법, 보험업감독규정 참조)

1. 사정서 접수
   (from사정사)

보험사가 보정요청 할 수 있는 경우는 아래 2경우만 가능
① 사실과 다른 경우
② 약관 · 법규와 다른 경우

보정요청기간: 접수일 ~ 10일 이내

보정요청방법
① 사정사 : 서면
② 그 외 : 서면 또는 통보

그 외 사실 · 약관 · 법규와 다르지 않은 경우 보정요청 할 수 없음

↓

지체없이 지급

※ 민원 · 소송 · 수사 중 사안인 경우 위 적용 배제

2. 보정요청서(from보험사)

3. 보정서 송부(지체없이 사정사는 서면 회신)

보험사가 재보정 요청할 수 있는 경우는 한 가지밖에 없음
① 보정서의 부당성을 객관적으로 입증시

보험사의 재보정
요청기간 : 지체없이
※1차보정요청기간이 10일 이내이고, 지체없이 이므로 재보정요청기간은 10일 보다는 짧아야 할 것임.

4. 재보정요청서

5. 재보정서 송부(지체없이 사정사는 서면 회신)

6. 보험사 반증 못하면 지급

※ 사정서에 의한 보험금이 달라질 수 있는 경우
① 민원 · 소송
② 다른 입증자료시
③ 보험사 결정을 의뢰인 수용시

요약하면

사정서 접수 ⇒ 보정요청서(10일) ⇒ 보정서 접수(2일) ⇒ 재보정요청서(10일) ⇒ 재보정서 접수(2일) ⇒ 보험금 지급 (10일)
즉, 사정서 접수일로부터 최대 34일 이내에는 보험금이 지급되어야 함.

반면, 사실·약관·법규와 다르지 않은 경우 보정요청할 수 없기에 접수일로부터 최대 10일 이내에 지급되어야 함.

제2절 금융감독원의 소비자 보호

- 금융위원회는 금융기관에 대한 감독업무를 수행하기 위하여 금융감독원(이하 '금감원'이라 함)을 신설하고, 무자본특수법인으로 한다.
- 금감원은 정부 · 한국은행 · 검사대상기관(은행, 보험사 등)의 출연금으로 경비를 충당한다.
- 금감원은 보험사의 업무에 대한 검사 및 그 결과에 따른 제재를 한다.
- 금융위원회 및 금감원은 공정한 금융거래관행을 확립하여 금융수요자를 보호함으로써 국민경제의 발전에 기여해야한다. 보험사가 이러한 규정을 위반한 경우 금감원장은 보험사의 장에게 이를 시정하게 하거나 당해 직원의 징계를 요구할 수 있다.

금융위원회의 설치등에 관한 법률

제1조(목적)

이 법은 금융위원회와 금융감독원을 설치하여 금융산업의 선진화와 금융시장의 안정을 도모하고 건전한 신용질서와 공정한 금융거래 관행을 확립하며 예금자 및 투자자 등 금융 수요자를 보호함으로써 국민경제의 발전에 이바지함을 목적으로 한다.

제24조(금융감독원의 설립)

① 금융위원회나 증권선물위원회의 지도 · 감독을 받아 금융기관에 대한 검사 · 감독 업무 등을 수행하기 위하여 금융감독원을 설립한다.
② 금융감득원은 무자본 특수법인으로 한다.

제37조(업무)

금융감독원은 이 법 또는 다른 법령에 따라 다음 각 호의 업무를 수행한다.

1. 제38조 각 호의 기관의 업무 및 재산상황에 대한 검사
2. 제1호의 검사 결과와 관련하여 이 법과 또는 다른 법령에 따른 제재
3. 금융위원회와 이 법 또는 다른 법령에 따라 금융위원회 소속으로 두는 기관에 대한 업무지원
4. 그 밖에 이 법 또는 다른 법령에서 금융감독원이 수행하도록 하는 업무

제38조(검사 대상 기관) 금융감독원의 검사를 받는 기관은 다음 각 호와 같다.

1. 「은행법」에 따른 인가를 받아 설립된 은행
2. 「자본시장과 금융투자업에 관한 법률」에 따른 금융투자업자, 증권금융회사, 종합금융회사 및 명의개서대행회사
3. 「보험업법」에 따른 보험회사
4. 「상호저축은행법」에 따른 상호저축은행과 그 중앙회
5. 「신용협동조합법」에 따른 신용협동조합 및 그 중앙회
6. 「여신전문금융업법」에 따른 여신전문금융회사 및 겸영여신업자
7. 「농업협동조합법」에 따른 농협은행
8. 「수산업협동조합법」에 따른 수산업협동조합중앙회의 신용사업부문
9. 다른 법령에서 금융감독원이 검사를 하도록 규정한 기관
10. 그 밖에 금융업 및 금융 관련 업무를 하는 자로서 대통령령으로 정하는 자

제41조(시정명령 및 징계요구)

① 원장은 제38조 각 호에 해당하는 기관의 임직원이 다음 각 호의 어느 하나에 해당하는 경우에는 그 기관의 장에게 이를 시정하게 하거나 해당 직원의 징계를 요구할 수 있다.

1. 이 법 또는 이 법에 따른 규정 · 명령 또는 지시를 위반한 경우
2. 이 법에 따라 원장이 요구하는 보고서 또는 자료를 거짓으로 작성하거나 그 제출을 게을리한 경우
3. 이 법에 따른 금융감독원의 감독과 검사 업무의 수행을 거부 · 방해 또는 기피한 경우
4. 원장의 시정명령이나 징계요구에 대한 이행을 게을리한 경우

② 제1항에 따른 징계는 면직 · 정직 · 감봉 · 견책 및 경고로 구분한다.

제46조(재원) 금융감독원은 다음 각 호의 재원으로 그 경비를 충당한다.

1. 정부의 출연금
2. 한국은행의 출연금
3. 제38조 각 호에 해당하는 기관의 출연금
4. 제47조에 따른 분담금
5. 그 밖에 다른 법령이나 정관으로 정한 수입

분쟁조정절차 도식(금융위원회의 설치등에 관한 법률 및 설치법령 참조)

1. 분쟁조정신청

[신청 가능자] ① 금융수요자
② 기타 이해관계인(사견 사정사 포함)

[신청서 접수 대상] : 금감원장

[신청서 첨부서류] ① 신청원인, 입증서류
② 대리인의 경우 위임장
③ 그 외 증거서류

[신청서 기재사항] ① 당사자 성명 및 주소
② 대리인이 있는 경우 그 성명 및 주소
③ 신청의 이유

※ 아래의 경우 분쟁조정신청 할 수 없음.
① 소송사건 ② 분쟁조정중 소제기한 경우 ③ 조정대상으로서 부적합한 경우
④ 관련법령 또는 객관적인 증빙자료에 의해 실익이 없는 경우

↓

2. 접수

↓

3. 보완요청

↓

4. 당사자에게 그내용을 통지, 합의 권고(30일 내)

↓

5. 합의결렬시 지체없이 조정위원회에 회부

↓

6. 조정위원회 회부

① 구성 7인~11인
② 과반수의 출석과 출석위원 과반수의 찬성
③ 회부되지 않는 경우
가. 보완을 하지 않은 경우
나. 직접적인 이해관계자가 없는 자가 조정 신청한 경우
다. 회부되지 아니하는 때에는 서면으로 통지

↓

7. 조정안 작성
(60일 이내)

① 조정위원 배척 가능
② 사실조사 가능
③ 당사자의 의견 청취 가능

↓

8. 당사자에게 수락권고
(조정안 수락시 재판상 화해와 동일)

① 조정안을 받은 날로부터 20일 이내에 수락하지 아니한 때에는 수락하지 아니한 것으로 보며, 사유를 원장에게 제출해야 함
② 수락한 때에는 조정서를 작성 교부

민원(분쟁조정)처리절차

*금융감독원 소비자보호센터, 금융생활안내서, 보험편, 60면 민원(분쟁조정)처리절차 참조

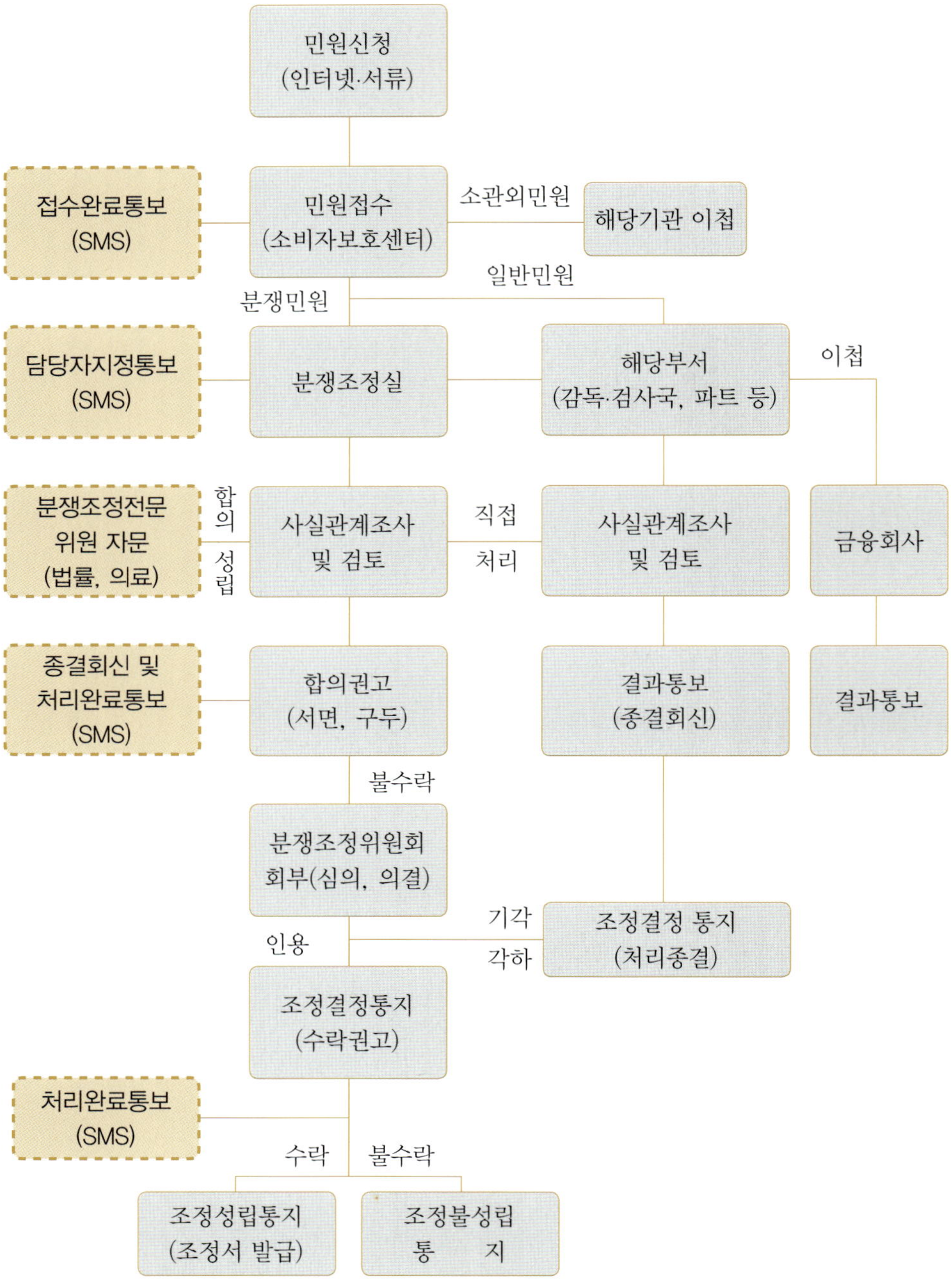

▶ 아래 양식은 "금융위원회의설치 등에 관한 법률 및 시행령 참조"

분쟁조정 신청 대리인 선임계

1. 신청인			
성 명		주민등록번호	
주 소		전 화	
2. 선임내용			

상기인은 금융위원회의설치등에관한법률 제53조에 의해 보험분쟁조정의 신청인으로서 같은법 시행령 제13조의 규정에 의하여 보험분쟁 조정신청 · 의견서 · 답변서 등의 관련자료 제출 및 의견진술 등 ("분쟁조정 신청 등")에 대한 대리인(위임 대리)으로 아래의 사람을 선임합니다.

3. 분쟁조정 신청대리인			
성 명		상 호	** 손해사정
주 소		직 책	손해사정사
전화번호		팩 스	

년 월 일

위 신청인 : (인)

금융감독원장 귀 하

▶아래 양식은 "금융위원회의설치 등에 관한 법률 및 시행령 참조"

(보험) 분쟁조정신청서

신 청 인　　홍길동　(123456-123*****)
　　　　　　연락처
　　　　　　주　소

　　　　　　※ 대리(손해사정업무 위임) 손해사정사 갑을병
　　　　　　　연락처　　　　/ 팩스

피신청인　　A 보험 주식회사
　　　　　　　대표이사
　　　　　　　대표전화

1. 신청취지

피신청인은 신청인(보험계약자 및 피보험자)의 보험사고가 피신청인에게 가입한 무배당보험(이하 '이 사건 보험계약'이라 함)의 보장내용에 해당되므로 보험금을 지급해야합니다.

2. 신청사유

손해사정서, 소견서에 근거합니다.

– 입증서류 –

1. **손해사정의 손해사정서 1부
1. **병원 소견서 1매

– 첨부서류 –

1. 분쟁조정신청대리인 선임계 1매
1. 가족관계증명서 1매
1. 신청인의 신분증 사본 1매

년　월　일

신청인 홍 길 동 (서명)

금융감독원장　귀 하

제3절 손해사정사의 소비자 보호

다음의 행위를 하여서는 아니된다.

- 보험금을 손해사정사 명의로 대리청구 및 수령행위

> 사정사는 보험업법 제188조에 의해 손해사정업무와 관련된 서류 작성 및 제출 대행 가능. 즉 손해사정서를 소비자를 대리하여 보험회사에 제출할 수 있다. 그러나, 보험금을 본인명의로 대리청구 및 수령행위는 할 수 없다.

- 일정보상금액의 사전약속 또는 약관상 지급보험금을 현저히 초과하는 보험금을 산정하여 제시하는 행위
- 특정변호사 · 병원 · 정비공장 등을 소개 · 주선 후 관계인으로부터 금품 등의 대가를 수수하는 행위

> 장해진단을 위해 병원에 자문비 지급하는 행위는 금지행위와 무관

- 불필요한 소송 · 민원유발 또는 이의 소개 · 주선 · 대행 등을 이유로 하여 대가를 수수하는 행위

> 금융감독원의 민원유발행위가 금지행위에 해당 되려면,
> ① 불필요한 민원('불필요한'의 범위가 애매모호)
> ② 민원서류 대행해주고 그에 따른 대가를 받아야 함. 즉 손해사정서 작성후 받는 보수와는 별개로 민원서류 작성해주고 그 대가를 받아서는 안 됨.

- 사건중개인 등을 통한 사정업무 수임행위

• 보험회사와 보험금에 대하여 합의 또는 절충하는 행위

손해사정의 근거(과실, 소득, 장해 등)가 아닌 전체 보험금을 놓고 협상하는 행위는 금지

사정사의 의견진술권 관련(서울중앙지원 2008고합564판결 참조)
보험사가 피해자의 과실, 노동능력상실율, 기왕증 기여도, 소득 등에 대하여 보정요청을 한 경우 이에 대해 손해사정의 근거를 통한 의견교환을 통해 과실 등을 적정하게 조정하는 행위는 적법함

• 그 밖에 손해사정업무와 무관한 사항에 대한 처리약속 등 손해사정업무 수임유치를 위한 부당행위

형사합의를 대행해주는 행위는 금지. 반면 형사합의 절차 및 서류 안내 등은 적법함

• 소비자의 이익을 부당하게 침해하여서는 안되며, 고의로 진실을 숨기거나 거짓으로 손해사정을 하는 행위는 '1년 이하의 징역 또는 1천만원 이하의 벌금'.
• 사정사는 보조인(사무원)으로 '해당분야별 손해사정사 시험의 제1차 시험에 합격한 자, 2년 이상 해당 손해사정업무에 종사한 경력이 있는 자, 보험연수원 손해보험협회 손해사정사단체 및 보험요율산출기관에서 시행하는 해당분야별 손해사정에 관한 연수과정을 이수한 자, 4년제 대학교 보험관련학과 졸업자'에 한해서 채용가능.
• 사정사는 모집인 및 대리점을 겸할 수 있음. 그러나 이를 통한 계약과 관련된 손해사정업무를 해서는 안 됨. 반면 보험중개사는 손해사정을 겸할 수 없음.

●● 보험업법

제189조(손해사정사의 의무 등)

① 보험회사로부터 손해사정업무를 위탁받은 손해사정사 또는 손해사정업자는 손해사정업무를 수행한 후 지체 없이 손해사정서를 보험회사에 내어 주고, 그 중요한 내용을 알려주어야 한다.
② 보험계약자 등이 선임한 손해사정사 또는 손해사정업자는 손해사정업무를 수행한 후 지체 없이 보험회사 및 보험계약자 등에 대하여 손해사정서를 내어 주고, 그 중요한 내용을 알려주어

야 한다.

③ 손해사정사 또는 손해사정업자는 손해사정업무를 수행할 때 보험계약자, 그 밖의 이해관계자들의 이익을 부당하게 침해하여서는 아니 되며, 다음 각 호의 행위를 하여서는 아니 된다.

1. 고의로 진실을 숨기거나 거짓으로 손해사정을 하는 행위
2. 업무상 알게 된 보험계약자 등에 관한 개인정보를 누설하는 행위
3. 타인으로 하여금 자기의 명의로 손해사정업무를 하게 하는 행위
4. 정당한 사유 없이 손해사정업무를 지연하거나 충분한 조사를 하지 아니하고 손해액 또는 보험금을 산정하는 행위
5. 보험회사 및 보험계약자 등에 대하여 이미 제출받은 서류와 중복되는 서류나 손해사정과 관련이 없는 서류를 요청함으로써 손해사정을 지연하는 행위
6. 그 밖에 공정한 손해사정업무의 수행을 해치는 행위로서 대통령령으로 정하는 행위

제204조(벌칙)

① 다음 각 호의 어느 하나에 해당하는 자는 1년 이하의 징역 또는 1천만원 이하의 벌금에 처한다.

1. 제8조제2항을 위반한 자
2. 제83조제1항을 위반하여 모집을 한 자
3. 거짓이나 그 밖의 부정한 방법으로 보험설계사 · 보험대리점 또는 보험중개사의 등록을 한 자
4. 제86조제2항, 제88조제2항 제90조제2항에 따른 업무정지의 명령을 위반하여 모집을 한 자
5. 제120조제1항을 위반하여 고의로 책임준비금이나 비상위험준비금을 과소 또는 과다하게 계상한 자
6. 제150조를 위반한 자
7. 제181조제1항 및 제184조제1항을 위반하여 정당한 사유 없이 확인을 하지 아니하거나 부정한 확인을 한 보험계리사 및 선임계리사
8. 제184조제3항제1호를 위반한 선임계리사 및 보험계리사
9. 제189조제3항제1호를 위반한 손해사정사

② 보험계리사나 손해사정사에게 제1항 제7호부터 제9호까지의 규정에 따른 행위를 하게 하거나 이를 방조한 자는 정범에 준하여 처벌한다.

●● 보험업감독규정

제9-14조(독립손해사정사의 금지행위)

① 독립손해사정사 또는 독립손해사정사에게 소속된 손해사정사는 업무와 관련하여 다음 각 호의 행위를 하여서는 아니된다.

1. 보험금의 대리청구행위

2. 일정보상금액의 사전약속 또는 약관상 지급보험금을 현저히 초과하는 보험금을 산정하여 제시하는 행위
3. 특정변호사 · 병원 · 정비공장 등을 소개 · 주선 후 관계인으로부터 금품등의 대가를 수수하는 행위
4. 불필요한 소송 · 민원유발 또는 이의 소개 · 주선 · 대행 등을 이유로 하여 대가를 수수하는 행위
5. 사건중개인 등을 통한 사정업무 수임행위
6. 보험회사와 보험금에 대하여 합의 또는 절충하는 행위
7. 그 밖에 손해사정업무와 무관한 사항에 대한 처리약속 등 손해사정업무 수임유치를 위한 부당행위

●● 보험업감독업무시행세칙

제6-21조(보조인의 자격 등)

① 감독규정 제9-15조 제1항에서 "감독원장이 정하는 기준에 해당하는 자"라 함은 다음 각 호의 1을 말한다.

1. 해당분야별 손해사정사시험의 제1차 시험에 합격한 자
2. 규칙 제54조제1항의 기관에서 2년 이상 해당 손해사정업무에 종사한 경력이 있는 자
3. 보험연수원, 손해보험협회, 법 제178조의 규정에 의한 손해사정사단체 및 보험요율산출기관에서 시행하는 해당분야별 손해사정에 관한 연수과정을 이수한 자
4. 4년제 대학교 보험관련학과 졸업자

② 손해사정업무에 종사하고 있는 고용손해사정사는 종별 구분에 따라 1인당 2인 이내의 보조인을 활용할 수 있으며, 독립손해사정사는 종별 구분에 따라 1인당 5인 이내의 보조인을 활용할 수 있다.

③ 종별 손해사정업무 수행과 관련이 있는 국가공인 전문자격증을 보유하고 있는 자가 손해사정업무와 관련하여 제6-20조의 전문인 업무를 수행하는 경우에는 보조인으로 보지 않는다.

④ 보조인의 업무범위는 다음 각 호와 같다.

1. 손해발생사실 확인의 보조
2. 손해액 및 보험금 사정의 보조
3. 그 밖에 손해사정사의 사무보조

제 2 장 보상 상식

본장에서는 단답형의 논리적인 해법을 제시하였다. 보험보상관련 종사자라면, 그 이상의 전문가라면 연관된 업무, 가령 보험금은 압류대상인지, 상속세를 내야하는지, 장애인 등록절차 및 혜택은 어떻게 되는지, 산재부터 국민연금까지 장해진단방법에서부터 보상결과까지 알아야 할 것이다. 기본적인 사항(예, 상해와 재해의 차이 등)에 대해서도 명확하게 설명할 수 있어야 한다. 복잡해진 현대사회에서 한분야만 잘해서는 합리적인 해결책을 제시했다고 볼 수 없다. 개인만의 특화된 전문성은 기본전제가 되어야 하고, 여러 분야(손해보험, 생명보험, 자동차 보험, 화재보험, 산재보험, 국민건강보험, 국민연금, 국가배상책임보험, 각종법률, 의학, 회계학 등)에 대한 지식도 고루 갖추고 있어야 한다. 숲 전체를 볼 수 있는 역량을 갖추었을 때 소비자로부터 진정한 신뢰를 얻을 수 있을 것이다.

Q 자동차보험사와 합의 후 건강보험으로 처리 가능한가요

통상 자동차보험사와 합의이후에는 건강보험으로 처리 불가능하다. 그러나, 국민건강보험법의 보험급여의 제한에 자동차 사고 피해자의 보상금이 모두 적용되는 것은 아니다. 피해자가 받은 합의금(적극적 손해 외에 소극적 손해 및 정신적 손해가 포함) 중 국민건강보험법상의 보험급여(보험급여)의 성질에 상응하는, 피해자의 합의금 중 적극적 손해의 한도에서 보험급여가 제한된다. 따라서 자동차 보험사와 합의이후에 자동차 사고 등으로 인한 새로운 질병(예, 관절염 등)이나 파생되는 합병증 등은 국민건강보험으로 처리 가능하지만, 합의이전에 치료했던 부상에 대한 치료는 보험급여의 제한사유에 해당되어 불가능하다.

●● 보험급여

국민건강보험법 제 41조에 의해, 가입자 및 피부양자의 질병 · 부상 · 출산 등에 대하여 법령이 정하는 바에 의하여 공단이 각종형태로 실시하는 의료서비스를 말하며, 법령에서 정한 보험급여의 종류는 아래와 같다.

- 진찰 · 검사
- 처치 · 수술 기타의 치료
- 입원
- 이송
- 약제 · 치료재료의 지급
- 예방 · 재활
- 간호

●● 보험급여의 형태

1) 요양급여(법 제39조)

가입자 및 피부양자의 질병 · 부상 · 출산 등에 대하여 다음 각 호의 요양급여를 실시한다. 진찰 · 검사, 약제 · 치료재료의 지급, 처치 · 수술 기타의 치료, 예방 · 재활, 입원, 간호, 이송.

'96. 1. 1부터는 컴퓨터 단층촬영(C/T)도 의료보험으로 급여혜택을 받을 있으며, 타 요양기관 이송시 검사 기록, X-RAY 필름 등에 대하여 환자 본인의 요구시 이를 교부토록 하여 중복검사 및 재촬영 등으로 인한 의료비의 지출이 억제될 수 있도록 하였다.

●● 보험급여의 제한

1) 고의 또는 중대한 과실로 인한 범죄행위로 사고를 발생시킨 때

보험은 보험사고의 발생에 우연성을 요구하므로 우연히 발생한 사고가 아닌 고의 또는 중대한

과실로 인한 범죄행위에 기인한 사고에 대하여도 보험급여를 인정한다면 다수의 보험가입자들이 공동으로 각출하여 일정한 보험사고에 대비하여 경제적인 위험으로부터 보험급여를 받을 자를 보호하고자 하는 사회정의에 맞지 않고 건강보험의 이념에도 부합되지 않기 때문에 보험급여를 제한함.

2) 업무상 등 재해로 인하여 다른 법령에 의한 보험급여나 보상을 받게 되는 때

업무상 재해에 관한 사용자의 의무를 건강보험급여의무에 우선시킴으로써 이중급여를 배제하고 사회보장의 형평성을 도모하기 위한 것으로 가입자가 업무상 또는 공무수행 중 업무 또는 공무에 기인하여 질병, 부상, 재해가 발생하여 다른 법령에 의한 보험급여나 보상을 받은 때 또는 보상을 받게 되는 때에는 이중급여 배제차원에서 보험급여를 제한하고 있다. 이는 업무상 또는 공무상 보험사고가 발생한 경우 근로기준법, 산업재해보상보험법, 공무원연금법 등 관련 연금법령 등에 의하여 요양급여 또는 요양보상을 받게 되기 때문이며, 이러한 특별법상의 보상책임과 건강보험급여가 법 제도적으로 양립할 수 없기 때문이다.

3) 다른 법령에 의하여 국가 또는 지방자치단체로부터 보험급여에 상당하는 비용을 지급받게 되는 때

공단은 보험급여를 받을 수 있는 자가 다른 법령에 의하여 국가 또는 지방자치단체로부터 보험급여에 상당하는 급여를 받거나 상당하는 비용을 지급받게 되는 때에는 그 한도내에서 보험급여를 실시하지 아니한다.

건강보험제도는 질병, 부상 등에 대한 요양급여를 통한 사회보장증진과 국민보건향상을 목적으로 하고 있는데, 이와 같은 목적은 사회보험 · 공공부조방식 이외에 각종의 특별법에 의해서도 실현되고 있고 동일한 보험사고에 대하여 국민건강보험법에 의한 보험급여와 다른 특별법령에 의한 요양급여 또는 요양비가 이중적으로 지급되는 경우 그 일방의 적용을 배제함이 제도의 목적 및 사회정의에 적합하기 때문에 급여를 제한하는 것이다.

●● 국민건강보험법 제53조 제1항은 '고의 또는 중대한 과실로 인한 범죄행위에 그 원인이 있거나 고의르 사고를 일으킨 경우'는 보험급여를 제한한다.[2] 여기서 범죄행위에는 형법상 범죄행

---

2) 국민건강보험법 제53조(급여의 제한)
① 공단은 보험급여를 받을 수 있는 사람이 다음 각 호의 어느 하나에 해당하면 보험급여를 하지 아니한다.
1. 고의 또는 중대한 과실로 인한 범죄행위에 그 원인이 있거나 고의로 사고를 일으킨 경우
2. 고의 또는 중대한 과실로 공단이나 요양기관의 요양에 관한 지시에 따르지 아니한 경우
4. 업무 또는 공무로 생긴 질병 · 부상 · 재해로 다른 법령에 따른 보험급여나 보상(報償) 또는 보상(補償)을 받게 되는 경우
② 공단은 보험급여를 받을 수 있는 사람이 다른 법령에 따라 국가나 지방자치단체로부터 보험급여에 상당하는 급여를 받거나 보험급여에 상당하는 비용을 지급받게 되는 경우에는 그 한도에서 보험급여를 하지 아니한다.

위는 물론 도로교통법상의 범칙행위도 포함한다.[3] 또한, 같은 법 제1조에서 '이 법은 국민의 질병 · 부상에 대한 예방 · 진단 · 치료 · 재활과 출산 · 사망 및 건강증진에 대하여 보험급여를 실시함으로써 국민보건 향상과 사회보장 증진에 이바지함을 목적으로 한다.'고 규정한다. 그렇다면 위 53조 1항에서 급여제한 사유인 '중대한 과실' 의 요건은 엄격하게 제한 해석해야한다.[4]

따라서, 고의 또는 중대한 과실로 인한 범죄행위에 그 원인이 있거나 고의로 사고를 발생시킨 경우가 아니라면, 자동차 사고의 피해자는 자신의 치료비에 대하여 가해차량 보험회사 또는 건강보험공단에 선택적으로 청구할 수 있다. 다만, 건강보험법상의 요양급여는 원칙적으로 건강보험공단이 지정한 요양취급기관에 의하여 질병 또는 부상이 치유되기까지 요양케 하는 현물급여의 형태로 이루어진다(대법원 1994. 12. 09.선고 94다46046 판결).

그리고 국민건강보험법 53조 1항의 4를 보면 다른 법령에 따른 보상을 받게 되는 경우는 보험급여를 제한하고, 같은 조 2항을 보면, 다른 법령에 따라 보험급여에 상당하는 비용을 받게 되는 경우에는 그 한도에서 보험급여를 하지 아니한다.[5] 위 조항에서 보험급여에는 진찰 · 검사 · 약제 · 치료재료의 지급 · 처치 · 수술 · 예방 · 재활 · 입원 · 간호 · 이송 등이 해당된다. 반면 자동차 사고로 인한 피해자가 받는 보상금의 구성을 보면, 적극적 손해(진료비 등)외에도 소극적 손해(휴업급여 등), 정신적 손해(위자료)로 되어 있다. 즉 소극적 손해와 정신적 손해는 국민건강보험법상의 보험급여와는 성질을 달리한다.

그렇다면 국민건강보험법상의 급여제한의 범위에 자동차 사고 피해자의 보상금이 모두 적용되는 것은 아니다. 피해자가 받은 합의금 중 국민건강보험법상의 보험급여에 상응하는 피해자의 보상금의 한도에서 보험급여가 제한된다. 따라서 치료 종결 후에 자동차 사고로 인한 새로운 질병(예, 관절염 등)이나 파생되는 합병증 등은 국민건강보험으로 처리 가능하다.

---

3) 대법원 1990. 05. 22.선고 90누752 판결

4) 대법원 2003. 02. 28.선고 2002두12175 판결

5) 제53조(구상권)

① 공단은 제3자의 행위로 인한 보험급여사유가 발생하여 가입자 또는 피부양자에게 보험급여를 한 때에는 그 급여에 소요된 비용의 한도내에서 그 제3자에 대한 손해배상청구의 권리를 얻는다.

② 제1항의 경우에 있어 보험급여를 받은 자가 제3자로부터 이미 손해배상을 받은 때에는 공단은 그 배상액의 한도내에서 보험급여를 하지 아니한다.

보험금 압류되나요

생계유지, 치료 및 재활목적 등의 보험금은 압류대상이 아니다. 또한, 상속인이 보험금 수익자로서 갖는 보험금 청구권은 처음부터 상속인의 고유재산이다. 따라서, 상속포기 여부와 관계없고 사망 후 확정되어 지급되는 사망보험금도 채권자의 압류가 불가능하다.

●● 민사집행법 제246조(압류금지채권) 제1항은 '생명, 상해, 질병, 사고 등을 원인으로 채무자가 지급받는 보장성보험의 보험금(해약환급 및 만기환급금을 포함한다)을 포함하고 있다.[6] 다만, 압류금지의 범위는 생계유지, 치료 및 장애 회복에 소요될 것으로 예상되는 비용 등을 고려하여 대통령령으로 정하고 있다. 즉 생계유지, 치료 및 재활목적 등의 보험금은 압류대상이 아니다.

또한, 상속인이 보험금 수익자로서 갖는 보험금 청구권은 처음부터 상속인의 고유재산이다. 즉 상속으로 받은 재산이 아니다. 따라서, 상속포기와 관계없고 사망 후 확정되어 지급되는 사망보험금도 채권자의 압류가 불가능하다.

---

6) 민사집행법 제246조(압류금지채권) 제1항

1. 법령에 규정된 부양료 및 유족부조료
2. 채무자가 구호사업이나 제3자의 도움으로 계속 받는 수입
3. 병사의 급료
4. 급료 · 연금 · 봉급 · 상여금 · 퇴직연금, 그 밖에 이와 비슷한 성질을 가진 급여채권의 2분의 1에 해당하는 금액. 다만, 그 금액이 국민기초생활보장법에 의한 최저생계비를 감안하여 대통령령이 정하는 금액에 미치지 못하는 경우 또는 표준적인 가구의 생계비를 감안하여 대통령령이 정하는 금액을 초과하는 경우에는 각각 당해 대통령령이 정하는 금액으로 한다.
5. 퇴직금 그 밖에 이와 비슷한 성질을 가진 급여채권의 2분의 1에 해당하는 금액
6. 「주택임대차보호법」 제 8조, 같은 법 시행령의 규정에 따라 우선변제를 받을 수 있는 금액
7. 생명, 상해, 질병, 사고 등을 원인으로 채무자가 지급받는 보장성보험의 보험금(해약환급 및 만기환급금을 포함한다). 다만, 압류금지의 범위는 생계유지, 치료 및 장애 회복에 소요될 것으로 예상되는 비용 등을 고려하여 대통령령으로 정한다.
8. 채무자의 1월간 생계유지에 필요한 예금(적금 · 부금 · 예탁금과 우편대체를 포함한다). 다만, 그 금액은 「국민기초생활보장법」에 의한 최저생계비, 제195조 제3호에서 정한 금액 등을 고려하여 대통령령으로 정한다.

※ 7호 및 8호는 2011. 7. 6.부터 최초로 접수된 가압류명령 신청 및 취소사건부터 적용.

기타 법률이 정하는 채권
공무원연금법 제32조에 의한 급여(동법 제32조)
국가유공자등 예우 및 지원에 관한 법률에 의한 보상금(동법 제19조)
사립학교교직원연금법에 의한 급여(동법 제40조)
국민연금법에 의한 각종 급여(동법 제58조)
각종 보험법에 의한 보험급여(고용보험법 제38조 등)
형사보상청구권(형사보상법 제22조)
생명 · 신체의 침해로 인한 국가배상금(국가배상법 제4조) 등

Q 보험금에 대해 상속세 내야 하나요

보험금은 상속재산이 아니라, 상속세 납부대상에 포함되는 재산이다.

사 례

대리운전을 하는 갑은 일을 마치고 귀가 중 신호위반한 차량에 부딪히는 사고로 사망하였다. 갑의 보험에서 사망보험금이 지급될 예정이나, 상속인들은 갑의 많은 부채와 상속세로 인해 사망보험금의 상속을 포기해야하는 고민을 하고 있었다. 상속인들은 갑이 가입한 보험의 수익자가 법정상속인으로 되어있어 사망보험금도 상속재산으로 생각하고 있었다. 과연 사망보험금을 포기하는 것이 유리한 선택일까

대법원은 보험수익자의 상속인이 피보험자의 사망이라는 보험사고가 발생한 때에 보험수익자의 지위에서 보험자에 대하여 가지는 보험금지급청구권은 상속재산이 아니라 상속인의 고유재산으로 보고 있다.[7] 다만, 상속세 및 증여세법에서 상속세 과세대상이 되는 본래 의미의 상속재산, 즉 상속 · 유증 · 사인증여에 의하여 취득한 재산은 아니더라도 실질적으로 상속 · 유증 등에 의해 재산을 취득한 것과 동일하게 볼 수 있는 보험금의 경우에 상속세를 부과하기 위한 것으로서 실질과세의 원칙 및 과세형평을 관철하기 위한 규정이고, 이러한 규정이 재산권의 본질적인 내용을 침해하는 것이 아니므로 헌법상 재산권보장의 원칙에 반한다거나 실질적 조세법률주의에 위배된다고 볼 수 없다고 하였다.[8]

---

7) 상속인 : 상속재산을 물려받는 사람. 상속은 1순위로 피상속인의 직계비속 · 배우자, 2순위로 피상속인의 직계존속 · 배우자, 3순위로 피상속인의 형제자매, 4순위로 피상속인의 4촌 이내의 방계혈족. 상속인은 사람이어야 하며, 법인은 상속을 받을 수 없고 유증만 받을 수 있다. 태아, 이성동복의 형제, 이혼 소송 중인 배우자, 인지된 혼외자, 양자, 친양자, 양부모, 친양부모, 양자를 보낸 친생부모, 북한에 있는 상속인, 외국국적을 가지고 있는 상속인도 상속인이 될 수 있다. 고의로 직계존속, 피상속인, 그 배우자 또는 상속의 선순위나 동순위에 있는 사람을 살해하거나 살해하려한 사람 등은 상속인이 될 수 없다.
피상속인 : 상속인에게 자기의 권리, 의무를 물려주는 사람. 즉, 상속을 받는 사람이 아니라 상속해주는 사람.

8) 상속세 및 증여세법

제7조(상속재산의 범위)

① 제1조의 규정에 의한 상속재산에는 피상속인에게 귀속되는 재산으로서 금전으로 환가할 수 있는 경제적 가치가 있는 모든 물건과 재산적 가치가 있는 법률상 또는 사실상의 모든 권리를 포함한다.

② 제1항의 규정에 의한 상속재산 중 피상속인의 일신에 전속하는 것으로서 피상속인의 사망으로 인하여 소멸되는 것은 이를 제외한다.

제8조(상속재산으로 보는 보험금)

① 피상속인의 사망으로 인하여 지급받는 생명보험 또는 손해보험의 보험금으로서 피상속인이 보험계약자가 된 보험계약에 의하여 지급받는 것은 이를 상속재산으로 본다.

② 보험계약자가 피상속인외의 자인 경우에도 피상속인이 실질적으로 보험료를 지불하였을 때에는 피상속인을 보험계약자로 보아 제1항의 규정을 적용한다.

제34조(보험금의 증여)

즉, 사망보험금은 상속재산이 아닌 보험수익자 또는 법률상 상속순위의 지위에서 가지는 상속인의 고유재산이다. 따라서, 상속재산이 됨으로써 발생하는 압류, 채무와의 상계대상이 아니다. 다만, 상속세 및 증여세법의 취지에 따라 상속세 납부대상이 되므로 상속으로 받는 다른 재산과 합쳐져서 상속세를 납부해야할 금액 이상이 되면 상속세를 납부해야한다.[9)] [10)]

---

① 생명보험 또는 손해보험에 있어서 보험금수취인과 보험료불입자가 다른 경우에는 보험사고가 발생한 경우에 보험금상당액을 보험금수취인의 증여재산가액으로 하며, 보험계약기간안에 보험금수취인이 타인으로부터 재산을 증여받아 보험료를 불입한 경우에는 그 보험료불입액에 대한 보험금상당액에서 당해 보험료불입액을 차감한 가액을 보험금수취인의 증여재산가액으로 한다.

② 제1항의 규정은 제8조의 규정에 의하여 보험금을 상속재산으로 보는 경우에는 이를 적용하지 아니한다.

③ 제1항을 적용함에 있어서 불입한 보험료중 일부를 보험금수취인이 불입하였을 경우에는 보험금에서 불입한 보험료 총합계액중 보험금수취인이 아닌 자가 불입한 보험료액의 점유비율에 상당하는 금액만을 증여재산가액으로 한다.

9) 대법원 2005두5529판결 참조

10) 상속세

(1) 정의

상속 · 유증 · 사인증여(死因贈與 : 증여자의 사망으로 인하여 그 효력이 발생하는, 일종의 정지 조건부 증여)에 따른 취득재산에 부과하여 징수되는 조세.

(2) 내용

국세에 속하며 직접세의 일종. 한편, 증여에 대한 탈세 방지를 위하여 현행<상속세 및 증여세법>에서는 상속세의 보완세로서 증여세를 병립하여 실시하고 있다.

(3) 납세의무자

상속세의 납세의무자는 재산이 상속되는 경우는 상속인, 유증의 경우는 유산이나 유물을 물려받는 수유자(受遺者)이다. 태아도 납세의무가 있다. 피상속인의 국내 거주 유무에 따라 상속인은 두 종류로 분류된다. 즉, 피상속인이 국내거주자인 경우 국내외에 있는 상속재산 전부에 대하여 납세의무를 지는 무제한 납세의무자와, 피상속인이 국내에 주소를 두지 않은 경우 국내에 있는 상속재산에만 납세의무를 지는 제한적 납세의무자로 구분된다. 상속세는 상속인 또는 수유자 각자가 받을 상속재산을 한도로 연대하여 납부할 의무가 있다.

(4) 상속재산

금전으로 환가(換價)할 수 있는 모든 물건과 재산을 본래의 상속재산으로 하고, 상속재산의 가액 계산은 상속재산의 가액에 피상속인이 유증 또는 사인증여한 재산과 상속 개시 전 5년 이내에 피상속인이 상속인에게 증여한 재산, 그리고 상속 개시 전 3년 이내 에 상속인 이외의 자에게 증여한 재산의 가액을 합산한다. 이처럼 유언에 의한 유증재산과 사인증여재산 및 일정 기간 내의 증여재산을 상속재산의 가액에 포함하는 이유는 상속세를 면탈하기 위해, 증여의 형태로 상속재산을 분산 · 은닉하는 것을 방지하려는 데 있다. 일정 기간 내의 증여재산에 대하여 먼저 과세된 증여세는 합산 과세된 상속세에서 공제한다. 유증이나 사인증여의 경우는 증여세가 과세되지 않고 상속세가 과세된다. 일정한 보험금 · 퇴직금도 상속재산으로 본다. 상속 개시 전 2년 이내에 피상속인이 재산을 처분한 경우, 그 금액이 재산 종류별로 계산하여 1억 원 이상으로서 용도가 객관적으로 명백하지 아니한 것과 상속 개시 일전 2년 이내에 피상속인이 부담한 채무액이 1억 원 이상인 경우 그 용도가 명백하지 아니한 것은 상속재산 가액에 합산한다. 한편, 공과금 1,000만원 한도 내에서의 장례비 및 피상속인의 채무로서 상속인이 실제로 부담해야 할 사실이 입증되는 채무를 상속재산 가액에서 차감한 것을 상속세과세액으로 한다. 피상속인 또는 상속인이 종교 · 자선 · 학술 기타 공익을 목적으로 하는 사업을 영위하는자(공익법인)에게 출연한 재산은 상속세과세 가액에 산입하지 아니한다. 그러나 상속인이 이러한 공익법인의 이사가 되거나 사업운영에 관한 중요한 사항을 결정할 권한이 있는 경우에는 상속세를 탈루할 수단으로 이용되므로 제외시키고 있다. 국가 지방단체에 유증한 재산과 지정문화재, 일정한 범위의 금양(禁養 : 나무 · 풀 따위를 베지 못하게 하여 가꿈)임야, 묘토인 농지 등은 비과세되고 전사 등으로 상속이 개시되는 경우에는 상속세를 부과하지 아니한다.

(5) 과세표준

상속세과세 가액에서 상속공제를 차감한 것을 상속세과세표준으로 한다. 상속공제는 ① 기초 공제액을 2억 원으로 하고 가업상속의 경우 1억 원, 영농상속의 경우 2억 원을 추가하여 공제한다. ② 배우자 공제액으로 추가적으로, 국세징수법에 따라 세금이 체납된 경우에는 1천만원 초과의 사망보험금에 대해서는 압류가능하다.

추가 질의 & 응답

1. 부친의 사망보험금에 대해 상속세 신고 ?
   : 상속재산이란 상속개시 당시 돌아가신 분이 소유하고 있던 부동산, 예금뿐만 아니라 사망보험금, 퇴직금 까지도 상속세 납부대상에 포함되는 재산이므로 신고해야 한다.

2. 부친이 보험료를 냈지만 계약자와 수익자가 모두 아들인 경우에도 상속세 ?
   : 계약자 및 수익자를 기준으로 하는 것이 아니고, 보험료를 실제 누가 납입했는지를 기준으로 판단한다. 부친이 전체 보험료(1천만원) 중 5백만원을 납부 해왔다면 사망보험금 1억원 중 50%해당하는 5천만원은 상속세 납부대상에 포함되는 재산이다. 그러나, 아들이 실제 모든 보험료를 납부했다면 상속세 납부대상에 포함되는 사망보험금은 없다.

3. 자녀가 소득이 없는 경우에 미리 증여를 해서 보험료를 납부하면 추후 받을 보험금에 대한 세금을 줄일 수 있나요 ?
   : 타인으로부터 재산을 증여받아서 보험료를 내는 경우 나중에 보험금을 받을 때 보험금을 추가로 증여받은 것으로 판단하여 과세한다. 즉, 미리 현금을 증여받아 보험료를 불입하였다고 하더라도 추후 받게 될 보험금도 상속세 납부대상에 포함된다.

하여 배우자가 실제 상속받은 경우가 없거나, 5억 원 미만인 경우에는 5억 원을 차감한다.③ 인적 공제액으로 자녀 수에 제한을 두지 아니하고 자녀 1인당 3,000만원, 미성년자가 있는 경우 20세에 달하기까지의 연수에 500만원을 곱하여 계산한 금액을 여기에 합산한다. 인적 공제액에는 이와 달리 일반인 5억 원, 가업상속인 6억 원, 영농상속인 7억 원으로 하는 2,000만원 이하인 경우는 전액을 공제하는 등의 금융재산공제를 하고 있다.

상속인이 없을 경우, 보험금은 어떻게 되나요

상속인부존재라 함은 재산상속인의 존재여부가 분명하지 아니한 상태를 말한다.[11] 상속개시 후 재산상속인의 존재가 불분명한 경우에는 상속인을 수색하기 위하여 일정한 절차가 필요할 뿐만 아니라, 상속재산의 최후의 귀속자인 국고를 위하여 또는 상속채권자와 수증자 등의 이익을 위하여 상속재산에 대한 관리와 청산을 할 필요가 있다. 따라서 민법은 재산상속인불존재제도를 설정하여 상속인의 수색을 위하여 일정한 공고절차와 함께 상속재산의 관리 · 청산의 절차에 관한 규정을 두고 있다.

●● 상속재산의 관리 :

㉮ 재산상속인의 존부가 분명하지 않는 때에는 가정법원은 제777조에 의한 피상속인의 친족, 기타 이해관계인, 또는 검사의 청구에 의하여 상속재산관리인을 선임하고 지체없이 이를 공고하도록 되어 있다(민법 제1053조 1항).

㉯ 재산관리인의 권리의무에 관하여는 부재자를 위한 재산관리인에 관한 규정이 준용되고(제1053조 2항), 그리고 재산관리인은 상속채권자나 수증자의 청구가 있는 때에는 언제든지 상속재산의 목록을 제시하고 그 상황을 보고할 의무가 있다(제1054조). 관리인의 임무는 그 상속인이 상속을 한 때에 종료하고(제1055조 1항), 이 경우에는 관리인은 지체없이 그 상속인에 대하여 관리의 계산을 하게 되어 있다(제1055조 2항).

●● 상속재산의 청산 :

㉮ 법원이 상속재산관리인의 선임을 공고한 후 3개월 내에 상속인의 존부를 알 수 없는 때에는 관리인은 지체없이 일반상속채권자와 수증자에 대하여 2개월 이상의 기간을 정하 그 기간 내에 채권 또는 유증을 신고할 것을 공고하게 되어 있다(제1055조 2항). 이 경우의 공고절차는 비영리법인의 해산에 관한 규정이 준용된다(제1056조 2항). ㉯ 관리인은 채권신고최고의 공고절차를 취한 후 한정승인의 경우와 동일한 방법으로써 상속채권자 또는 수증자에 대하여 변제를 하게 되어 있다(제1056조 2항). ㉰ 재산관리인 선임에 관한 공고와 이에 후행하는 청산공고기간이 경과하여도 상속인의 존부를 알 수 없는 때에는 가정법원은 관리인의 청구에 의하여 2년 이상의 기간을 정하여 상속인이 있으면 그 기간내에 권리를 주장할 것을 공고하게 되어 있다(제1057조). 이 기간 내에 상속권을 주장하는 자가 없는 때에는 가정법원은 피상

11) 민법 제1053조 1항

속인과 생계를 같이 하고 있던 자, 피상속인의 요양간호를 한 자 및 기타 피상속인과 특별한 연고가 있던 자의 청구에 의하여 상속재산의 전부 또는 일부를 분여할 수 있다. 이 청구는 제1057조의 기간(상속인 수색의 공고기간인 1년 이상의 기간) 만료 후 2월 이내에 하여야 한다(제1057조의 2).

●● 상속재산의 국가귀속 :

민법 제1057조의 2의 규정에 의하여 분여되지 아니하는 때에는 상속재산은 국가에 귀속한다(제1058조 1항). 그리고 상속재산이 국가에 귀속된 후에는 상속재산으로 변제를 받지 못한 상속채권자나 유증을 받은 자가 있는 때에도 그 변제를 국가에 청구할 수 없다(제1059조).

Q 손해보험의 상해와 생명보험의 재해의 차이가 있나요

상해와 재해의 의미는 같다. 다만 손해보험에서는 '상해', 생명보험에서는 '재해'라고 한다. 구체화하면 재해란 '우발적인 외래의 사고', 상해란 '급격하고 우연한 외래의 사고'를 말한다.

아래의 사례를 통해 살펴보면, 진료챠트상 갑의 경우는 '배드민턴 치는 도중 넘어졌다'는 문구를 통해 손해보험 및 생명보험에서 상해(재해)인정될 수 있다. 을의 경우는 '물건 들다가'라는 문구를 통해 손해보험에서는 급격, 우연, 외래성을 충족하는 것으로 보아서 인정될 수 있으나, 생명보험에서는 인정이 안될 수 있다.

- **'갑' 진료챠트의 일부**

CC :
via : OPD
    post neck pain, Lt arm pain and tingling sense
onset : 2012
PI : 53세 남자로 2013년 2월 배드민턴 치는 도중 넘어진 이후 발생한 목 통증으로 local에서 block 시술받고도 호전이 없었으며 10일전부터 증세가 심하여 본원 신경외과 외래 통해 수술적 치료 위해 입원

- **'을' 진료챠트의 일부**

진료일 : 2011-04-16
Nursingrecord 시 간 내 용
11:00 admitted to 211호 via OPD by walking
C.C : 허리통증, 왼쪽 엉치, 다리저림 증상
P.I : 약 3주전에 물건 들다가 상기 증상있어 외래 치료 받다가 호전없어 치료위해 입원

생명보험약관에서 재해라 함은 우발적인 외래의 사고(다만, 질병 또는 체질적 요인이 있는 자로서 경미한 외부 요인에 의하여 발병하거나 또는 그 증상이 더욱 악화되었을 때에는 그 경미한 외부 요인은 우발적인 외래의 사고로 보지 아니함) 로서 재해분류표에 따른 사고를 말한다. 즉, 우발적인 외래의 사고라 하여 모두 재해로 보지 않고, 그 단서조항에서 경미한 외부요인에 의한 경우는 제외하고 있다. 또한, 재해를 재해분류표에서 나열하고 있다. 이 재해분류표의 분류번호에서 X50은 제외되어

있다.[12] 따라서 무거운 물건을 들어 올리다 허리를 다친 경우는 우발적인 외래의 사고임에도 외부요인이 경미하다고 판단되거나, 재해분류표에서 X50에 해당되어 재해로 보지 않는다. 그러나, 무거운 물건을 들다가 다친 경우를 무조건 재해에서 제외하는 것은 아니다. 외부적 요인에 해당하는 무거운 물건을 든 행위가 경미하다고 판단되지 않는 경우는 재해로 인정될 수 있다.

●● 대법원 2001. 8. 21. 선고 2001다27579 판결【보험금】

【판시사항】

상해보험약관상의 보험사고인 '급격하고 우연한 외래의 사고'의 의미와 그에 대한 입증책임의 소재(=보험금청구자)

【판결요지】

상해보험에서 담보되는 위험으로서 상해란 외부로부터의 우연한 돌발적인 사고로 인한 신체의 손상을 말하는 것이므로, 그 사고의 원인이 피보험자의 신체의 외부로부터 작용하는 것을 말하고 신체의 질병 등과 같은 내부적 원인에 기한 것은 제외되며, 이러한 사고의 외래성 및 상해 또는 사망이라는 결과와 사이의 인과관계에 관해서는 보험금청구자에게 그 입증책임이 있다.

●● 대법원 2003.11.28, 선고, 2003다35215, 판결

【판시사항】

인보험약관상의 보험사고인 '우연한 사고'의 의미 및 그에 대한 입증책임의 소재(=보험금 청구자)

【판결요지】

인보험계약에 의하여 담보되는 보험사고의 요건 중 '우연한 사고'라 함은 사고가 피보험자가 예측할 수 없는 원인에 의하여 발생하는 것으로서, 고의에 의한 것이 아니고 예견치 않았는데 우연히 발생하고 통상적인 과정으로는 기대할 수 없는 결과를 가져오는 사고를 의미하는 것이며, 이러한 사고의 우연성에 관해서는 보험금 청구자에게 그 입증책임이 있고 사고의 외래성 및 상해라는 결과와 사이의 인과관계에 대해서도 보험금청구자에게 그 입증책임이 있다.

●● 대법원 1994.12.27. 선고 93다29396 판결【보험금】

【판결요지】

12) X50 과로 및 격심한 또는 반복적 운동 포함 : 노젓기, 마라톤, 무거운 물체나 중량을 들어올림

약관규정 중 "다만, 질병 또는 체질적 요인이 있는자로서 경미한 외인에 의하여 발병하거나 또는 그 증상이 악화되었을 때에는 그 경미한 외인은 우발적인 외래의 사고로 보지 아니함"이라는 규정은 질병 또는 체질적 요인이 직접적이고 중요한 사망원인인 경우에 경미한 외부적 요인이 이에 가공하였다고 하더라도 사망의 직접적 원인이 질병 또는 체질적 요인에 있는 이상 그 경미한 요인을 보험약관상 재해사고에서 제외한다는 취지로서, 사망에 가공한 외적 요인이 중대하거나 직접적인 것으로 판단되는 경우에는 망인에게 질병 또는 체질적 요인이 있었다고 하더라도 재해사망보험금은 지급해야 한다.

※ 급격성

객관적으로 사고가 갑작스럽게 발생하는 경우뿐만 아니라 피보험자가 주관적으로 예견하지 아니하였거나 예견할 수 없는 순간에 발생하는 것도 포함된다고 할 것인데, 약물에 의한 부작용의 경우 약물을 계속적으로 장기간 복용함으로써 그 효과가 계속 누적되어 어느 시점에 나타나는 것이 일반적이고, 그 부작용을 예상할 수 없었던 사람의 입장에서는 급격하게 상해가 발생한 것으로 인정된다(서울지법 2008. 6.11.선고 2007가합113569판결, 서울고법 2004. 7. 9.선고 2003나37183판결 등 참조)

※ 우연성

사고의 발생이 계약자 등의 '자발적 의사에 의하지 아니함'을 의미하므로 특정한 사고의 원인과 결과 중 어느 한쪽에 우연적인 요소가 있으면 그로써 충분하다(대법원 2001.11. 9.선고, 2001다55499판결 등 참조)

※ 외래성

상해의 원인이 피보험자 신체의 외부로부터 작용하는 것으로서 피보험자의 신체적 결함 즉, 질병과 같은 내부적 원인에 기인한 것은 제외(서울고법 2006. 6. 8.선고 2005나61623판결 등)

추간판탈출증은 장해인가요

추간판탈출증은 상해보험에서 장해가 아니다. 그럼에도 약관의 장해분류표에 '추간판탈출증'의 항목이 있다. 그러나, 장해의 이름이 아닌 '심한 추간판탈출증', '뚜렷한 추간판탈출증', '약간의 추간판탈출증'으로 존재한다.

▶ 견본 - 후유장해진단서

후 유 장 해 진 단 서

성 명	이환자	성 별	남	주민번호	700111-1234567	병록번호	2345678
주소	서울 동대문구 안암로						
상병명	요추 제5-천추 제1번간 추간판탈출증					수상일	2015. 01. 03.

주요치료내용 및 결과

상기 환자는 스키타고 내려오는 중 넘어지는 사고로 2015. 01. 03. 응급실로 내원하여 당일 시행한 MRI에서 요추 제5-천추1간의 추간판 파열 확인. 현재까지 물리치료 및 주사제 이용한 통증 완화, 재활치료 시행중.

각종 검사 소견 : (장해내용과 관련 있는 소견만 기재)

우측 하지로의 방사통 및 하지직거검사상 양성.
DITI검사에서 우측 하지에서 이상소견 및 압통 소견
방사선 검사상 요추 측만의 감소소견
근전도상 제5번의 요추신경근병증 소견

장해내용

추간판 파열로 인해 일상생활(보행 포함)에 제한이 있고, 장기간의 재활치료후에도 증상 호전없음

장해평가

현재 증상 고정된 상태로 더 이상의 호전을 기대할 수 없음 (영구, 외상관여도 80%)

위와 같이 진단함.

발 행 일 2015년 12월 4일
병원 주소 서울 동대문구 안암로 158
병 원 명 PNS병원
전 화 02)1544-8747 FAX : 02)457-4971
면허번호 제56789호 의사성명 나해부 (서명)
※ (본원의 직인이 없는 것은 무효임)

즉, 장해가 아니지만 장해의 항독으로 있으니 약관상 기준에 부합하면 후유장해보험금을 지급해야한다. 그럼에도 한시라는 의료자문소견으로 지급이 거부되거나 삭감해서 지급되고 있는 현실이다. 따라서 추간판탈출증으로 인한 민원(분쟁)이 없어지기 위해서는 약관의 장해분류표에서 '추간판탈출증' 항목이 제외되거나, 객관적인 수치에 의해 단계별 보상되는 것으로 명확해져야 한다. 또한 보험계약당시 받는 보험료도 이에 따라 조정되어야 한다.

●● 후유장해보험금에서의 추간판탈출증의 영구여부는 묻지도 따지지도 말라!

사고로 다쳐서 다른 부위의 후유장해보험금 청구와는 달리 추간판탈출증으로 인한 보험금 청구시 문제되는 것이 영구다. 후유장해보험금은 영구만 보상한다. 한시 5년 이상인 경우는 지급금액의 20%만을 보상한다. 보험사기로 고소당하는 소비자들도 있다. 자동차보험사에 청구하는 장해진단서에는 한시3년인데도 손해보험사에 청구하는 장해진단서에는 영구로 표기되어있는 경우에 '병원과 환자가 짜고 고스톱 친거 아니냐' 라는 식의 고소고발도 발생한다.

〈장해분류표〉

- 총칙

1. 장해의 정의

1) "장허"라 함은 상해 또는 질병에 대하여 치유된 후 신체에 남아있는 영구적인 정신 또는 육체의 훼손상태를 말한다. 다만, 질병과 부상의 주증상과 합병증상 및 이에 대한 치료를 받는 과정에서 일시적으로 나타나는 증상은 장해에 포함되지 않는다.
2) "영그적"이라 함은 원칙적으로 치유시 장래 회복의 가망이 없는 상태로서 정신적 또는 육체적 훼손상태임이 의학적으로 인정되는 경우를 말한다.
3) "치유된 후"라 함은 상해 드는 질병에 대한 치료의 효과를 기대할 수 없게 되고 또한 그 증상이 고정된 상태를 말한다.
4) 다만, 영구히 고정된 증상은 아니지만 치료 종결 후 한시적으로 나타나는 장해에 대하여는 그 기간이 5년 이상인 경우 해당 장해 지급률의 20%를 보험가입금액에 곱하여 산출한 금액을 지급합니다.

법원은 사실조회 및 신체감정결과 '추간판탈출증'의 장해는 한시적인 것이고 영구적인 장해는 아니다. 그러나, 해설에 기재된 영구적인 장해만을 의미한다는 '장해의 정의'가 추간판탈출증의 경우에도 당연히 적용되는 것인가에 대해서는 '장해의 정의'는 개별 신체장해의 내용에 사용된

'장해'라는 용어의 해설에 불과할 뿐 모든 신체장해에 당연히 전재되어야할 개념이라고 해석하기 어렵다. 따라서, 추간판탈출증의 경우에는 한시와 영구를 구분하지 않고 모두 장해로 인정하기로 한 것으로 봐야 한다(서울중앙지방법원 2004나18254 판결, 서울중앙지방법원 2007가단354981 판결, 서울동부지방법원 2010가단8038 판결 참조).

Q 수익자가 회사입니다. 근로자의 사망보험금은 회사가 받는게 맞나요

계약자 및 수익자가 회사인 단체보험이라 하더라도 근로자(피보험자)의 업무외 재해에 대한 보험금은 회사가 아닌 근로자에게 귀속된다. 따라서, 근로자의 사망이 업무 중이 아니라면, 즉 업무상 재해가 아니라면 그 사망보험금은 근로자의 유족에게 돌아가야 한다.

대법원은 계약자인 회사가 보험료를 납입하였고, 피보험자인 직원이 재해로 사망하는 사고가 발생할 경우에는 수익자로 지정되어있는 회사에게 사망보험금을 지급하고 보험기간의 만기까지 사고가 발생하지 아니하는 경우에는 만기환급금을 회사에게 지급하는 내용의 단체보험에서, 그 보험사고를 업무상 재해로 국한시키지 아니하였고 직원이 업무상 재해가 아닌 사고가 발생한 경우에까지 회사가 보험금을 수령하는 것을 용인할 의도로 특별히 수익자를 회사로 하는 계약 체결에 동의하였다고 보기는 통상적으로 어려운 점 등에 비추어 회사와 직원 사이에 특별히 다른 약정을 하였다는 사정이 없는 한, 만기환급금 및 업무상 재해로 인한 사고시 보험금은 수익자인 회사가 수령하여 보유한다. 다만, 업무외 재해로 사고가 발생한 경우에는 직원이나 그 유족에게 지급한다는 판결을 하였다.[13)]

사 례

갑은 5년 만에 산악회 활동에 참가하였다. 갑을 포함한 산악회원들을 태운 전세버스는 마을 앞 고갯길을 내려오는 중이었다. 계속되는 비탈진 고갯길을 내려오면서 브레이크를 과다하게 사용하였고 이르 인해 브레이크가 파열되었다. 달려오는 속도를 줄이지 못한 채 우측으로 전도되면서 도로를 이탈하는 사고가 발생하였다. 이 사고로 인해 갑을 포함한 다수의 사망자와 부상자가 발생하였다.

사고 직전 갑의 회사는 복지차원에서 갑을 피보험자로 하고 계약자 및 수익자를 회사로 하는 단체보장성보험을 가입하였다. 통상 회사에서 가입하는 단체보장성보험의 취지는 업무상 재해 발생시 산재보상금으로 충당이 어려운 경우에 대비하기 위함이거나, 복지차원에서 직원에게 재해 발생시 직원 및 유족에게 보상을 해주기 위함이다.

갑의 사망보험금에 대해 회사는 보험료를 납입해왔고 수익자로 지정되어 있으므로 회사가 받아야 한다는 입장이고, 갑의 유족은 사고자는 갑이기에 사망보험금은 유족에게 지급되어야 한다는 입장이었다.

---

13) 대법원 2007다70285 판결 참조

법원은 유사사례에서 계약자인 회사가 보험료를 납입하였고, 피보험자인 직원이 재해로 사망하는 사고가 발생할 경우에는 수익자로 지정되어있는 회사에게 사망보험금을 지급하고, 보험기간의 만기까지 사고가 발생하지 아니하는 경우에는 만기환급금을 회사에게 지급하는 내용의 단체보험에서 그 보험사고를 업무상 재해로 국한시키지 아니하였고, 직원이 업무상 재해가 아닌 사고가 발생한 경우에까지 회사가 보험금을 수령하는 것을 용인할 의도로 특별히 수익자를 회사로 하는 계약 체결에 동의하였다고 보기는 통상적으로 어려운 점 등에 비추어 회사와 직원 사이에 특별히 다른 약정을 하였다는 사정이 없는 한, 만기환급금 및 업무상 재해로 인한 사고시 보험금은 수익자인 회사가 수령하여 보유하되, 업무외 재해로 사고가 발생한 경우에는 직원이나 그 유족에게 지급하기로 하는 의미로 수익자를 회사로 하는 데 대하여 동의한 것이라고 봐야한다고 하였다(대법원 2007다70285 판결 참조).

따라서, 갑의 사고 또한 보험계약시 갑과 회사간 특별히 업무외 사고로 인한 보험금에 대한 권리까지도 회사에 귀속시킨다는 약정이 없었기에 업무 중이 아닌 놀러갔다가 오는 길에 전복사고로 사망한 사고에 있어 그 사망보험금은 당연 유족에게 돌아가야 할 것이다.라고 판결하였다.

사고 관여도에 따른 보험금 삭감은 당연한 건가요

보험약관상 보험금 감액조항(예, 다른 상해 또는 질병의 영향)이 있는 경우는 감액이 가능하다. 갑이 교통사고로 상해를 입었는데 이미 존재하던 기왕증(심장질환)과 교통사고가 겹쳐 사망을 촉진시킨 경우에 보험약관의 기왕증에 따른 감액조항(다른 상해 또는 질병의 영향)이 적용되어 보험사는 기왕증의 영향이 없었던 때에 상당하는 금액만을 보험금으로서 지급할 의무가 있다.[14]

반대로 보험약관에 '다른 상해 또는 질병의 영향'과 같은 감액조항이 없는 경우는 삭감해서는 안된다.

사 례

사고로 인한 보험금 청구 후 약정했던 보험금액이 삭감지급 되는 경우(예, 척추 압박골절, 추간판탈출 등)에 대해 살펴본다.

A는 B보험사에 운전자 상해보험계약을 체결하였고, 보험기간 중 승용차를 운전하여 신호대기 중 화물차에 후미추돌을 당하여 가슴과 배 부위를 운전대에 심하게 부딪혔다. 사고당시에는 별다른 증상을 느끼지 못하여 자동차보험으로 처리하기로 하고 그대로 귀가하였다. 그런데 같은 날 저녁 갑자기 호흡이 곤란해지고 팔이 뒤틀리는 등의 증상으로 급히 병원으로 옮겨졌지만 허혈성 심장질환으로 사망하였고, 부검결과 심장에 고도의 관상동맥경화, 심비대 및 심근 비후 증상을 가지고 있었다. A의 교통상해사망보험금 청구에 대해 B보험사는 약관상 '피보험자가 보상하는 손해에서 정한 상해를 입은 경우 이미 존재한 신체장해 또는 질병의 영향으로 또는 보상하는 손해에서 정한 상해를 입은 후에 그 원인이 된 사고와 관계없이 새로이 발생한 상해나 질병의 영향으로 보상하는 손해에서 정한 상해가 중하게 된 경우 회사는 그 영향이 없었던 때에 상당하는 금액을 결정하여 지급한다'는 조항과 A의 기왕증인 심관상동맥경화로 인한 허혈성심장질환이 사망을 촉진시켰고 자동차사고로 인한 손상이 A의 사망에 대한 관여도는 30%에 불과하므로 사망보험금중 30%만 지급할 의무가 있다고 주장하였다.

이에 대해 법원은 A가 약관 소정의 상해를 입었는데 이미 존재하던 기왕증인 심관상동맥경화와 약관 소정의 상해가 겹쳐 사망을 촉진시켰다고 보는 한 위 약관 규정이 적용되어 B보험사로서는

14) 대법원 2002다564판결 참조

기왕증의 영향이 없었던 때에 상당하는 금액만을 보험금으로서 지급할 의무가 있다고 하였다(대법원 2002다564판결 참조).

반면, 약관상 기왕증으로 인한 감액조항(예, 다른 상해 또는 질병의 영향)이 없고, 사고가 사망에 일부영향을 미쳤다면 보험금은 약정한대로 지급되어야 할 것이다.

Q 보험회사는 공정성을 위해서 의료자문을 해야 한다고 합니다. 무조건 응해야 하나요

- 현행 보험금 청구에 따른 무조건적인 보험사의 진료기록사본발급동의서 및 위임장에 진료기록사본발급 외에 소견서나 의료자문 동의까지 받는 것은 절차 및 법령에 없다.
- 보험사는 우선적으로 '진료기록사본 열람 및 발급'을 통해 보험금 청구사유에 대한 적정성여부를 검토해야한다. 이후 다른 의견이 있을 시에 협의 하에 제3기관 자문을 고려해야 한다. 따라서 보험금 청구와 동시에 의료자문을 선행하는 것은 절차위반이다.
- 의료자문기관은 대학병원으로 한정되는 것은 아니다. 종합병원[15] 또는 전문의료기관이다. 종합병원과 대학병원이 동일한 것은 아니다.
- 의료자문은 종합병원 등의 의료기관에서 행해져야 한다. 손해보험협회 및 생명보험협회 등(사설 분석기관 포함)에 자문하는 것은 규정에 없다. 또한 의료기관이 아닌 사설 분석기관 또는 보험협회에서 비용을 받고 의료자문을 행하는 것은 별도로 의료법의 저촉여부를 판단해야 한다.
- 소비자와 협의없이 의료기관을 선정해서는 안된다.
- 의료기관이 선정되면, 소비자가 함께하는 동시자문이 우선시되어야 한다.
- 진단서(소견서 포함)발급은 해당의사가 환자에게 교부할 수 있는 것이다. 보험사에 발급하는 것이 아니다. 진료기록사본발급동의서(위임장 포함)상으로 소견서 발급까지 할 수는 없으며, 설령 소비자가 제대로 인지하지 못한채 동의를 해주었다고 하더라도 해당의사는 진단서(소견서 포함)를 발급해주어서는 안된다.

현재 보험금(생명보험, 손해보험, 자동차보험)청구와 동시에 시행되고 있는 진단서(소견서 포함) 및 제3기관 의료자문은 절차 및 규정위반이다.

---

15) 의료법 제3조의3(종합병원)
① 종합병원은 다음 각 호의 요건을 갖추어야 한다.
1. 100개 이상의 병상을 갖출 것
2. 100병상 이상 300병상 이하인 경우에는 내과 · 외과 · 소아청소년과 · 산부인과 중 3개 진료과목, 영상의학과, 마취통증의학과와 진단검사의학과 또는 병리과를 포함한 7개 이상의 진료과목을 갖추고 각 진료과목마다 전속하는 전문의를 둘 것
3. 300병상을 초과하는 경우에는 내과, 외과, 소아청소년과, 산부인과, 영상의학과, 마취통증의학과, 진단검사의학과 또는 병리과, 정신건강의학과 및 치과를 포함한 9개 이상의 진료과목을 갖추고 각 진료과목마다 전속하는 전문의를 둘 것
② 종합병원은 제1항 제2호 또는 제3호에 따른 진료과목(이하 이 항에서 "필수진료과목"이라 한다) 외에 필요하면 추가로 진료과목을 설치 · 운영할 수 있다. 이 경우 필수진료과목 외의 진료과목에 대하여는 해당 의료기관에 전속하지 아니한 전문의를 둘 수 있다.

◐ 생명보험은 '사망 · 장해보험금 · 입원보험금 등', 질병상해보험은 '상해사망 · 장해 · 입원 · 간병보험금'의 담보에서 소비자와 보험사의 합의가 이루어지지 않았을 때에 한하여 종합병원 소속 전문의 중에서 제3자를 협의하여 정하고, 그 비용은 보험사가 전액 부담한다.

◐ 자동차보험은 실질적으로 부상 치료 진단을 실시한 의사가 진단 · 판정한 타당한 노동능력상실률을 적용하며, 그 판정과 관련하여 다툼이 있을 경우 협의하여 제3의 전문 의료기관의 전문의에게 판정을 의뢰할 수 있다.

◐ 의료법 제17조(진단서 등) ①항은 의료업에 종사하고 직접 진찰하거나 검안(檢案)한 의사, 치과의사, 한의사가 아니면 진단서 · 검안서 · 증명서 또는 처방전을 작성하여 환자 또는 지방검찰청검사(검안서에 한한다)에게 교부하거나 발송하지 못한다. 의료법 시행규칙 제13조의2(기록 열람 등의 요건) ① 법 제21조제2항 제1호에 따라 환자의 배우자, 직계 존속 · 비속 또는 배우자의 직계 존속이 환자에 관한 기록의 열람이나 그 사본의 발급을 요청할 경우에는 다음 각 호의 서류를 갖추어 의료기관 개설자에게 제출하여야 한다.

위 규정이 보험보상과 관련된 소견서 및 의료자문 관련된 내용의 전부이다. 따라서 위 규정만으로 판단하면 생명보험은 '사망 · 장해보험금 · 입원보험금 등', 질병상해보험은 '상해사망 · 장해 · 입원 · 간병보험금'등의 담보에서 합의가 안될시에 종합병원 중에서 제3자를 협의하여 정해서 보험사의 비용 하에 동시자문(의료자문 포함)을 할 수 있다. 참고로 진단비 관련 담보에 대한 내용은 없다.

또한, 의료법 및 시행규칙에는 진단서(소견서 포함)발급은 환자를 진료한 의사가 환자에게 교부하고, 진료기록사본발급동의서 및 진료기록사본발급위임장은 제목(진료기록사본발급) 그대로 진료기록의 열람이나 사본의 발급을 요청할 경우에 제출해야할 서류인 것이지, 진단서(소견서, 의료자문 포함)발급을 위한 서류는 아니다.

자동차보험의 경우도 노동능력상실률의 적용에 있어서 1차적으로 부상을 치료했던 의사의 소견을 적용하고, 다툼이 있을 경우에 협의하여 전문의료기관에 판정을 의뢰할 수 있다.

●● 표준약관(질병, 상해보험)

제3조(보험금의 지급사유)

회사는 피보험자에게 다음 중 어느 하나의 사유가 발생한 경우에는 보험수익자에게 약정한 보험금을 지급합니다.

1. 보험기간 중에 상해의 직접결과로써 사망한 경우(질병으로 인한 사망은 제외합니다) : 사망보험금
2. 보험기간 중 진단확정된 질병 또는 상해로 장해분류표(〈부표 9〉 참조)에서 정한 각 장해지급률에 해당하는 장해상태가 되었을 때 : 후유장해보험금
3. 보험기간 중 진단확정된 질병 또는 상해로 입원, 통원, 요양, 수술 또는 수발(간병)이 필요한 상태가 되었을 때 : 입원보험금, 간병보험금 등

제4조(보험금 지급에 관한 세부규정)

⑨ 보험수익자와 회사가 제3조(보험금의 지급사유)의 보험금 지급사유에 대해 합의하지 못할 때는 보험수익자와 회사가 함께 제3자를 정하고 그 제3자의 의견에 따를 수 있습니다. 제3자는 의료법 제3조(의료기관)에 규정한 종합병원 소속 전문의 중에 정하며, 보험금 지급사유 판정에 드는 의료비용은 회사가 전액 부담합니다.

●● 표준약관(생명보험)

제3조(보험금의 지급사유)

회사는 피보험자에게 다음 중 어느 하나의 사유가 발생한 경우에는 보험수익자에게 약정한 보험금을 지급합니다.

1. 보험기간 중의 특정시점에 살아 있을 경우 : 중도보험금
2. 보험기간이 끝날 때까지 살아 있을 경우 : 만기보험금
3. 보험기간 중 사망한 경우 : 사망보험금
4. 보험기간 중 진단 확정된 질병 또는 재해로 장해분류표(〈부표 3〉 참조)에서 정한 각 장해지급률에 해당하는 장해상태가 되었을 때 : 장해보험금
5. 보험기간 중 질병이 진단 확정되거나 입원, 통원, 요양, 수술 또는 수발이 필요한 상태가 되었을 때 : 입원보험금 등

제4조(보험금 지급에 관한 세부규정)

⑨ 보험수익자와 회사가 제3조(보험금의 지급사유) 제3호에서 제5호의 보험금 지급사유에 대해 합의하지 못할 때는 보험수익자와 회사가 함께 제3자를 정하고 그 제3자의 의견에 따를 수 있습니다. 제3자는 의료법 제3조(의료기관)에 규정한 종합병원 소속 전문의 중에서 정하며, 보

험금 지급사유 판정에 드는 의료비용은 회사가 전액 부담합니다.

●● 표준약관(자동차보험)

〈별표1〉 대인배상, 무보험자동차에 의한 상해지급기준

다. 노동능력상실률

맥브라이드 식 후유장애 평가방법에 따라 일반의 옥내 또는 옥외 근로자를 기준으로 실질적으로 부상 치료 진단을 실시한 의사 또는 해당과목 전문의가 진단 · 판정한 타당한 노동능력상실률을 적용하며, 그 판정과 관련하여 다툼이 있을 경우 보험금 청구권자와 보험회사가 협의하여 정한 제3의 전문의료기관의 전문의에게 판정을 의뢰할 수 있음.

●● 의료법

제3조의3(종합병원)

① 종합병원은 다음 각 호의 요건을 갖추어야 한다.

1. 100개 이상의 병상을 갖출 것
2. 100병상 이상 300병상 이하인 경우에는 내과 · 외과 · 소아청소년과 · 산부인과 중 3개 진료과목, 영상의학과, 마취통증의학과와 진단검사의학과 또는 병리과를 포함한 7개 이상의 진료과목을 갖추고 각 진료과목마다 전속하는 전문의를 둘 것
3. 300병상을 초과하는 경우에는 내과, 외과, 소아청소년과, 산부인과, 영상의학과, 마취통증의학과, 진단검사의학과 또는 병리과, 정신건강의학과 및 치과를 포함한 9개 이상의 진료과목을 갖추고 각 진료과목마다 전속하는 전문의를 둘 것

② 종합병원은 제1항제2호 또는 제3호에 따른 진료과목(이하 이 항에서 "필수진료과목"이라 한다) 외에 필요하면 추가로 진료과목을 설치 · 운영할 수 있다. 이 경우 필수진료과목 외의 진료과목에 대하여는 해당 의료기관에 전속하지 아니한 전문의를 둘 수 있다.

제17조(진단서 등)

① 의료업에 종사하고 직접 진찰하거나 검안(檢案)한 의사, 치과의사, 한의사가 아니면 진단서 · 검안서 · 증명서 또는 처방전을 작성하여 환자(환자가 사망한 경우에는 배우자, 직계존비속 또는 배우자의 직계존속을 말한다) 또는 「형사소송법」 제222조제1항에 따라 검시(檢屍)를 하는 지방검찰청검사(검안서에 한한다)에게 교부하거나 발송(전자처방전에 한한다)하지 못한다. 다만, 진료 중이던 환자가 최종 진료 시부터 48시간 이내에 사망한 경우에는 다시 진료하지 아니하더라도 진단서나 증명서를 내줄 수 있으며, 환자 또는 사망자를 직접 진찰하거나 검안한 의사 · 치과의사 또는 한의사가 부득이한 사유로 진단서 · 검안서 또는 증명서를 내줄 수 없으면 같은 의료기관에 종사하는 다른 의사 · 치과의사 또는 한의사가 환자의 진료기록부 등에 따라 내줄 수 있다.

●● 의료법 시행규칙

제13조의2(기록 열람 등의 요건)

① 법 제21조제2항 제1호에 따라 환자의 배우자, 직계 존속 · 비속 또는 배우자의 직계 존속(이하 이 조에서 "친족"이라 한다)이 환자에 관한 기록의 열람이나 그 사본의 발급을 요청할 경우에는 다음 각 호의 서류를 갖추어 의료기관 개설자에게 제출하여야 한다.

1. 기록 열람이나 사본 발급을 요청하는 자의 신분증사본
2. 가족관계증명서, 주민등록표 등본 등 친족관계임을 확인할 수 있는 서류
3. 환자가 자필서명한 별지 제9호의2서식의 동의서. 다만, 환자가 만 14세 미만의 미성년자인 경우에는 제외한다.
4. 환자의 신분증 사본. 다만, 환자가 만 17세 미만으로 「주민등록법」 제24조제1항에 따른 주민등록증이 발급되지 아니한 경우에는 제외한다.

② 법 제21조 제2항 제2호에 따라 환자가 지정하는 대리인이 환자에 관한 기록의 열람이나 그 사본의 발급을 요청할 경우에는 다음 각 호의 서류를 갖추어 의료기관 개설자에게 제출하여야 한다.

1. 기록열람이나 사본발급을 요청하는 자의 신분증 사본
2. 환자가 자필 서명한 별지 제9호의2서식의 동의서 및 별지 제9호의3서식의 위임장. 이 경우 환자가 만 14세 미만의 미성년자인 경우에는 환자의 법정대리인이 작성하여야 하며, 가족관계증명서 등 법정대리인임을 확인할 수 있는 서류를 첨부하여야 한다.
3. 환자의 신분증 사본. 다만, 환자가 만 17세 미만으로 「주민등록법」 제24조제1항에 따른 주민등록증이 발급되지 아니한 자는 제외한다.

③ 법 제21조 제2항 제3호에 따라 환자의 동의를 받을 수 없는 상황에서 환자의 친족이 환자에 관한 기록의 열람이나 그 사본 발급을 요청할 경우에는 별표 2의2에서 정하는 바에 따라 서류를 갖추어 의료기관 개설자에게 제출하여야 한다.

④ 환자가 본인에 관한 진료기록 등을 열람하거나 그 사본의 발급을 원하는 경우에는 본인임을 확인할 수 있는 신분증을 의료기관 개설자에게 제시하여야 한다.

Q 보험사의 자문의사가 보험금 지급여부까지 판단하나요

갑은 두통 및 어지러움으로 인해 정밀검사(뇌CT)를 받았고, 그 결과 혈관이 막혔다는 뇌경색 진단(I63)을 받았다. 이를 근거로 뇌졸중 진단비를 청구하였으나, 보험사는 의료자문 결과 '오래 경과한 무증상의 열공경색(G46) 및 오래 경과한 뇌경색(I69)에 해당한다'며, 보험금 지급을 거절하였다. 이에 대해 갑의 대리인인 사정사도 자문을 하였고 그 결과는 보험금 지급을 해야 한다는 의견이었다.

위와 같이 동일한 사실관계를 두고 다른 결과가 나온 것은 전제(질문 및 질문에 따라 제출된 자료)가 잘못되었기 때문이다.

의학적 소견만을 질의한다면 제출되는 자료는 진료관련 자료(챠트, 영상 사진 등)로 한정되어야 하고, 약관상 부합여부를 질의한다면 제출되는 자료는 위의 진료관련 자료 외에 법리적 및 문리적 판단을 할 수 있는 자료(예, 환자의 상태를 알 수 있는 자료, 약관, 판례, 질병분류코딩지침서 등)가 함께 제출되어야 의사의 경험에 의한 주관적 판단(재량)이 최소화 될 수 있다.

즉, 자문의의 회신이 만병통치약은 아니다. 자문의사의 주관적 판단이 최소화될 수 있도록 해야 하고, 그 결과를 토대로 약관상 부합여부는 보험심사자(사정사)가 해야한다.

Q 유흥업소의 아가씨는 근로자인가요

【판시사항】

[1] 근로기준법상의 근로자에 해당하는지 여부의 판단 기준

[2] 유흥업소의 접대부는 근로기준법상의 근로자가 아니라고 한 사례

【판결요지】

[1] 근로기준법상의 근로자에 해당하는지 여부를 판단함에 있어서는 그 계약이 민법상의 고용계약이든 또는 도급계약이든 그 형식에 관계없이 실질에 있어 근로자가 사업 또는 사업장에 임금을 목적으로 종속적인 관계에서 사용자에게 근로를 제공하였는지 여부에 따라 판단하여야 하는데, 이를 판단함에 있어서는 업무의 내용이 사용자에 의하여 정하여지고 취업규칙 · 복무규정 · 인사규정 등의 적용을 받으며 업무수행과정에 있어서도 사용자로부터 구체적이고 직접적인 지휘 · 감독을 받는지 여부, 사용자에 의하여 근무시간과 근무장소가 지정되고 이에 구속을 받는지 여부, 근로자 스스로가 제3자를 고용하여 업무를 대행케 하는 등 업무의 대체성 유무, 비품 · 원자재 · 작업도구 등의 소유관계, 보수가 근로자체의 대상적(대상적) 성격을 갖고 있는지 여부와 기본급이나 고정급이 정하여져 있는지 여부 및 근로소득세의 원천징수 여부 등 보수에 관한 사항, 근로제공관계의 계속성과 사용자에의 전속성의 유무와 정도, 사회보장제도에 관한 법령 등 다른 법령에 의하여 근로자로서의 지위를 인정받는지 여부, 양 당사자의 경제 · 사회적 조건 등을 종합적으로 고려하여 판단하여야 하고, 특히 '팁'이 전적인 수입으로 되는 접객원의 경우는 사용자가 '팁'을 일정액으로 정하거나 사실상 일정액을 받도록 직 · 간접적으로 규제하고 '팁'을 사용자가 관리 분배하는 여부 등도 함께 살펴보아야 한다.

[2] 유흥업소의 접대부는 최소계약기간의 정함이나 취업규칙 등이 없고, 출 · 퇴근이 비교적 자유로우며, 팁 이외에 고정급이 없으며 업주가 그 액수를 통제하거나 사용 · 관리하지 않고, 근로소득세를 원천징수하는 일도 없는 점 등에 비추어 근로기준법상의 근로자가 아니라고 한 사례.

(대법원 1996.09.06. 선고 95다35289 판결)

종업원이 근로기준법상 근로자에 해당되지 않는다면 퇴직금은 없다. 이의 판단을 위해서는 종업원이 업주에게 종속적인 관계에서 근로를 제공하였는지를 판단하여야 한다. 구체적으로 다음과 같은 요소들을 확인 후 종합적으로 판단한다.

- ◐ 최소계약기간 여부
- ◐ 언제든지 그만두고 다른 곳으로 옮겨갈 수 있는 지 여부
- ◐ 근무시간 정해져있는지 여부
- ◐ 근무시간 중 개인사정에 따라 결근 · 지각 · 조퇴 등을 비교적 쉽게 할 수 있고 그로 인한 제재나 불이익을 받는 사실여부
- ◐ 기본급 등 고정급 여부
- ◐ 수입은 손님들로부터 받는 팁이 전부인지 여부
- ◐ 팁 수입이 전혀 없는 경우에도 업주로부터 급료를 지급 받는지 여부
- ◐ 팁의 지급형태
- ◐ 업주가 손님으로부터 받는 팁 액수를 통제 · 사용 · 관리여부
- ◐ 팁 수입에 대한 근로소득세 원천징수여부
- ◐ 접대부와 관련된 취업규칙 · 근무수칙의 존재여부
- ◐ 산업재해보상보험 가입여부
- ◐ 영업활동이나 업무수행에 있어 직접적이고 구체적인 지휘감독여부
- ◐ 각자의 재량과 능력에 따라 업무 처리여부

근로기준법상 근로자란 직업의 종류와 관계없이 임금을 목적으로 사업이나 사업장에 근로를 제공하는 자를 말한다(제2조 제1호). 즉, 근로자가 사업주로 부터 금품을 수령하지 않고 사업주가 아닌 고객으로 부터 금품을 받게 되면 임금이 아닌 팁(봉사료)이 된다. 또한 사업주로 부터 금품을 받더라도 이러한 금품이 근로에 대한 대가가 아닌 용역비, 도급비등의 명목으로 지원될 수도 있다. 예를 들면 학원 강사가 강습생 수에 따라서 강습료를 학원으로 부터 받는 등의 형태이다. 판례는 이러한 금품 또한 임금으로 보지 않는다. 따라서 학원 강사를 근로자로 인정하지 않기도 한다.

Q 장해판정시기가 다른데, 어떻게 다른가요 (장애인복지법, 산재법, 인보험, 배상책임)

일반적으로 장애인이라 하면 장애인복지법상의 장애인을 말한다. 이때 장애판정시기는 치료종료 후에 하며, 통상 질환 · 부상 발생 또는 수술이후 6개월 이상 지속적으로 치료한 후에 한다.

산업재해의 경우는 증상이 고정된 상태에서 한다. 다만 증상이 고정되지 않은 경우는 ① 의학적으로 6개월 이내에 증상이 고정될 수 있다고 인정되는 경우에는 그 증상이 고정된 때에 판정하고, 6개월 이내에 증상이 고정되지 않은 경우에는 6개월이 되는 날에 고정될 것으로 인정하는 증상에 대하여 판정한다. ② 의학적으로 6개월 이내에 증상이 고정될 수 없다고 인정되는 경우에는 요양(치료)이 끝난 때에 장차 고정될 것으로 인정하는 증상에 대하여 판정한다.

인(손해보험, 생명보험)의 경우는 재해일 또는 질병의 진단 확정일부터 180일 이내에 확정되지 않는 경우에는 재해일 또는 진단 확정일부터 180일이 되는 날의 의사 진단에 기초하여 고정될 것으로 인정되는 상태를 장해지급률로 결정한다.

배상책임(자동차 사고 등)의 경우는 맥브라이드식에 의한 평가를 한다. 맥브라이드식에 의하면 장해평가는 치료가 종료된 때에 증상이 고정된 상태에서 시행한다. 다만, 치료 종료시 증상이 고정되지 않은 경우는 ① 통상적인 적정 치료 기간이 충분히 지났음에도 증상이 고정되지 않은 경우에는 고정될 것으로 인정되는 증상을 기준으로 평가하고, ② 증상이 고정될 수 없음이 의학적으로 인정되는 경우에는 치료가 종료되는 때에 장차 고정될 것으로 인정되는 증상을 기준으로 평가한다.

●● 장애인복지법상 장애등급판정기준

1) 장애의 원인 질환 등에 관하여 충분히 치료하여 장애가 고착되었을 때에 진단하며, 그 기준시기는 원인 질환 또는 부상 등의 발생 또는 수술 이후 6개월 이상 지속적으로 치료한 후로 한다. 다만, 지체의 절단, 척추고정술 등 장애의 고착이 명백한 경우는 예외로 한다.
2) 수술 또는 치료 등의 의료적 조치로 기능이 회복될 수 있다고 판단하는 경우에는 장애진단을 수술 또는 치료 등의 의료적 조치 후로 유보하여야 한다. 다만, 1년 이내에 국내 여건 또는 장애인의 건강상태 등으로 인하여 수술 또는 치료를 하지 못하는 경우는 예외로 하되 반드시 필요한 시기를 지정하여 재판정을 받도록 진단서에 명시하여야 한다.
3) 신체가 왜소한 사람(키가 작은 사람)에 대한 장애진단은 남성의 경우 만 18세부터, 여성의 경우 만 16세부터 한다. 다만, 만 20세 미만의 남성, 만 18세 미만의 여성의 경우 2년 후 재판정을 받아야 한다. 다만, 연골무형성증(achondroplasia)으로 왜소증에 대한 증상이 뚜렷한 경우는 만 2세 이상에서 진단할 수 있으며, 2년 후 재판정을 받아야 한다.
4) 향후 장애정도의 변화가 예상되는 경우에는 반드시 재판정을 받도록 하여야 한다. 이 경우 재판정의 시기는 최초 진단일로부터 2년 후로 한다.
   - 재판정이 필요한 경우 장애진단을 하는 전문의는 장애진단서에 그 시기와 필요성을 구체적으로 명시하여야 한다.
5) 신체에서 동일부위의 판단은 해부학적 구분에 의한 부위별로 하되 팔과 다리는 좌 · 우를 각각 별개의 부위로 본다.

●● 산업재해 [산업재해보상보험법 시행규칙 제46조(기본원칙)]

⑩ 장해등급의 판정은 요양이 끝난 때에 증상이 고정된 상태에서 한다. 다만, 요양이 끝난 때에 증상이 고정되지 않은 경우에는 다음 각 호의 구분에 따라 판정한다.
   1. 의학적으로 6개월 이내에 증상이 고정될 수 있다고 인정되는 경우에는 그 증상이 고정된 때에 판정한다. 다만, 6개월 이내에 증상이 고정되지 않은 경우에는 6개월이 되는 날에 고정될 것으로 인정하는 증상에 대하여 판정한다.
   2. 의학적으로 6개월 이내에 증상이 고정될 수 없다고 인정되는 경우에는 요양이 끝난 때에 장차 고정될 것으로 인정하는 증상에 대하여 판정한다.

●● 손해보험 및 생명보험 [표준약관 제4조(보험금 지급에 관한 세부규정)]

② 제3조(보험금의 지급사유) 제4호에서 장해지급률이 재해일 또는 질병의 진단 확정일부터 180일 이내에 확정되지 않는 경우에는 재해일 또는 진단 확정일부터 180일이 되는 날의 의사 진단에 기초하여 고정될 것으로 인정되는 상태를 장해지급률로 결정합니다. 다만, 장해분류표에 장해판정시기를 별도로 정한 경우에는 그에 따릅니다.

●● 배상책임(자동차 사고 등) [맥브라이드식]

장해평가는 치료가 종료[16]된 때에 증상이 고정된 상태에서 시행한다. 다만, 치료 종료 시 증상이 고정되지 아니한 경우에는 다음 각 호의 구분에 따라 시행한다.

(1) 통상적인 적정 치료 기간이 충분히 지났음에도 증상이 고정되지 아니한 경우에는 고정될 것으로 인정되는 증상을 기준으로 평가한다.

(2) 증상이 고정될 수 없음이 의학적으로 인정되는 경우에는 치료가 종료되는 때에 장차 고정될 것으로 인정되는 증상을 기준으로 평가한다.

16) 치료 종료란 의학상 일반적으로 승인된 치료 방법을 사용하여도 더 이상의 호전 효과를 기대 할 수 없는 상태 또는 시간이 경과하여 자연적으로 도달할 것이라고 인정되는 최종 상태(증상고정)를 말한다. 다만, 사지마비 환자와 같이 현 상태를 유지하기 위해 계속적인 치료가 필요한 경우라도 일정 치료기간이 지났을 경우 치료가 종료되었다고 판단하여 후유장해를 평가할 수 있다.

Q 환자의 관절강직장해는 능동적 기준으로 평가하는 건가요

배상책임(자동차사고 등)의 사고에서 장해평가는 통상 맥브라이드 장해평가방법을 따른다.[17] 이 평가방법에서 관절운동 측정은 수동[18] 운동에 의한다. 단, 능동운동에 의한 측정치를 이용하는 경우는 그 사유를 기재한다. 반면, 인보험에서는 능동 · 수동에 대한 구분 기준이 없다.

장애인복지법상의 장애등급판정기준에서는 예외적으로 근육의 마비가 있거나 외상 후 건이나 근육의 파열이 있는 경우에는 능동적 관절운동범위를 사용하여 판정할 수 있다고 하였다.

이를 종합하면, 관절강직 장해의 평가방법은 수동운동에 의하나, 인대 및 근육의 파열이 있는 경우는 능동운동에 의할 수 있다.

●● 맥브라이드 장해평가방법 가이드[19] 中

나. 관절강직

1. 관절강직에 대한 장해 판정 시점은 수상 후 최소 6개월 이상이 경과한 시점이며, 충분한 물리치료를 시행한 후(3개월 이상 관절운동 이후 1개월이 지나도 더 이상 호전이 없는 때) 관절 운동 범위를 측정하여 장해를 판정한다.
2. [맥브라이드 장해평가표 및 세부사항]의 장해율은 주로 사용하는 상지에 대한 장해율이므로 주로 사용하는 상지와 주로 사용하지 않는 상지에 대한 구분이 요구될 때에는 주로 사용하는 상지와의 차이를 당해 부분에 대한 장해 비율의 10%(전신에 대한 장해 비율의 5%)로 체감하여 적용한다.
3. 동일지(肢)에 여러 장해가 복수로 있을 경우 이들 각각의 장해율을 병합하되 최종 병합한 장해율이 해당 부위의 절단 장해율을 초과하는 경우는 그 절단 장해율을 장해율로 본다.

17) 장해평가방법 중 하나로 미국 오클라호마대학교 의과대학의 Earl D. Mc Bride 교수가 저술한 Compensable injuries에 대한 '노동능력상실평가와 치료의 원칙' 의 책에 장해의 부위, 종류, 정도에 따라장해율을 구분하였다. 우리나라 법원 및 의사들은 이를 기준으로 장해율을 산정한다.
18) 수동 : 스스로 움직이지 않고 다른 것의 작용을 받아 움직임.
19) 맥브라이드 장해평가방법 가이드, 2009년, 자동차보험진료수가분쟁심의회, 29 ~ 30 페이지

4. 하나의 장해에 다른 장해가 파생되는 관계에 있는 경우에는 그 중 장해율이 높은 것 하나만 적용한다(각형성과 단축, 강직과 동요, 강직과 변형 등의 경우).
   예) 상완골간부의 분쇄 골절 후 45도 각형성(1-B-3)만 적용한다.
5. 전강직은 현대 의학에서 치료의 대상이므로 치료 후 장해를 평가함을 원칙으로 하되 치료할 수 없는 불가피한 의학적 사유가 있는 경우에 적용한다.
6. 부전강직 장해는 한시장해로 인정하되 영구장해를 적용하는 경우는 그에 합당한 객관적 소견(관절면의 부조화, 관절염 등)이 있는 경우에 한한다.
7. 관절운동범위를 측정하는 경우 내고정물이 관절 운동을 제한하는 때에는 내고정물을 제거한 후에 측정하는 것을 원칙으로 한다.
8. 동일 관절에 관절강직 장해가 중복될 경우는 가장 큰 장해 항목을 적용한다.
   예) 수관절의 Ⅲ-A-1(16%)와 Ⅲ-F-2(4%)이 중복된 경우는 가장 큰 장해인 16%를 적용한다.
9. 관절운동범위는 다음과 같이 측정한다.
   1) 해부학적 자세(anatomical posture)를 기본 자세로 하여 측정한다.
   2) 건측과 환측을 동시에 비교하여 측정한다.
   3) 관절운동 측정은 기본축과 이동축의 교차점을 각도기의 중심에 맞춘 후 기본축과 이동축이 이루는 각도를 계산한다.
   4) 관절운동 측정은 수동 운동에 의한다. 단, 능동운동에 의한 측정치를 이용하는 경우는 그 사유를 기재한다.
   5) 관절운동범위 측정시 근력의 저하 여부도 함께 검사한다.
   6) 관절의 기능 장해는 관절 그 자체의 기질적 손상 외에 다른 원인으로도 일어날 수 있으므로 각도를 측정하기 이전에는 장해의 원인을 명확하게 알아야 하며, 그 원인을 무시하고 기계적으로 각도를 측정하여 노동 능력의 저하 정도를 판정하여서는 안된다.

※ 참고사항 – 관절 운동의 제한 원인

(1) **기질적 변화에 의한 관절운동 제한** : 관절 그 자체의 손상이나 강직에 의한 것 외에 관절 외의 연부 조직의 변화에 의한 것(예 : 저혈성 구축).

(2) **기능적 변화에 의한 관절운동 제한** : 신경 마비, 동통, 긴장에 의한 것 등.

●● 장애인복지법상의 장애등급판정기준 中

(2) 관절장애

① 개요

(가) 관절장애라 함은 관절의 강직, 근력의 약화 또는 관절의 불안정(동요 관절, 인공관절치환술 후 상태 등)이 있는 경우를 말한다.

(나) 관절강직이라 함은 관절이 한 위치에서 완전히 고정(완전강직)되었거나, 관절운동범위가 감소된 것(부분강직)을 말하며, 그 정도는 Goniometer 등 관절운동범위 측정기로 측정한 관절운동범위가 해당관절의 정상운동범위에 비해 어느 정도 감소(%)되었는지에

따라 구분한다.

(다) 이때 관절운동범위는 수동적 운동범위를 기준으로 한다. 수동적 관절운동범위의 측정은 수 분 동안 해당관절의 수동적 관절운동을 시킨 후 검사자가 0.5 kg중의 힘을 가하여 관절을 움직인 상태에서 측정한다. 다만, 근육의 마비가 있거나 외상 후 건이나 근육의 파열이 있는 경우(능동적 관절운동범위가 수동적 관절운동범위에 비해 현저히 작을 경우)에는 지체기능장애로 판정하고, 준용할 항목이 없는 경우 능동적 관절운동범위를 사용하여 관절장애로 판정할 수 있다.

(라) 이학적 검사 이외의 검사가 필요한 경우 장애 판정에 근거가 되는 영상의학 검사나 근전도 검사 소견이 있어야 한다.

Q 후유장해보험금 청구는 반드시 장해진단서가 있어야만 가능한가요. 척추고정을 하였습니다. 진단서만으로 보험금 청구가 되나요

절단 및 시력상실의 경우 치료종료 후에 진단서만으로 장해보험금 청구가 가능하다. 마찬가지로 골절로 인한 척추고정술을 한 경우에도 진단서만으로 180일이 경과하지 않았다고 하더라도 치료종료 후에 장해가 고착되었다고 판단하여 후유장해보험금을 지급해야한다.

●● 인보험(손해보험, 생명보험)에는 통상 장해판정시기를 재해일로부터 180일 이내에 확정되지 않은 경우에는 180일이 되는 날의 의사진단에 기초하여 고정될 것으로 인정되는 상태를 장해판정시기로 하고,[20] 장해분류표의 척추장해의 장해판정기준은 골절로 인해 고정한 상태인 경우에 가능하다.[21] 또한 장애인복지법 규정에 의한 장애등급판정기준의 장애유형별 장애판정시기를 보면 '장애의 원인 질환 등에 관하여 충분히 치료하여 장애가 고착되었을 때에 하며, 그 기준 시기는 원인 질환 또는 부상 등의 발생 또는 수술 후 6개월 이상 지속적으로 치료한 후로 한다. 단, 절단, 척추고정술, 안구적출, 청력기관의 결손 등 장애상태의 고착이 명백한 경우는 예외로 한다'고 규정하고 있다.

●● 절단 및 시력상실의 경우 치료종료 후에 진단서만으로 장해보험금 청구가 가능하다. 마찬가지로 골절로 인한 척추고정술을 한 경우에도 진단서만으로 180일이 경과하지 않았다고 하더라도 치료종류 후에 장해가 고착되었다고 판단하여 후유장해보험금을 지급해야한다.

---

20) 표준약관 제4조(보험금 지급에 관한 세부규정) 2항
21) 표준약관 장해분류표 6. 척추(등뼈)의 장해

Q 변호사법 위반은 어떤 경우에 해당되나요

손해사정사는 손해발생 사실의 확인, 보험약관 및 관계 법규 적용의 적정 여부 판단, 손해액 및 보험금의 사정, 위 각 업무와 관련한 서류의 작성 · 제출의 대행, 위 각 업무의 수행과 관련한 보험회사에 대한 의견 진술을 그 업무로 하고 있는바[22], 손해사정사가 그 업무를 수행함에 있어 보험회사에 손해사정보고서를 제출하고 보험회사의 요청에 따라 그 기재 내용에 관하여 근거를 밝히고 타당성 여부에 관한 의견을 개진하는 것이 필요할 경우가 있다고 하더라도 이는 어디까지나 보험사고와 관련한 손해의 조사와 손해액의 사정이라는 손해사정사 본래의 업무와 관련한 것에 한하는 것이고,

여기에서 나아가 금품을 받거나 보수를 받기로 하고 교통사고의 피해자 측을 대리 또는 대행하여 피해자측과 가해자의 자동차보험회사 사이에서 이루어질 ① 손해배상액의 결정에 관하여 중재나 ② 화해를 하도록 주선하거나 편의를 도모하는 등으로 관여하는 것은 위와 같은 손해사정사의 업무범위에 속하는 손해사정에 관하여 필요한 사항이라고 할 수 없다.[23]

●● 손해사정의 근거(과실, 소득, 장해 등)가 아닌 보험금을 놓고 협상하는 행위는 금지행위다. 손해사정사의 의견진술권 관련(서울중앙지원 2008고합564판결 참조)

●● 보험회사가 피해자의 과실, 노동능력상실율, 기왕증 기여도, 소득 등에 대하여 보정요청을 한 경우 이에 대해 손해사정의 근거를 통한 의견교환을 통해 과실 등을 적정하게 조정하는 행위는 적법한 손해사정 행위다.

사 례

※ 형사사건 수원지원 2010고합180판결, 서울고법2010노1678판결 참조

1. 사실관계

22) 보험업법 제188조
23) 대법원2008. 10. 23. 선고 2008도6924 판결 참조

1) 변호사 사무장(이하 '사무장')

: 교통사고 피해자에게 수임료 15% 받기로 약정하고 공제조합과 피해자 사이의 합의과정에 관여하여 6천만원 합의, 9백만원 보수 받음.

2) 손해사정사(이하 '사정사')

가. 교통사고 피해자의 병원입원, 신체감정, 합의절차 등 모든 과정을 대행해주겠다고 하고, 수임료 10% 체결

나. 사정사와 손해사정법인 대표이사(이하 '대표')는 공제조합 사무실에서 ① '1억 6천만원 정도 면 됐으니 합의하라'고 하고, ② 대표는 피해자를 대신하여 탄원서 작성 및 공제조합에 제출, ③ 대표는 피해자가 금치산자 선고를 받을 수 있도록 소장 작성, 금치산자 선고에 따라 후견인 선정에 필요한 친족회 의사록 작성, ④ 사정사와 대표는 합의서를 작성하는 자리에 참석. 합의과정에 전반적으로 관여하여 1억8천만원 합의, 1700만원 보수 받음

다. 교통사고 피해자 수임계약 체결, 대표는 유족 명의로 진정서 작성 및 금감원 제출, 대표와 손해사정 보조인은 합의서 작성 자리 참석. 합의 과정에 전반적으로 관여.

2. 주장

사정사는 손해사정사의 업무범위에 속한 것을 행한 것으로 변호사법 위반 아니다.

3. 판단

1) 법리

> 손해사정사는 손해발생 사실의 확인, 보험약관 및 관계 법규 적용의 적정 여부 판단, 손해액 및 보험금의 사정, 위 각 업무와 관련한 서류의 작성 · 제출의 대행, 위 각 업무의 수행과 관련한 보험회사에 대한 의견 진술을 그 업무로 하고 있는바(보험업법 제188조),
>
> 손해사정사가 그 업무를 수행함에 있어 보험회사에 손해사정보고서를 제출하고 보험회사의 요청에 따라 그 기재 내용에 관하여 근거를 밝히고 타당성 여부에 관한 의견을 개진하는 것이 필요할 경우가 있다고 하더라도 이는 어디까지나 보험사고와 관련한 손해의 조사와 손해액의 사정이라는 손해사정사 본래의 업무와 관련한 것에 한하는 것이고,
>
> 여기에서 나아가 금품을 받거나 보수를 받기로 하고 교통사고의 피해자 측을 대리 또는 대행하여 보험회사에 보험금을 청구하거나 피해자측과 가해자의 자동차보험회사 사이에서 이루어질 ①손해배상액의 결정에 관하여 중재나 ②화해를 하도록 주선하거나 편의를 도모하는 등으로 관여하는 것은 위와 같은 손해사정사의 업무범위에 속하는 손해사정에 관하여 필요한 사항이라고 할 수 없다
>
> (대법원2008. 10. 23. 선고 2008도6924 판결 등 참조).

2) 판단

① 사정사는 교통사고 피해자와 사이에 받게 될 보험금에 대하여 일정 비율의 수수료를 지급받기로 하고, 보험금에 관한 합 및 그 수령에 관한 포괄적인 위임계약을 체결한 것으로 보이는 점, ② 피해자들은 보험금 청구나 합의 등에 관한 절차나 내용을 잘 알지 못하고 사정사의 직원들을 보험금 청구등과 관련된 전문가로 생각하였던 것으로 보이는 점, ③ 사정사는 보험사 직원과 전화 및 면담 등의 방법으로 합의금 액수에 관한 협의를 거친 후 피해자 측에 그 합의 금액이 적당하다는 취지의 조언을 통해 보험사의 합의 제안을 수용하도록 유도하는 방법으로 화해계약을 주선한 점, ④ 대표가 피해자를 대신하여 진정서 또는 탄원서 작성, 금치산자 선고를 위한 소장 작성, 친족회 의사록 작성 등의 행위를 하면서 합의과정에 관여한 것으로 보이는 점, ⑤ 합의를 위해 유가족이 아닌 사정사와 대표가 주로 협상을 하였고, 사정사 측이 유가족에게 보험사의 결정을 통보한 후 동의한 유가족과 보험금을 결정하여 합의를 진행한 점, ⑥ 사정사가 피해자 측에 합의에 필요한 서류, 합의 일자 등을 알려주고, 확정 예정 피해보상금에 대하여 이야기 하면서 적정한 보상금이니 합의하는 게 어떠냐고 이야기한 것으로 진술하고 있는 점, ⑦ 유족은 보험사와 합의과정에서 한 번도 통화를 한 사실이 없었고, 합의에 임할 당시 사정사측이 보험회사가 제시하는 금액이 적당한 금액이라고 말하면서 사정사의 직원을 피해자 유족의 친척이라고 얘기하라고 피해자의 유족이 진술하고 있는 점, ⑧ 사정사가 피해자 측으로부터 미리 약정한 수수료 명목으로 지급받은 돈에는 위와 같이 구체적인 화해에 관한 편의를 도모하여 준 대가도 포함되어 있다고 보이는 점 등에 비추어 보면, 손해사정사의 업무범위에 속하는 손해사정에 관하여 필요한 사항이라고 볼 수 없다.

사정사의 행위는 보수를 받기로 하고 교통사고의 피해자를 대행하여 보험사에 보험금을 청구하거나 피해자와 보험사 사이에서 손해배상액의 결정에 관하여 중재나 화해를 하도록 주선하거나 편의를 도모한 것으로 사정사는 변호사가 아니면서도 손해사정사의 업무를 초과하여 일반 법률사건의 화해에 관한 사무를 취급한 것으로 판단한다.

3) 결정

사무장은 징역 10월에 집행 유예 2년, 9백만원 추징.

사정사는 벌금 5백만원에 67,635,070원 추징.

Q 억울합니다. 신문고, 소비자원, 금감원에 민원을 제기하려고 합니다. 어디에 해야 할까요

국민신문고

◆행정기관의 처분이 소극적이거나 불합리하다고 생각될 경우

즉 사법상의 계약관계, 사법부의 판결 등을 제외하고 국민이 행정기관에 어떤 행위나 답변을 요청할 수 있는 행정구제 수단으로 활용됨.

특히 국민신문고 민원은 인허가 서류 발급 신청 등 정형화된 서식을 통한 민원사무가 아닌 ① 법령 · 제도 · 절차 등 행정업무에 관한 질의 또는 상담형식을 통한 설명이나 해석의 요구, ② 정부시책이나 행정제도 및 운영의 개선에 관한 건의, ③ 행정기관의 위법 · 부당 하거나 소극적인 처분 및 불합리한 행정제도로 국민의 권리를 침해하거나 국민에게 불편 또는 부담을 주는 사항의 해결요구인 고충민원을 주로 처리함.

일반적으로 접수일로부터 7일에서 14일 이내에 처리되나 공휴일은 제외되며, 민원의 성격이나 해당 민원을 처리하는 기관의 규정에 따라 일부 달라질 수 있다. 아울러 부득이한 사유로 처리기간 내에 민원사무를 처리하기 곤란하다고 인정되는 경우에는 해당 처리기간의 범위에서 처리기간을 연장할 수 있다.

한국소비자원

◆소비자가 사업자가 제공하는 물품 또는 용역을 사용하거나 이용하는 과정에서 발생하는 피해를 구제받고자 할 경우

피해구제 신청을 하면 소비자원은 사실조사, 전문가 자문 등을 거쳐 관련 법률 및 규정에 따라 양 당사자에게 공정하고 객관적으로 합의를 권고한다. 분쟁의 해결은 원칙적으로 민사소송을 통해 해결하여야 하나 소송은 비용, 기간, 절차 등의 번거로움이 발생할 수 있는 반면, 한국소비자원 피해구제는 법원 판결과 달리 강제력은 없지만 비용 없이 신속히 분쟁을 해결할 수 있다.

신청방법은 팩스, 우편, 방문, 온라인 신청이 가능하다.

아래의 경우에는 피해구제 대상에서 제외된다.

사업자의 부도, 폐업 등으로 연락이 불가능하거나 소재파악이 안 되는 경우. 신청인(소비자)의 주장을 입증(입증서류 미제출 포함)할 수 없는 경우. 영리활동과 관련하여 발생한 분쟁. 임금 등 근로자와 고용인 사이의 분쟁. 개인간 거래 등 소비자와 사업자 사이의 분쟁이 아닌 경우. 국가 또는 지방자치단체가 제공한 물품 등으로 인하여 발생한 피해인 경우. 소비자분쟁조정위원회에 준하는 분쟁조정기구에 피해구제가 신청되어 있거나 피해구제절차를 거친 경우. 법원에 소송 진행 중인 경우 등

금융감독원

◆소비자와 은행, 보험, 증권 등 금융회사간의 분쟁 또는 조정이 필요한 경우

접수한 민원이 다른 기관의 소관인 경우에는 민원사무처리에 관한 법률 제12조에 의하여 소관기관에 이송된다.

Q 소비자가 알아두면 유익한 보험관련 정보는 어디서 찾나요

금융감독원은 분기별 민원을 처리하는 과정에서 발견한 소비자에게 유용한 보험금 청구관련 정보를 공개하고 있다. 그 외에도 보험가입시 소비자가 알아두면 유익한 사항, 휴가철에 유용한 자동차보험 소비자정보 10선 등 "알아두면 유익한 정보"를 수시로 공개하고 있다. 따라서, 금융감독원의 검색창에서 이러한 자료를 찾아보면 많은 도움이 될 것이다.[24] 다음은 금융감독원에서 2015년도 상반기에 공지한 '소비자가 알아두면 유익한 보험관련 정보'이다.

1. 파손된 파노라마선루프, 자동차보험으로 보상받을 수 있다.

민원내용

민원인은 자동차의 파노라마선루프가 파손되어 보험회사에 자동차보험금(자기차량담보)을 청구하였으나, 보험회사는 민원인이 자동차보험 가입 당시 파노라마선루프 장착사실을 고지하지 않았다는 이유로 보상을 거절

※ 자동차에 장착한 파노라마선루프가 파손되었을 때 자동차보험(자기차량담보)을 이용하여 수리할 수 없나요?

➲ 파노라마선루프가 차량이 출고될 때부터 장착되어 있는 경우라면 사전고지 여부와 상관없이 사고로 인해 파노라마선루프가 파손되는 경우 자동차보험을 통해 보상받을 수 있다. 다만, 차량 출고 이후에 파노라마선루프를 추가로 장착하였다면 사고 발생 이전에 보험회사에 추가 장착 사실을 고지하여야 자동차보험을 통해 보상받을 수 있다. 따라서 차량이 출고될 때 파노라마선루프가 장착되어 있었던 경우라면 관련 입증자료를 미리 챙기고, 추가로 파노라마선루프를 장착하였다면 보험회사에 꼭 알려야 한다.

---

24) 금융감독원(www.fss.or.kr)

2. 수익자가 계약자(피보험자)와 사실혼인 경우 보험금청구가 어려울 수 있다.

민원내용

민원인(보험수익자)은 사실혼관계인 배우자(보험계약자)가 사망하여 사망보험금을 청구하려 하였으나, 법적 유가족들의 협조 없이는 사망진단서 등 보험금청구 시 구비서류를 확보할 수 없어, 단독으로는 사실상 보험금 청구가 불가능

※ 사실혼관계 배우자는 정상적인 보험계약에 따라 보험수익자로 지정되었다고 해도 법적 유가족들의 협조 없이는 사망보험금을 청구할 수 없나요?

➲ 보험계약자는 보험계약을 체결하면서 본인의 의사에 따라 누구든 사망보험금 수익자로 지정할 수 있다. 그러나 사망보험금 청구시 반드시 제출하여야 하는 사망진단서 등은 사망자의 법적 유가족의 동의 등 관련법령이 정하고 있는 일정한 법적요건을 갖춘 경우에만 발급받을 수 있기 때문에, 사실혼 관계 배우자는 정상적인 보험계약에 의한 보험수익자라 하더라도 사망진단서 등 관련 서류를 확보할 수가 없어서 보험금 청구에 어려움을 겪을 수 있음에 유의해야 한다.

3. 교통사고 상해 감정 프로그램(마디모) 조사 중이라고 해도 치료비 지불 보증 등 정상적인 보상처리를 받을 수 있다.

민원내용

교통사고 피해자인 민원인이 병원치료 후 가해자측 보험회사에 보험금을 청구했으나, 보험회사는 가해자가 마디모프로그램* 검증을 의뢰했다는 이유로 보험금 지급을 거절

* 교통사고 상해 감정 프로그램(Mathematical Dynamic Models) : 국과수가 가해 · 피해차량의 움직임, 노면흔적, 차량파손상태, 동영상 등을 분석해 자동차 탑승자의 피해 여부 및 정도를 감정하는 프로그램[25)]

---

25) 국립과학수사연구원(국과수)에서 교통사고 상황 등을 재연하는데 사용하는 컴퓨터 시뮬레이션 프로그램이다. 이 프로그램은 경찰에 정식으로 사고접수를 하고 마디모(Mathematical Dynamic Models)를 요청하면 경찰은 국과수에 분석의뢰를 한다. 이 결과가 절대적인 것은 아니다. 주로 경미한 사고(예, 정지 중 출발 또는 후진 중 사고, 사이드 미러를 통한 사고 등)임에도 진단 및 치료가 과하다고 생각되는 경우나, 사고로 인한 다친 부위가 아니라고 판단될 때 활용하면 도움이 될 것이다.

※ 교통사고에 대해 마디모프로그램에 의한 조사가 진행 중이라는 이유로 자동차사고 가해자가 대인보상 사고접수를 거부하는데 피해자는 어떻게 하면 좋을까요?

➲ 마디모프로그램에 의한 조사가 진행 중이라고 해도 자동차사고 피해자는 가해자 측 보험회사에 보험금을 직접 청구할 수 있다. 가해자가 자동차보험금 청구를 거부하는 경우라도 피해자가 진단서, 교통사고사실확인원, 보험금청구서 등 관련서류를 구비하여 가해자측 보험회사에 병원치료비 등 대인 보험금을 직접 청구하면, 가해자 측 보험회사로부터 치료비 지불보증, 가지급보험금 등의 정상적인 보상처리를 받을 수 있다. 다만, 마디모프로그램 조사결과, 교통사고와 치료내용이 상관관계가 없다고 결정되는 경우 가해자측 보험회사는 피해자에게 이미 지급한 보험금에 대해서 반환을 요구할 수 있다.

(참고)

〈마디모 프로그램 신청 및 적용절차〉

당사자	관할 경찰서 교통조사계에 사고사실 및 마디모프로그램 신청
	↓
경찰	사고관련 자료(예, 블랙박스, 차량파손사진, 견적서, 진단서 등)를 국과수에 제출, 마디모 의뢰
	↓
국과수	제출된 자료를 토대로 마디모 프로그램 적용, 감정서 작성후 경찰에 회신
	↓
경찰	감정서를 토대로 판단

※ 피해자는 마디모 결과를 인정하지 않는 경우 분쟁조정심의위원회에 사고 회부 및 소송 진행 가능

Q 상급종합병원과 3차의료기관은 같은 말인가요

우리나라의 의료전달체계를 먼저 살펴보자. 직장가입자 및 지역가입자는 국민건강보험법의 적용을 받고, 국민기초생활보장자등은 의료급여법의 적용을 받는다.[26] 우리가 흔히 사용하는 용어중 '3차의료기관'은 정확히 표현하면 의료급여법의 적용을 받는 경우의 '제3차 의료급여기관'의 표현이다. 따라서 상급종합병원과 3차의료기관은 다른 것이다.

1. 관련법령(국민건강보험법과 의료급여법)
   건강보험법의 적용을 받는 환자는 1단계 요양급여 및 2단계 요양급여로 구분하여 치료를 받고, 2단계 요양급여기관에 상급종합병원이 해당된다. 반면, 의료급여법의 적용을 받는 환자의 경우는 제1차 의료급여기관, 제2차 의료급여기관, 제3차 의료급여기관으로 구분한다.
2. 건강보험 또는 의료급여의 적용을 위해서는 바로 상급종합병원을 가지 못하고, 그 아래 병의원급을 들러서 방문해야한다. 이는 상급종합병원으로의 환자 쏠림현상 방지위함 등이다.
3. 1단계 요양기관 또는 1차 및 2차 의료급여기관을 거치지 않고, 2단계 요양기관(상급종합병원) 또는 3차 의료급여기관을 바로 방문할 수 있는 규정은 아래 표와 같다.

●● 국민건강보험 요양급여의 기준에 관한 규칙

제2조(요양급여의 절차)

① 요양급여는 1단계 요양급여와 2단계 요양급여로 구분하며, 가입자 또는 피부양자(이하 "가입자등"이라 한다)는 1단계 요양급여를 받은 후 2단계 요양급여를 받아야 한다.

② 제1항의 규정에 의한 1단계 요양급여는 「의료법」제3조의 4에 따른 상급종합병원(이하 "상급종합병원"이라 한다)을 제외한 요양기관에서 받는 요양급여(건강진단 또는 건강검진을 포함한다)를 말하며, 2단계 요양급여는 상급종합병원에서 받는 요양급여를 말한다.

③ 제1항 및 제2항의 규정에 불구하고 가입자등이 다음 각 호의 1에 해당하는 경우에는 상급종합병원에서 1단계 요양급여를 받을 수 있다.

1. 「응급의료에 관한 법률」 제2조제1호에 해당하는 응급환자인 경우
2. 분만의 경우

---

26) 국민건강보험법 제5조(적용 대상 등) ① 국내에 거주하는 국민은 이 법에 따른 건강보험의 가입자 또는 피부양자가 된다.

3. 치과에서 요양급여를 받는 경우
4. 「장애인복지법」 제32조에 따른 등록 장애인 또는 단순 물리치료가 아닌 작업치료·운동치료 등의 재활치료가 필요하다고 인정되는 자가 재활의학과에서 요양급여를 받는 경우
5. 가정의학과에서 요양급여를 받는 경우
6. 당해 요양기관에서 근무하는 가입자가 요양급여를 받는 경우
7. 혈우병환자가 요양급여를 받는 경우

④ 가입자등이 상급종합병원에서 2단계 요양급여를 받고자 하는 때에는 상급종합병원에서의 요양급여가 필요하다는 의사소견이 기재된 건강진단·건강검진결과서 또는 별지 제4호서식의 요양급여의뢰서를 건강보험증 또는 신분증명서(주민등록증, 운전면허증 및 여권을 말한다. 이하 같다)와 함께 제출하여야 한다.

4. 상급종합병원에서의 진료뿐만 아니라 장해진단서 발급을 위해서는 1단계 요양기관 등에서 '상급종합병원에서의 요양급여가 필요하다는 의사소견이 기재된 건강진단, 건강검진결과서 또는 요양급여의뢰서'가 필요하다.
5. 상급종합병원, 대학병원, 제3차 의료급여기관은 다르다. 예를 들어 한림대학교 부속 춘천성심병원은 대학병원이면서 상급종합병원의 지정을 포기하였다. 원자력병원, 국립의료원등은 3차 의료(급여)기관이지만 상급종합병원에 해당되지 않는다.
6. 우리가 흔히 '진료의뢰서'라고 하는 용어의 정확한 명칭은 '요양급여의뢰서'이다.

국민건강보험에서 본인부담액상한제란 무엇인가요

고액 중증질환의 의료비 부담을 덜어드리기 위하여 환자가 부담한 연간 본인부담금 총액이 가입자 소득수준에 따른 본인부담 상한액을 초과하는 경우, 그 초과금액을 전액 환자에게 돌려주는 제도이다.[27](비급여 항목 제외)

본인부담상한액 기준

소득기준		1분위	2~3분위	4~5분위	6~7분위	8분위	9분위	10분위
본인부담상한액	2009.1.1 ~ 2013.12.31	200만원			300만원		400만원	
	2014년	120만원	150만원	200만원	250만원	300만원	400만원	500만원
	2015년	121만원	151만원	202만원	253만원	303만원	405만원	506만원

적용방법

1) **사전급여** : 동일 병 · 의원에 입원하여 발생한 당해 연도 본인부담액 총액이 506만원을 넘는 경우 환자는 506만 원까지만 부담하고, 그 넘는 금액은 병 · 의원에서 공단으로 청구합니다.
2) **사후급여** : 당해 연도에 환자가 여러 병 · 의원(약국포함)에서 진료를 받고 부담한 연간 본인부담액을 다음해에 최종 합산하여 보험료 수준에 따른 본인부담 상한액을 넘는 경우에는 그 넘는 금액을 공단이 환자에게 돌려드립니다.

본인부담상한액 사후환급금 적용예시

예시1)

가입자가 2009.1.1. ~ 12. 31.까지 여러 병원에서 건강보험 본인부담금 550만원(A병원 : 400만원, B병원 : 100만원, C약국 : 50만원)을 부담하고 가입자의 보험료 수준이 하위 50%에 해당되는 경우 상한액사후환급금은?

: 550만원(본인부담금) − 200만원(본인부담상한액) = 350만원(사후환급금)

예시2)

가입자가 2014.1.1. ~ 12. 31.까지 여러 병원에서 건강보험 본인부담금 550만원(A병원

27) 국민건강보험법 시행령 제19조

: 40C만원, B병원 : 100만원, C약국 : 50만원)을 부담하고 가입자의 보험료 수준이 하위 10%에 해당되는 경우 상한액사후환급금은?

: 550만원(본인부담금) – 120만원(본인부담상한액) = 430만원(사후환급금)

●● 신청방법

1) 공단에서 본인부담상한제 사후환급금 지급대상자에게 보내드린 지급신청서에 진료받은 사람의 인적사항과 지급받을 계좌를 기재하여, 방문, 전화, 인터넷, 팩스, 우편을 통해 국민건강보험공단 지사에 신청. 단, 치매, 의식불명 등 부득이한 경우 가족이나 다른사 람의 은행계좌로 지급을 신청할 수 있으나 진단서, 가족관계 증명서, 위임장 등의 추가 증빙서류가 필요하므로 자세한 사항은 고객센터나 국민건강보험공단 지사로 문의 후 신청.(지급신청안내일부터 30일이 지나면 공단이 기존에 지급한 진료 받은 분의 계좌 또는 위임받은 계좌로 입금)
2) 인터넷 접수방법 : 국민건강보험공단 홈페이지(www.nhis.or.kr) 〉 사이버민원센터 〉 개인민원(상세메뉴보기) 〉 미지급 환급금 통합조회 및 신청 〉 본인부담상한액 초과금 신청

●● 문의

지사전화번호 안내 : 국민건강보험공단 고객센터(1577-1000) 또는 국민건강보험공단 홈페이지 (www.nhis.or.kr) 〉 공단소개 〉 찾아오시는 길

●● 적용제외 및 환수대상

건강보험이 적용되지 않은 MRI 비용, 선택 진료비, 상급병실료 차액, 본인부담금 전액을 환자가 부담하는 진료비, 기타 비급여 진료비, 보험료 체납 후 진료, 선별급여 대상인 본인부담금은 본인부담상한액 산정시 연간 본인부담금 총액에서 제외되며, 진료를 받은 사람의 고의 또는 중대한 과실로 인한 사고로 진료를 받은 경우, 제3자의 행위로 인한 진료, 병원의 착오 청구 등이 확인될 경우 이미 지급해 드린 금액의 전부 또는 일부 금액에 대하여 환수 고지를 할 수 있다.

Q 국민건강보험에서 본인부담환급금이란 무엇인가요

병원에서 진료 후 납부한 건강보험 본인부담금을 심사평가원에서 심사한 결과 과다하게 납부되었음이 확인되었거나 또는 보건복지부에서 병원을 현지조사한 결과 본인부담금을 과다하게 수납하였음이 확인된 경우에는 해당병원에 지급할 진료비에서 그 과다하게 수납한 금액을 공제 후 진료 받은 환자에게 돌려주는 제도다.[28)]

●● 지급신청 방법

본인부담금환급금이 발생한 경우 본인부담금환급금 지급신청서를 대상자에게 보내드리며 여기에 예금계좌와 예금주(신청인)의 인적사항을 기재 후 가까운 공단지사에 접수(서면, 유선, 우편, FAX, 디스켓, EDI)하시면 접수일로 부터 7일 이내 해당금액을 송금하여 드리며 신청기간은 지급신청서를 받은 날 로부터 3년이다. 또한 추가로 본인부담금환급금이 발생한 경우에는 처음 신청하셨던 은행계좌로 입금될 수 도 있으니 처음 신청하신 은행계좌로 입금을 원치 않을 경우 해당지사로 알려줘야한다.

인터넷 접수방법 : www.nhis.or.kr 〉 통합민원서비스 〉 사이버민원 〉 개인민원 〉 보험급여내역 및 진료받은내용 〉 본인부담금환급금 신청

지사 전화번호 안내 : 1577-1000 또는 www.nhis.or.kr 〉 공단소개 〉 지사찾기

●● 보험료와의 상계 및 환입

지급대상자가 지역가입자인 경우에 공단에서는 납부할 보험료와 상계할 수 있으며, 본인부담금환급금 지급이후 해당 병원에서 심사평가원에 진료비 이의신청한 결과 적정 진료로 확인된 경우 이미 지급한 금액의 전부 또는 일부가 환입될 수 있다.

---

28) 국민건강보험법 제47조 3항, 4항

Q 수사기관에서 조사했던 기록은 열람할 수 있나요

검, 경 수사 기록 및 공공기관의 사건수사기록에 대한 열람 및 사본발급이 필요하다고 해서 해당기관을 직접 방문해도 바로 열람할 수 없다. 물론, 관련수사가 모두 종결되었다면 해당검찰에는 사건기록이 모두 보관 되있으니, 당사자가 직접 방문하여 정보공개신청하면 바로 열람 및 복사 가능하다.

직접 방문이 아닌 우편 또는 홈페이지(www.open.go.kr)를 통해 정보공개청구하고 이후 우편이나 메일로 관련 자료를 받을 수 있다. 인터넷으로 정보공개청구하면 통상 해당기관에서 당사자 여부확인 후 비용지불하면 직접 방문해서 발급가능하거나 우편으로 송부해준다.

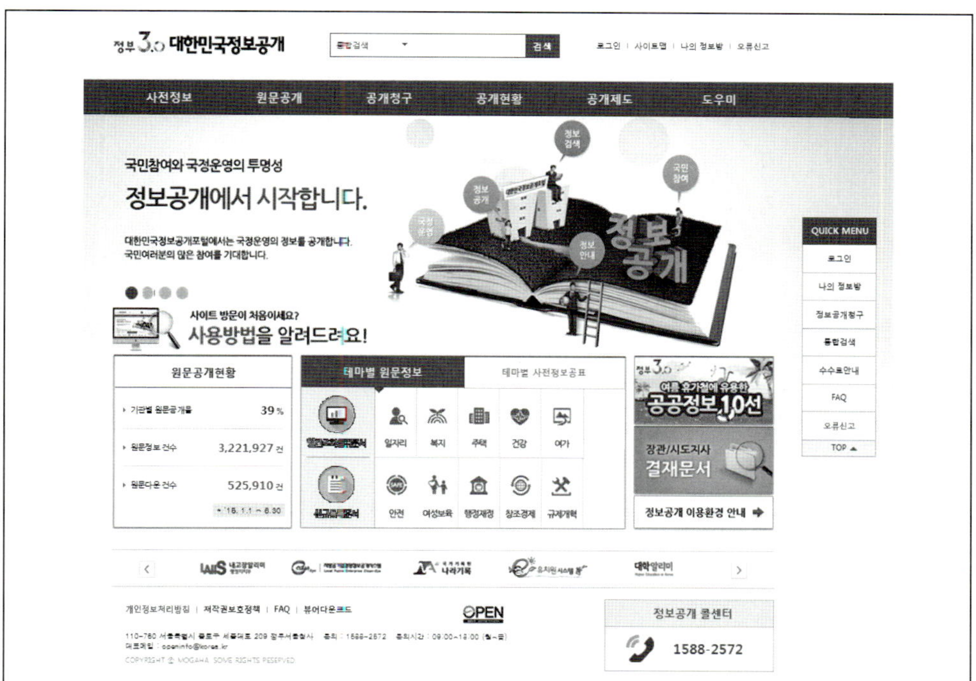

1. 관련법령 : 공공기관의 정보공개에 관한 법률
2. 절차 : 정보공개청구 → 해당기관에 배당 → 1차로 해당기관의 담당수사관이 공개범위 결정 → 공개범위에 대한 민원인의 민원신청 → 해당기관의 정보공개심의회(서장, 부서과장, 외부인 참여)에서 범위 재결정
3. 원칙 : 개인정보는 공개하지 않음을 원칙으로 하나, 알권리를 충족키 위해 절차를 거쳐 공개함. 단, 유족들의 의견청취서상 공개를 원하지 않을 경우 정보공개요청이 들어와도 하지 않음.

●● 공공기관의 정보공개에 관한 법률 中

제9조(비공개대상정보)

① 공공기관이 보유 · 관리하는 정보는 공개대상이 된다. 다만, 다음 각 호의 1에 해당하는 정보에 대하여는 이를 공개하지 아니할 수 있다.

1. 다른 법률 또는 법률이 위임한 명령(국회규칙 · 대법원규칙 · 헌법재판소규칙 · 중앙선거관리위원회규칙 · 대통령령 및 조례에 한한다)에 의하여 비밀 또는 비공개 사항으로 규정된 정보
2. 국가안전보장 · 국방 · 통일 · 외교관계 등에 관한 사항으로서 공개될 경우 국가의 중대한 이익을 현저히 해할 우려가 있다고 인정되는 정보
3. 공개될 경우 국민의 생명 · 신체 및 재산의 보호에 현저한 지장을 초래할 우려가 있다고 인정되는 정보
4. 진행 중인 재판에 관련된 정보와 범죄의 예방, 수사, 공소의 제기 및 유지, 형의 집행, 교정, 보안처분에 관한 사항으로서 공개될 경우 그 직무수행을 현저히 곤란하게 하거나 형사피고인의 공정한 재판을 받을 권리를 침해한다고 인정할 만한 상당한 이유가 있는 정보
5. 감사 · 감독 · 검사 · 시험 · 규제 · 입찰계약 · 기술개발 · 인사관리 · 의사결정과정 또는 내부검토과정에 있는 사항 등으로서 공개될 경우 업무의 공정한 수행이나 연구 · 개발에 현저한 지장을 초래한다고 인정할 만한 상당한 이유가 있는 정보
6. 당해 정보에 포함되어 있는 이름 · 주민등록번호 등 개인에 관한 사항으로서 공개될 경우 개인의 사생활의 비밀 또는 자유를 침해할 우려가 있다고 인정되는 정보. 다만, 다음에 열거한 개인에 관한 정보는 제외한다.
   가. 법령이 정하는 바에 따라 열람할 수 있는 정보
   나. 공공기관이 공표를 목적으로 작성하거나 취득한 정보로서 개인의 사생활의 비밀과 자유를 부당하게 침해하지 않는 정보
   다. 공공기관이 작성하거나 취득한 정보로서 공개하는 것이 공익 또는 개인의 권리구제를 위하여 필요하다고 인정되는 정보
   라. 직무를 수행한 공무원의 성명 · 직위
   마. 공개하는 것이 공익을 위하여 필요한 경우로써 법령에 의하여 국가 또는 지방자치단체가 업무의 일부를 위탁 또는 위촉한 개인의 성명 · 직업
7. 법인 · 단체 또는 개인(이하 "법인등"이라 한다)의 경영 · 영업상 비밀에 관한 사항으로서

공개될 경우 법인등의 정당한 이익을 현저히 해할 우려가 있다고 인정되는 정보. 다만, 다음에 열거한 정보를 제외한다.

가. 사업활동에 의하여 발생하는 위해로부터 사람의 생명 · 신체 또는 건강을 보호하기 위하여 공개할 필요가 있는 정보

나. 위법 · 부당한 사업활동으로부터 국민의 재산 또는 생활을 보호하기 위하여 공개할 필요가 있는 정보

8. 공개될 경우 부동산 투기 · 매점매석 등으로 특정인에게 이익 또는 불이익을 줄 우려가 있다고 인정되는 정보

② 공공기관은 제1항 각호의 1에 해당하는 정보가 기간의 경과 등으로 인하여 비공개의 필요성이 없어진 경우에는 당해 정보를 공개대상으로 하여야 한다. 공공기관은 제1항 각 호의 범위 안에서 당해 공공기관의 업무의 성격을 고려하여 비공개대상정보의 범위에 관한 세부기준을 수립하고 이를 공개하여야 한다.

Q 망인의 금융관계(재산, 채무)는 어떻게 확인하나요

금융감독원의 상속인조회서비스를 이용하면 된다. 사망 시 금융재산 및 채무를 확인하기 위하여 여러 금융회사를 일일이 방문하는데 따른 시간적 경제적 어려움을 덜어주기 위하여 금융감독원에서 신청을 받아 모든 금융회사의 금융거래여부를 대신 조회해준다. 자세한 사항은 금육감독원 홈페이지(www.fss.or.kr)의 상속인 조회 또는 직접 전화(1332)해서 문의할 수 있다.

●● 제도안내

상속인 조회서비스 제도에 대한 안내입니다.

> 상속인 등이 피상속인(사망자, 금치산자 또는 피성년후견인, 실종자)의 금융재산 및 채무를 확인하기 위하여 여러 금융회사를 일일이 방문하여야 하는데 따른 시간적 · 경제적 어려움을 덜어주기 위하여 금융감독원에서 조회신청을 받아 각 금융회사에 대한 피상속인의 금융거래여부를 확인할 수 있는 서비스입니다.

≫ 상속인 금융거래 조회결과 바로가기

▶ 조회범위 및 대상회사

▶ 조회범위 : 조회신청일 기준으로 금융회사에 남아있는 피상속인 명의의 모든 금융채권, 금융채무 및 보관금품의 존재유무 및 공공정보

- 금융채권 : 명칭여하를 불문하고 각종 예금, 보험계약, 예탁증권, 공제, 신용카드사 DCDS 가입여부 등 피상속인 명의의 금융자산
- 금융채무 : 명칭여하를 불문하고 대출, 신용카드이용대금, 지급보증 등 우발채무 및 특수채권(삼각채권) 등 금융회사가 청구권이 있는 피상속인 명의의 부채
- 보관금품 : 국민주, 미반환주식, 대여금고 및 보호예수물, 보관어음 등 금융회사가 반환할 의무가 있는 피상속인 명의의 임치계약금품
- 공공정보 : 피상속인의 국세 · 지방세 · 과태료 등 일정금액 이상의 체납정보 등('14.9.1부터 제공)
- 부가서비스 : 피상속인 명의의 채무금액 및 상환일, 예금액 통보

  ※지자체에서 접수한 경우 국세 체납액 · 고지세액, 국민연금 가입여부도 포함

▶ 조회대상 금융회사 : 예금보험공사, 은행(은행연합회, 신보 · 기신보, 한국주택금융공사, 한

국장학재단, 미소금융중앙재단, NICE평가정보 · KCB · KED, 캠코 포함), 농축협, 수협, 생명보험회사, 손해보험회사, 증권회사, 자산운용사, 선물회사, 종합금융회사, 카드회사, 리스회사, 할부금융회사, 상호저축은행, 신용협동조합, 새마을금고, 산림조합, 우체국, 한국예탁결제원, 대부업체(대부업신용정보 컨소시엄에 가입한 업체만 대상), 국세청, 국민연금공단.

접수처 (내방접수만 가능)

▶ 금융감독원 본원 금융민원센터 및 각 지원 · 출장소

▶ 전 은행(수출입은행, 외은지점제외), 농 · 수협단위조합, 우체국, 삼성생명 · KB생명 · 교보생명 · 삼성화재 고객플라자, 한화생명 고객센터, 유안타증권

▶ 전국 지방자치단체

- 사망신고 접수를 담당하는 시청이나 구청
- 읍 · 면 · 동 주민센터 민원실

조회절차

① 금융감독원은 접수대행기관에서 접수된 조회신청서를 취합하여 각 금융협회에 조회 요청

② 각 금융협회에서 소속 금융회사에 피상속인 등의 금융거래여부 조회요청

③ 금융회사는 피상속인 등의 금융거래여부 및 예금액 · 채무액을 해당 금융협회 등에 통보

④ 각 금융협회 등은 조회완료 사실을 신청인에게 문자메시지 등을 이용하여 통보(금융협회 홈페이지에서 결과 조회 가능)

※ 조회 결과는 접수일로부터 3개월까지 금융감독원 홈페이지(http://www.fss.or.kr)에서 일괄 확인 및 각 금융협회 홈페이지에서 개별 확인 할 수 있으며, 조회결과를 받으신 후 예금 등 금융자산 인출 문의는 해당 금융회사로 하셔야 합니다.

처리기간

▶ 신청일로부터 20일 이내(각 금융협회별로 처리기간이 상이함. 상속인 금융거래조회서비스 안내문 참조)

신청서류

▶ 상속인이 직접 신청하는 경우

- 2007년 12월 31일 이전 사망자
  - 제적등본, 상속인의 신분증
- 2008년 1월 1일 이후 사망자
  - 사망일 및 주민등록번호가 기재된 기본증명서, 사망진단서 등
  - 사망자 기준 가족관계증명서(최근 3개월내 발급, 주민등록번호 기재) 또는 가족관계증명서 열람(지자체에서 접수하는 경우)
  - 상속인 신분증

• 실종자, 금치산자(피성년후견인)
  – 상속인 직접 신청시 필요서류와 법원판결문(원본), 등기사항증명서(후견인 및 대리권 범위 확인)

▶ 대리인이 신청할 경우
  • 상속인 등이 직접 신청할 경우 필요한 서류
  • 상속인의 위임장(인감증명서 ⇒ 인감도장 날인, 본인서명사실확인서 첨부 ⇒ 서명), 인감증명서 또는 본인서명사실확인서, 대리인의 신분증(주민등록증 및 운전면허증 등)

위임장 다운로드 》 신청서 다운로드 》 • 상속인 등에 대한 금융거래조회 안내문 다운로드 》

▶ 각 금융협회 금융거래조회결과확인 홈페이지 바로가기

협회명	홈페이지	협회명	홈페이지
예금보험공사	http://www.kdic.or.kr/	한국금융투자협회	http://www.kofia.or.kr/
은행연합회	http://www.kfb.or.kr/	생명보험협회	http://human.insure.or.kr
한국예탁결제원	http://www.ksd.or.kr/	여신금융협회	http://www.crefia.or.kr/
손해보험협회	http://www.knia.or.kr/	신용협동조합중앙회	http://www.cu.co.kr/
상호저축은행중앙회	http://www.fsb.or.kr	산림조합중앙회	http://www.nfcf.or.kr/
새마을금고연합회	http://www.kfcc.co.kr/	종합금융협회	http://www.ibak.or.kr/
우체국	http://www.epostbank.go.kr/	대부업협회	http://www.clfa.or.kr/

※ 각 금융협회명 클릭시 해당 금융협회 금융거래조회결과확인 화면으로 연결됩니다.
※ 한국대부금융협회는 금감원 통합조회시스템을 이용하시기 바랍니다.
※ 국세는 국세청 홈택스(http://www.hometax.go.kr), 국민연금 가입유무는 국민연금공단 홈페이지(http://www.nps.or.kr)에서 확인 가능합니다.

Q 의사입니다. 허위진단서 작성에 해당되나요

허위진단서 작성죄가 성립하기 위해서는 진단서의 내용이 객관적 사실에 반할 뿐만 아니라, 그 내용이 "허위라는 의사의 주관적 인식"이 필요하다. 의사가 주관적으로 진찰을 소홀히 한다든가 착오를 일으켜 오진한 결과로 객관적인 사실과 다른 진단서를 작성하였다면 허위진단서작성죄가 성립되지 않는다.[29)]

사 례

1. 서

후유장해진단서를 발급해주는 의사에 대해서 보험금을 지급하는 보험사와 보험금을 청구하는 자 사이의 시각차이가 있어 본 사건을 검토하게 되었다. 본 사건은 진단서를 발급해준 의사를 허위진단서 작성 및 사기방조 했다고 하여 검찰에서 기소유예처분을 한 사건으로 해당의사가 평등권과 행복추구권을 침해당하였다고 하여 이를 취소해달라는 사건이다.

2. 개요

– 검찰의 기소유예처분 사유

1) 장해진단의사는 모병원 재활의학과 의사로 환자를 정확히 진료하고 사실대로 진단서를 발급해야 할 의무가 있음에도 소개로 의뢰받은 환자(현역군인 하사)가 장해진단일 이전에 국군병원에서 2006. 2. 10.과 같은 해 3. 14. 운동범위 정상소견을 받았음에도 불구하고,
2) 2006. 6. 5. 객관적인 검사 없이 이학적 검사만으로 '족관절 내과골절, 비골 원위부골절'진단명으로 족관절 관절부 강직으로, 보험 약관상 정상각도 50% 이하로 움직임이 제한되는 바, 제6급 장해에 해당된다는 장해 진단서발행하고,
3) 장해진단서로 보험금을 수령한다는 점을 알면서 이를 적극적으로 진료하여 후유장해 유 · 무를 가리지 않는 등 전문의로서의 소임을 다하지 않고 신의성실의 원칙에 반하는 허위의 장해진단서를 작성해 주고 이를 가지고 보험금청구를 하게 하여 900만원의 보험금 지급을 용이하게 하는 등 범행을 방조하였다고 함.
4) 그러나, 동종전력이 없고, 실제로 군 복무 중 부상을 입고 수술을 받아 어느 정도의 장해가 있는 점이 인정되므로 정상에 참작할 사유가 있다는 이유로 기소유예처분.

– 장해진단한 의사 주장

29) (형법 제233조) (대법원 1976. 2. 10. 선고75도1888 판결, 1990. 3. 27. 선고89도2083 판결 참조)

이에 대해 의사는 허위로 진단서를 작성하지 않았음에도 불구하고 검찰이 기소유예처분을 한 것은 평등권과 행복추구권을 침해한 것이라고 함.

3. 의사의 주장 요지와 검찰의 답변 요지

가. 의사

문진과정에서 환자로부터 국군병원에서 수술을 받은 사실을 듣고 ① 엑스레이 촬영, ② 운동각도 직접 측정하였을 뿐만 아니라 물리치료사에게도 측정하도록 하여 두 측정 결과가 유사함을 확인 후, / 그 결과를 종합하여 장해진단서를 발급하였을 뿐 환자 또는 손해사정사로부터 어떠한 청탁을 받거나 금품을 수수하고 허위로 진단서를 작성, 발급한 것이 아님을 주장.

나. 검찰

의사가 장해진단서를 발급해 준 환자는 ① 약 6, 7개월 전에 골절상으로 국군병원에서 수술을 받아 완치되었는데 의사는 환자에게 '생명보험 장해 6급'이라는 진단서를 발급해 준 점, ② 특정 병원에서만 영구적인 장해진단서가 남발되는 것은 의사와 공모하지 않고는 불가능한 것이라는 보험설계사의 진술, ③ 의사 스스로 실시한 검사가 충실하지 못한 점, ④ 환자에 대한 타 병원의 진단결과 등을 종합하면 의사에게 허위진단서 작성 및 사기방조의 혐의를 인정하기 충분하므로 이 사건 기소유예처분은 정당하다.

4. 판단

가. 증거관계

(1) 의사는 2006. 6. 5. 처음 내원한 환자를 진료하고, 같은 해 6. 9. 재차 진료한 후 환자에게 우측 족관절 운동 제한에 대한 장해진단서를 발급해주었는데 환자가 내원 당시 가져온 서류에는 '우측 족관절 내과골 골절, 우측 비골 원위부 골절로 2005. 11. 23. 국군병원에 입원하여 가료 중인 환자로 부종이 호전되면 수술적 치료가 필요하다'는 내용과 같은 해. 12. 2.수술을 시행하였고, 2006. 1. 16. 금속나사 제거술을 시행한 자로 추후 특별한 합병증이 없는 한 수술일로부터 약 8주 이상의 정형외과적 가료가 필요하다'는 내용이 기재되어 있었다.

(2) 보험약관은 정상인 기준으로 한 운동범위 제한여부에 따라 장해여부를 판정

(3) 의사가 제출한 2006. 6. 5.자 기록지에 의하면, 환자는 2006. 6. 5. 엑스레이 촬영을 하였고, 측정한 발목 관절의 각도와, 물리치료사가 측정한 발목 관절의 각도가 기재 되어 있으며, 위 결과를 종합하여 운동각도를 판정한 것으로 되어 있다.

(4) 한편 환자는 장해진단이전에 국군병원에서 운동범위 정상이라는 소견을 받았고, 2006년도에 실시된 체력검정(1.5km 달리기 7분 30초 완주, 윗몸일으키기 2분에 65개 이상, 팔굽혀펴기 2분에 55개 이상)에서 합격 판정

(5) 의사는 경찰에서 다음과 같이 진술

(가) 엑스레이 촬영 후 직접 발목각도를 측정하였고, 물리치료실에 보내 그곳에서도 각도를 측정하였으며, 환자가 제출한 진료기록지를 종합하여 장해진단을 내렸다.

(나) 환자가 제출한 자료와 엑스레이를 확인했으나 더 정확한 것은 의사가 측정한 각도가 장해판단기준에 적합한지 여부이고, 본 환자의 경우는 최대한 정확하게 측정을 하여야 하나 장해진단을 받기 위하여 아프다고 거짓말을 해서 정확한 측정을 하지 않았던 것 같다.

(다) 환자가 건물에서 뛰어내리다 다쳐서 수술을 받았는데 장해진단을 받으려고 왔다고 하면서 진단서와 기록지를 제출하여 그것을 보고 엑스레이 촬영과 각도를 측정하였다.

(라) 환자의 발목움직임이 장해진단이전에는 정상이었음에도 장해등급을 받게 된 것은 ① 군병원에서 2006. 3.까지 검사를 한 후 운동을 게을리해서 다시 발목이 굳게 된 것이거나 ② 군기록상의 운동범위라는 것은 군의관이 강제적으로 꺾어서 수동적으로 측정한 각도일 수 있으며, ③ 의도적으로 환자가 손해사정사들과 장해진단을 받기 위하여 미리 연습을 하고 와서 조금만 만져도 아프다고 했기 때문일 가능성이 있다.

(바) 환자는 장해진단 이후 군에서 측정하는 체력검사에 통과했는데 장해진단을 받은 사람이 이러한 체력검사를 통과하기는 어렵다고 생각하지만 환자가 의도적으로 나온다면 정확한 진단을 못할 수 있는데 이환자의 경우 정확하게 검사를 하지 않아 진단서가 허위로 작성된 것 같다.

나. 검토(판단)

(1) 허위진단서 작성죄가 성립하기 위하여는 진단서의 내용이 실질상 진실에 반하는 기재여야 할 뿐만 아니라 그 내용이 "허위라는 의사의 주관적 인식"이 필요하고, 의사가 주관적으로 진찰을 소홀히 한다든가 착오를 일으켜 오진한 결과로 객관적으로 진실에 반한 진단서를 작성하였다면 허위진단서작성에 대한 인식이 있다고 할 수 없으므로 허위진단서작성죄가 성립하지 아니한다(형법 제233조) (대법원 1976. 2. 10. 선고 75도1888 판결, 1990. 3. 27. 선고 89도2083 판결 등 참조).

(2) 그런데 이 사건의 경우,

(가) 비록 의사가 위에서 본 바와 같이 수사기관의 추궁에 자신의 잘못을 시인하는 진술을 하였다고 하더라도 이는 환자의 신체상태에 비추어 자신의 진단에 오류가 있었음을 인정하는 취지로 보일 뿐 허위임을 인식하고 진단서를 작성하였음을 인정한 것으로 판단되지 아니하는 점,

(나) 의사의 환자에 대한 진단은 사고 후 다른 병원에서 검사나 치료를 받아오던 환자에 대한 장해진단서 발급을 위한 것으로 기존의 검사를 토대로 진찰한 결과 이루어졌다면 별도의 검사가 없었다는 이유만으로 그 진단이 잘못되었다고 보기 어려운 점,

(다) 의사는 측정의 객관성 확보를 위해 물리치료사에게도 관절운동범위를 측정하도록 하여 그 결과를 종합하여 장해진단을 내린 점,

(라) 환자가 2006년도 체력검정에 합격하고, 이 사건 장해진단서를 이용하여 보험금을 청구한 사실만으로 의사와 환자 또는 제3자와 사이에 이 사건 장해진단서 발급과 관련하여

어떠한 공모관계나 대가관계가 있었다고 볼 아무런 자료가 없는 이상 의사가 형사처벌 또는 행정처분을 감수하면서까지 허위진단서 작성에 이르렀다고 보기는 어려운 점 등

이상을 종합하면, 결과적으로 후유장해진단이 객관적 진실과 달라 잘못되었다고 볼 여지는 있으나, 후유장해진단서 작성 당시 환자의 신체상태가 6급 장애에 해당된다는 주관적인 확신을 가지고 장해판단을 한 것이라고 볼 것이지, 객관적인 진실에 반하는 내용으로 이 사건 장해진단서를 작성한 것이라거나 자신의 진단결과와는 다른 허위내용을 기재한다는 인식을 갖고 이를 작성한 것이라고 단정하기 어렵다.

(3) 그러므로 좀 더 조사를 거쳐 후유장해진단서의 내용이 객관적인 진실에 반하는 것일 뿐만 아니라 의사가 이를 인식하면서 이 사건 장해진단서를 작성한 것이라는 점을 좀 더 밝혀본 후 혐의 유무를 결정하였어야 함에도 환자의 신체상태만을 문제삼아 서둘러 허위진단서작성 및 사기방조의 혐의를 인정하였다.

다. 결

따라서 기소유예처분을 취소.

(참고) 서울중앙지방검찰청 2007년형제149316호 허위진단서작성 및 사기방조 피의사건

뇌혈관조영술이 자기공명혈관조영술(MRA)보다 정확한가요

통상 뇌질환 관련하여 MRI는 뇌의 이상유무를 판단할 때, MRA는 뇌의 혈관이상유무를 판단할때 이용한다. 그러나, MRA 는 혈관의 그림자를 보는 것과 같아 더 정확한 검사를 위해서는 혈관을 실제 볼 수 있는 뇌혈관조영술을 한다. 반면에 뇌혈관조영술은 미세혈관의 이상 유무는 확인되지 않는다(이는 조영제가 미세혈관까지 침투하지 못해서 발생하는 것으로 추측됨).

즉, 혈관의 전체적인 이상 유므를 확인할 때는 MRA를, 미세혈관이 아닌 큰 혈관들의 실제 이상유무를 확인할 때는 뇌혈관조영술을 시행해보자(대개 편마비등의 후유증이 발생하는 경우는 미세혈관이 아닌 큰 혈관의 협착 또는 폐색으로 인한 것이니 이를 치료하기 위해서는 MRA보다는 정확한 뇌혈관조영술이 필요할 것으로 판단). 따라서, 무조건적으로 뇌혈관조영술이 MRA비해 더 정확한 검사방법이라고는 볼 수 없다. 상황에 따라 신경외과 또는 신경과 의사와 협의하여 적절한 검사방법을 찾자.

●● 아래 내용은 여러 의학자료 및 검색기능, 자문 자료 등을 요약한 것이다. 따라서, 정확한 의학적 사실에 바탕을 둔 것이 아니니 참고자료로만 활용해야하며, 궁금한 사항은 신경외과 또는 신경과의사와 상담해야한다.

1. MRI(자기공명영상)는 인체에 해가 없는 고주파를 이용하여 체내의 원자핵에 핵자기 공명 현상을 일으켜서 그 원자핵의 물리화학적 특성을 영상화한 진단 검사이다. 인체를 강력한 자장 속에 눕힌 뒤 수소 원자핵(인체의 약 80%는 수분이 차지하고 있고 이 수분의 주요 성분은 수소 원자핵임)만을 공명시키는 고주파를 순간적으로 발사한 뒤 멈추면서 원자핵에서 흡수하였다 방출하는 에너지 신호를 영상화한 것이다. 해상도가 컴퓨터단층촬영술(CT : computerized tomography)보다 뛰어나 고가이긴 하지만 많이 쓰이고 있다. 사람을 단층으로 분리시켜 볼 수 있는 장점이 있고 특히 뇌, 신경계, 근육, 인대, 종양 등 연부 조직을 촬영하는 데 매우 유용하다. 뇌 MRI의 경우 소아의 중추신경계 병변의 진단에 우수한 민감성과 특이성을 나타낸다. MRI를 통하여 비진행성 뇌증/퇴행성 뇌증 여부, 종양, 염증성 질환, 신경이주 질환을 포함한 뇌발달 이상, 혈관 질환 유무를 알 수 있다. 뇌성마비에서는 저산소증에 의한 뇌병변, 백질 내의 미세한 병변, 선천성 뇌기형, 수초 형성의 평가를 이용한 뇌의 성숙도 분석 및 뇌량의 이상 소견 등을 관찰하는 데 매우 유용하다. 그러나 금속성 인공치아, 척추 보형물 등의 금속물질을 갖고 있으면 진단에 방해가 되며 심장박동기, 인공와우 등 주위에

장을 띠는 물체를 몸에 지닌 환자에게는 이용할 수 없다는 단점이 있다.

2. MRA는 흔히 MR Angio라고 부른다. 이것은 MRI 기계를 이용해서 혈관이 잘 보이는 영상을 얻는 한 가지 방법이다(MRI로 혈관을 보기 위해서 특별히 하는 검사).
3. 뇌혈관조영술 : MRI나 MRA와는 방식이 다르다. 사타구니에서 가는 도관을 뇌혈관 근위부까지 올려보낸 후 조영제를 쏘면서 사진을 찍으면 뇌혈관 형태를 알 수 있다.
4. 결

통상 뇌질환 관련하여 MRI는 뇌의 이상유무를 판단할 때, MRA는 뇌의 혈관이상유무를 판단할 때 이용한다. 그러나, MRA 는 혈관의 그림자를 보는 것과 같아 더 정확한 검사를 위해서는 혈관을 실제 볼 수 있는 뇌혈관조영술을 한다. 반면에 뇌혈관조영술은 미세혈관의 이상유무는 확인되지 않는다(이는 조영제가 미세혈관까지 침투하지 못해서 발생하는 것으로 추측됨).

즉, 혈관의 전체적인 이상 유무를 확인할 때는 MRA를, 미세혈관이 아닌 큰 혈관들의 실제 이상유무를 확인할 때는 뇌혈관조영술을 시행해보자.(대개 편마비등의 후유증이 발생하는 경우는 미세혈관이 아닌 큰 혈관의 협착 또는 폐색으로 인한 것이니 이를 치료하기 위해서는 MRA보다는 정확한 뇌혈관조영술이 필요할 것으로 판단). 따라서, 무조건적으로 뇌혈관조영술이 MRA비해 더 정확한 검사방법이라고는 볼 수 없다. 상황에 따라 신경외과 또는 신경과 의사와 협의하여 적절한 검사방법을 찾자.

Q 자살의 징후가 있나요

자살이 증가하고 있다. 주위에서 다음과 같은 징후를 보일 때는 적극적으로 애정어린 관심을 갖고 대화하자.

- 자살징후 -

▷ 농담식으로라도 자살이나 죽음에 대해 자주 언급한다.
▷ 대인관계를 기피하고 대외적 활동이 줄어든다.
▷ 평소에 자주 안 만나던 사람들을 일부러 챙겨서 만나러 다닌다.
▷ 술을 평소보다 자주 마신다.
▷ 소중하게 간직하던 물건들을 다른 사람에게 나눠 준다.
▷ 죽음에 관한 시를 쓰거나 낙서를 한다.
▷ 사후세계에 관심을 보인다.
▷ 평상시와 달리 주변을 정리정돈 한다.
▷ 평상시보다 더 밝고 평온해 보이며 주변 상황에 초연해진다.
▷ 식사량과 수면양이 평상시에 비해 지나치게 줄거나 늘어난다.

자살위험징후들의 공통점은 평상시 잘 안하던 행동들이다. 하나하나의 행동만으로는 자살징후라고 알아내기 어렵다. 하지만 최근의 상황을 잘 아는 주변인이라면 위의 징후들 중 두 세 개 이상의 모습들을 보이는 경우 관심만 가지고 있다면 알아차릴 수 있을 것이다.

- 가까운 사람에게서 자살위험 징후를 발견하면 -

1. 해야 할 것
· 집중해서 들어라.
· 차분해져라.
· 상대방의 감정을 이해해라.
· 공감 하라.

· 수용과 존중의 비언어적 메시지를 줘라.
· 상대방의 의견에 대한 존중의 의미를 전달하라.
· 솔직하고 진실되게 말하라
· 당신의 관심, 도움의지, 따뜻함을 보여줘라
· 내담자의 감정에 집중 하라

2. DON'T(하지 말아야 할 것)
· 너무 잦은 질문으로 내용을 끊지 마라
· 감정적이 되거나 충격을 받았다는 느낌을 주지 마라
· 당신이 바쁘다는 뉘앙스를 풍기지 마라
· 베푸는 듯한 느낌을 주지마라
· 너무 파고들거나 명료하지 않은 메시지는 주지 마라
· 과중한 부담을 주는 질문은 삼가하라.

Q 유치원 사고는 "학교생활" 중 발생한 재해에 해당되나요

생명보험약관상 "학교생활"이란 '학교 내· 외에서 행하는 수업, 특별활동'등을 말하며, "학교"란 '초· 중등교육법 제2조의 초등학교, 중학교, 고등학교 및 이들 학교에 준한 각종학교'와 '학교형태의 사회교육시설로서 교육부장관이 지정하는 시설'을 의미한다. 또한, 위에서 각종학교란 '초· 중등교육법'제8절의 외국인학교 및 대안학교 등을 말하며 학교형태의 사회교육시설로서 교육부장관이 지정하는 시설이란 '평생교육법'제31조의 학교형태의 평생교육시설을 말한다.

우리나라 '교육기본법'에는 유아교육 · 초등교육 · 중등교육 · 고등교육을 위해 학교를 둔다고 명시되어 있고, 유치원은 유아교육법에, 초등교육이상은 초중등교육법에 의해 각각의 법이 정해져 있다. 따라서 유치원은 위 생명보험약관에서 정의하는 "학교"에 포함되지 않고, 유치원 수업 중 발생한 재해는 학교생활 중 발생한 재해라고 볼 수 없다.

참고로 보험사에서 판매하는 어린이보험약관의 "학교생활 중 발생한 재해"에서 "학교"의 범위에 유치원이 반드시 제외되는 것은 아니다. 일부 약관에는 학교의 범위에 초중등교육법상의 학교뿐만 아니라 유아교육법에 의한 유치원도 포함되어 있다. 따라서, 가입되어 있는 해당상품의 약관을 정확히 검토해봐야 한다.

사 례 (유치원에서 발생한 사고로서 약관상 "학교생활 중 재해"에 해당여부)

한 아이가 유치원에서 수업 중 교실 밖에서 놀다가 미끄럼틀 위에서 떨어졌다. 그러나, 치료에도 불구하고 보행장애가 남았다.

약관상 "학교생활"이란 '학교 내 · 외에서 행하는 수업, 특별활동'등을 말하며, "학교"의 정의는 ① '초 · 중등교육법'제2조의 초등학교, 중학교, 고등학교 및 이들 학교에 준한 각종학교와, ② 학교형태의 사회교육시설로서 교육부장관이 지정하는 시설을 의미한다. 또한, 위 ①에서 각종학교란 '초 · 중등교육법'제8절에 외국인학교 및 대안학교 등을 말하며, 위 ② 학교형태의 사회교육시설로서 교육부장관이 지정하는 시설이란 '평생교육법'제31조의 학교형태의 평생교육시설을 말한다.

그렇다면 유치원은 학교에 해당이 될까?

유치원은 '유아교육법'제2조에 의해 유아의 교육을 위하여 설립 · 운영되는 학교를 말한다.

즉, 우리나라 '교육기본법'에는 유아교육 · 초등교육 · 중등교육 · 고등교육을 하기 위하여 학교를 둔다고 명시되어 있으며, 유치원은 유아교육법에 의하고, 초등교육이상은 초중등교육법에 의해 따로 법률을 정하고 있기에 유치원은 위 약관에서 정의하는 "학교"에 포함되지 않는다. 따라서, 수업 중 발생한 재해임에도 학교생활 중 발생한 재해라고 볼 수 없다.

참고로 보험사에서 판매하는 어린이 보험약관의 "학교생활 중 발생한 재해"에서 "학교"의 범위에 유치원이 반드시 제외되는 것은 아니다. 일부 약관에는 학교의 범위에 초중등교육법상의 학교뿐만 아니라 유아교육법에 의한 유치원도 포함하고 있다. 따라서, 가입되어 있는 해당상품의 약관을 정확히 검토해봐야 한다.

Q 중증질환 산정특례 대상에 해당되나요

국민건강보험(www.nhis.co.kr)에서는 진료비 본인부담이 큰 중증질환(암, 심장질환, 뇌혈관 질환, 희귀난치질환, 중증화상)으로 고생하는 분들의 경제적 부담을 덜고자, 중증질환 및 관련 합병증 치료시 환자본인이 부담하는 진료비를 경감하는 '본인일부부담금 산정특례 제도'를 운영하고 있다. 이 제도에 대해서 살펴보자.

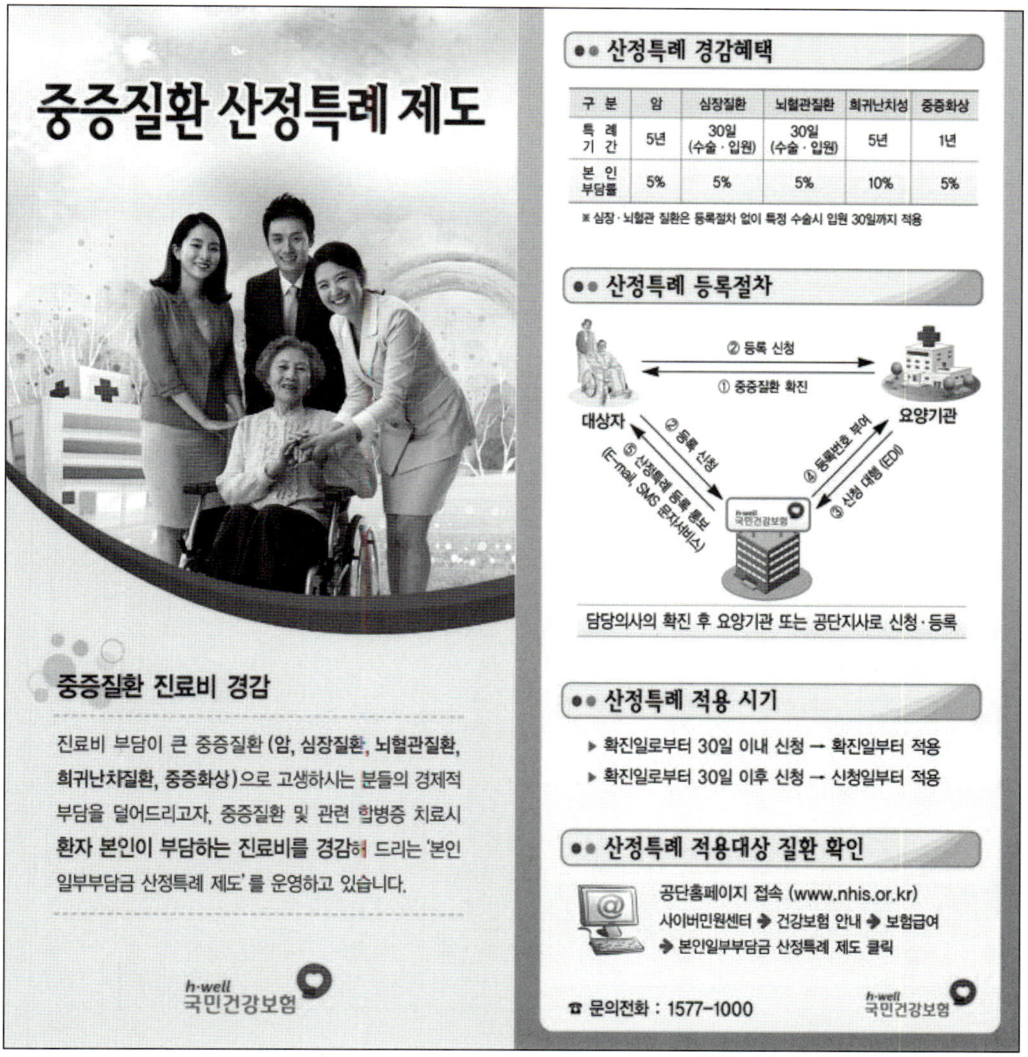

중증질환 산정특례 제도

중증질환 진료비 경감

진료비 부담이 큰 중증질환(암, 심장질환, 뇌혈관질환, 희귀난치질환, 중증화상)으로 고생하시는 분들의 경제적 부담을 덜어드리고자, 중증질환 및 관련 합병증 치료시 환자 본인이 부담하는 진료비를 경감해 드리는 '본인일부부담금 산정특례 제도'를 운영하고 있습니다.

h-well 국민건강보험

●● 산정특례 경감혜택

구 분	암	심장질환	뇌혈관질환	희귀난치성	중증화상
특례 기간	5년	30일 (수술 · 입원)	30일 (수술 · 입원)	5년	1년
본인 부담률	5%	5%	5%	10%	5%

※ 심장 · 뇌혈관 질환은 등록절차 없이 특정 수술시 입원 30일까지 적용

●● 산정특례 등록절차

담당의사의 확진 후 요양기관 또는 공단지사로 신청 · 등록

●● 산정특례 적용 시기

▸ 확진일로부터 30일 이내 신청 → 확진일부터 적용
▸ 확진일로부터 30일 이후 신청 → 신청일부터 적용

●● 산정특례 적용대상 질환 확인

공단홈페이지 접속 (www.nhis.or.kr)
사이버민원센터 ➔ 건강보험 안내 ➔ 보험급여
➔ 본인일부부담금 산정특례 제도 클릭

☎ 문의전화 : 1577-1000

h-well 국민건강보험

●● 본인일부부담금 산정특례제도

1. 관련근거

- 국민건강보험법 제44조(비용의 일부부담)
- 국민건강보험법 시행령 제19조(비용의 본인부담) 제1항 별표2
- 본인일부부담금 산정특례에 관한 기준(보건복지부 고시)

2. 지원대상자

1) 중증질환자 산정특례 대상

- 외래 또는 입원진료(질병군입원진료 및 고가의료장비사용 포함)시 요양급여비용총액의 100분의 5 본인일부부담

<table>
<tr><th>구분</th><th colspan="2">대상</th><th>특정기호</th></tr>
<tr><td>1</td><td colspan="2">[별지] 서식에 따라 등록한 암환자가 등록일로부터 5년간 해당 상병(C00~C97, D00~D09, D32~D33, D37~D48)으로 진료를 받은 경우</td><td>V193</td></tr>
<tr><td rowspan="2">2</td><td colspan="2">[별첨 1] 에 해당하는 상병의 뇌혈관질환자가 입원하여 해당 상병의 치료를 위하여 [별첨1]에 해당하는 수술 또는 약제투여를 받은 경우최대 30일</td><td>V191</td></tr>
<tr><td colspan="2">[별첨 1] 에서 I60 ~ I62에 해당하는 상병의 중증 뇌출혈환자가 급성기에 입원하여 진료를 받은 경우 최대 30일
* [별첨 1] 에 해당하는 수술 또는 약제투여를 받지 않은 경우</td><td>V268</td></tr>
<tr><td>3</td><td colspan="2">별첨 2] 에 해당하는 상병의 심장질환자가 입원하여 해당 상병의 치료를 위하여 [별첨2]에 해당하는 수술 또는 약제투여를 받은 경우 최대 30일
* 단, [별첨 2] 에 해당하는 상병 중 복잡 선천성 심기형질환자 또는 [별첨 2] 에 해당하는 수술 중 심장이식술을 받은 경우 최대 60일</td><td>V192</td></tr>
<tr><td rowspan="4">4</td><td rowspan="4">[별지] 서식에 따라 등록한 중증화상환자가 등록일로부터 1년간 [별첨3]에 해당하는 상병의 진료를 받는 경우.
*단, 등록기간 종료 후 진료담당의사의 의학적 판단하에 등록기간을 6개월 연장할 수 있음</td><td>2도이상(T20.2, T21.2, T22.2, T23.2, T24.2, T25.2, T30.2)이면서 체표면적 20%이상(T31.2~T31.9)인 경우</td><td>V247</td></tr>
<tr><td>3도이상(T20.3, T21.3, T22.3, T23.3, T24.3, T25.3, T30.3)이면서 체표면적 10%이상(T31.11, T31.21~T31.22, T31.31~T31.33, T31.41~T31.44, T31.51~T31.55, T31.61~T31.66, T31.71~T31.77, T31.81~T31.88, T31.91~T31.99)인 경우</td><td>V248</td></tr>
<tr><td>기능 및 일상생활에 중요한 영향을 주는 안면부, 수부, 족부, 성기 및 회음부화상은 2도이상, 눈 및 각막 등 안구화상(T20.2~20.3, T21.2~21.3, T23.2~23.3, T25.2~T25.3, T26.0~T26.4)인 경우</td><td>V249</td></tr>
<tr><td>흡입, 내부장기 화상(T27.0~27.3, T28.0~T28.3)인 경우</td><td>V250</td></tr>
</table>

2) 희귀난치성질환 산정특례 대상

- 외래 또는 입원진료(질병군 입원진료 및 고가의료장비사용 포함)시 요양급여비용총액의 100분의 10을 본인일부부담(별지 서식에 따라 등록(인체면역결핍바이러스질환(B20~B24)은 등록에서 제외)한 환자가 등록일로부터 5년간 해당 상병으로 진료를 받은 경우. 단, 결핵(A15~A19)은 등록일로부터 2년간 해당상병으로 진료를 받은 경우)

3. 등록신청 방법

1) 신청 구비서류 : 의사가 발행한 「건강보험 산정특례 등록 신청서」 1부

2) 신청방법

- 의사가 암, 희귀난치성질환, 중증화상환자로 확진한 경우 병원 내 비치된「건강보험 산정특례 등록 신청서」를 작성하여 건강보험공단 지사 또는 요양기관(EDI 대행)에 등록 신청
- 개인정보제공동의란에 본인이 서명한 후 제출

※ 심장질환 및 뇌혈관질환의 경우 : 별도의 등록 절차 없이 병원측의 요양급여비 청구만으로 혜택 가능

4. 적용기간

1) 암 · 희귀난치성질환으로 확진된 날부터 30일(토요일, 공휴일 포함) 이내 공단에 등록 신청한 경우 확진일부터 5년, 중증화상환자는 확진일로부터 1년, 2015.01.01일부터 결핵(A15~A19)은 2년(단, 다제내성 등 결핵은 5년)

2) 확진일부터 30일(공휴일, 토요일 포함) 경과 후 공단에 등록 신청한 경우는 공단에 신청한 당일부터 적용

※ 심장질환 및 뇌혈관질환의 경우 : 입원하여 해당 상병의 치료를 위하여 고시에 해당하는 수술 및 해당 약제투여를 받은 경우 1회 수술당 최대 30일(고시 상병 중 복잡 선천성 심기형질환자 또는 심장이식술을 받은 경우 최대 60일)

5. 적용범위

1) 외래 또는 입원진료(질병군 입원진료, 고가의료장비(CT, MRI, PET)사용 및 약국 포함)시 요양급여비용의 100분의 5(암, 중증화상), 100분의 10(희귀난치성질환)을 본인일부부담

2) 요양급여비용의 일부를 부담하는 항목만 해당(100분의 100 본인부담항목, 비급여 제외)

6. 암 · 희귀난치성질환 산정특례 재등록

1) 재등록 기준

- (암) 특례기간 5년 종료시점에 잔존암, 전이암이 있거나, 추가로 재발이 확인되는 경우로서 암조직의 제거 · 소멸을 목적으로 수술, 방사선 · 호르몬 등 항암치료나 항암제를 계속하여 투여 중인 암환자로 종료예정일 1개월 전부터 신청 가능
- (희귀난치성질환) 특례기간 종료시점에 등록된 희귀난치성질환의 잔존이 확인되는 경우로서

해당 질환으로 계속 치료 중인 경우이며, “희귀난치성질환 산정특례 검사항목 및 검사기준”을 충족하여야 함. 종료예정일 3개월 전부터 신청 가능(재등록 신청일 기준 1년 이내 검사기록 인정, 결핵은 3개월)

※ 신생아의 호흡곤란(V142) 상병은 재등록 불가

2) 등록신청 방법, 적용범위 : 최초 신청과 동일

장애인은 어떤 혜택이 있나요

구분	지 원 내 용[30]
1~6급 전국 공통	① 지하철 요금 100% ② 철도요금 1~3급 : 50% 감면(보호자 1인 포함) 4~6급 : 30% 감면(KTX, 새마을호 : 법정공휴일을 제외한 주중에 한하여) ③ 대한항공(1~4급), 아시아나 항공 국내선 50% 할인(1~3급 장애인은 동행하는 보호자 1인 포함) ④ 연안여객선운임 1~3급 50%, 4~6급 20% 할인 ⑤ 전화요금 50% 할인(시외통화 3만원이내, 114요금 전액 면제) ⑥ 이동통신요금 할인(신규가입비면제, 기본요금 및 국내통화료 35%) ⑦ 고속도로통행료 50% 할인 (배기량 2000cc이하 승용차, 7~10인승이하 승용차, 12인승이하 승합차, 1톤 이하 화물차) ⑧ 고궁, 국 · 공립 박물관, 국 · 공립 공원 무료 입장 ⑨ 국 · 공립 공연장 50% 할인 ⑩ 장애인 자동차 표지 발급 (10부제 적용 제외, 지방 자치단체별 조례에 의거 공영주차장 주차요금 감면 등) ⑪ 초고속 인터넷 요금 할인(기본정보이용료 30~40%할인 : PC통신사업자에 따라 할인율 상이) ⑫ 무주택세대주 공동주택 특별 분양 알선(청약저축 관계없음) ⑬ 보장구 건강보험급여(의료급여)실시 (적용대상품목의 기준액 범위 내에서 구입비용 : 건강보험대상자 80%, 의료급여수급권자 85%)
1~3급 전국 공통	① 지방세(차량취득세, 등록세, 자동차세, 면허세)면제 : 시각장애인 4급 포함 ※ 대상차량 : 배기량 2000cc이하 승용차, 승차정원 7인승이상 10인승 이하인 승용자동차, 승차정원 15인승이하 승합차, 적재정량 1톤 이하 화물차, 이륜자동차 중 1대 ② 승용자동차에 대한 특별소비세 면제 ③ 전기요금 정액 감액(월8천원 한도)
서울시 조례로 정한 장애인 복지시책	① 공영주차장 주차요금 감면(자동차 표지부착과 장애인 본인 탑승시) ※ 각 자치구의 조례에 의거 할인혜택부여로 할인율 상이할 수 있음(50~80%) ② 남산 1, 3호터널 혼잡통행료 면제(자동차표지 부착차량) ③ 서울대공원 입장료 면지(1~3급은 보호자 1인 포함)
저소득층 (기초 및 차상위)	① 신규 장애인 등록 및 의무적 재판정시 진단서 발급 비용지원 (지적, 자폐성 장애 : 4만원, 기타장애 : 1만 5천원) ② 장애인연금 : 1~2급, 중복3급 15만원 이내(연령, 소득, 거주형태에 따라 차등 또는 미지급) ③ 장애수당 : 3~6급(중복3급 제외)의 경우 2~3만원(소득, 거주형태에 따라 차등) ④ 장애아동수당(만18세미만) : 2~20만원이내(등급, 소득, 거주형태에 따라 차등) ⑤ 1~3급 장애인 교육비 : 최저생계비 130%이하인 저소득 가구의 장애인본인 및 장애인자녀의 입학금 및 수업료, 교과서대, 부교재비, 학용품비 전액 혹은 정액지원
기 타	① 소득세 인적 공제 : 장애인 1인당 200만원 추가 공제(연말정산 또는 종합소득 신고시) ② 장애인 의료비 공제 : 당해연도 의료비 전액(연말정산 또는 종합소득 신고시) ※ 장애인 의료비 공제는 총소득의 3%초과분에 한해 소득공제 ③ 장애인 특수교육비 소득공제 : 교육비 전액(연말정산 또는 종합소득 신고시)

30) (형법 제233조) (대법원 1976. 2. 10. 선고75도1888 판결, 1990. 3. 27. 선고89도2083 판결 참조)

Q 장애인등록절차 및 등급심사제도는 어떻게 되나요

장애인등록 절차도

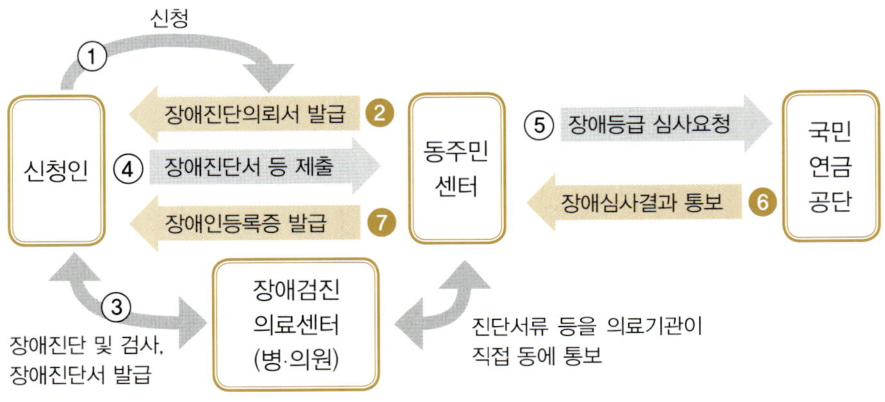

✠ 장애인등록과 관련된 사항은 주소지 동주민센터 장애인복지담당자에게 문의하시기 바라며, 장애등급심사 결과에 대하여 이의가 있는 경우 90일 이내에 이의신청, 행정심판 또는 행정소송을 제기할 수 있습니다.

(참조) 보건복지부 홈페이지(www.mw.go.kr) 장애인정책

●● 장애인 등록, 장애등급심사제도

1. 장애인등록, 장애등급심사제도는 2011년도부터 신규등록 및 재판정대상자는 등급심사시행(모든 등급)
2. 2013년 1월 27일부터 외국인 및 재외동포도 장애등급심사 시행
   ※ 장애등록 허용 자격 : 외국국적동포(F-4), 한국영주권자(F-5), 결혼이민자(F-6, F-2), 재외국민(국적자)

●● 장애인등록 신청 및 절차

1. 장애인등록 신청

1) 장애인등록을 신청하고자 하는 사람의 주소지 관할 읍 · 면 · 동사무소를 방문하여 장애인등록 및 서비스신청서를 작성하여 제출

2) 장애인등록 신청은 본인이 하는 것을 원칙으로 하되, 다만, 18세 미만의 아동과 거동이 불가능한 경우 등 본인이 등록 신청을 하기 어려운 경우에는 보호자가 신청 대행 가능
   ※ 대리신청이 가능한 보호자의 범위 : 장애인의 배우자, 직계존 · 비속, 직계존 · 비속의 배

우자. 형제 · 자매, 형제 · 자매의 배우자, 장애인을 보호하고 있는 사회복지시설의 장.

※ 외국인 및 재외동포 장애인 등록시 가족관계가 명확하지 않은 경우(예, 거소 신고만한 외국인 등)의 장애인등록은 보호자가 신청을 대행할 수 없음.

3) 거동이 불가능한 독거 장애인의 경우는 장애인의 동의를 받아 관계 공무원이 장애인 등록 직권 신청 가능

2. 장애진단의뢰서 발급 및 장애진단

1) 읍 · 면 · 동사무소에서는 장애진단의뢰서를 발급하여 신청자에게 교부

2) 신청자는 의료기관의 전문의사로부터 장애진단 및 검사를 통해 장애진단서를 발급 받아 주소지 관할 읍 · 면 · 동사무소에 제출하여 장애인등록(의료기간 우선 방문하여 진단서 제출도 가능, 이 경우 의뢰서 발급절차는 이행한 것으로 봄)

3) 신규등록자 및 재판정 대상자는 장애상태의 확인을 위한[장애등급판정기준]상 장애유형별 참고서식, 검사자료, 진료기록지(주요 진료기록) 등을 반드시 해당 진단의사로부터 발급받아 행정관청에 제출하여야 한다.

●● 장애인연금신청에 따른 장애등급심사 안내

2010년 7월부터 장애인연금제도가 시행되고 있다.[31] 중증장애인의 근로능력 상실 또는 현저한 감소로 인하여 줄어드는 소득과 장애로 인한 추가 비용을 보전하기 위해 매월 일정액의 연금을 지급하는 사회보장제도이다. 장애인연금을 신청한 중증장애인에 대하여는 장애인연금법 및 장애인복지법에 의하여 장애등급심사를 받아야 한다.

1. 신청절차

연금신청 → 자산조사 → 장애등급심사 →지급결정 → 결과 통지 및 지급

2. 필요서류

1) 장애상태를 명시한 장애진단서

2) 현재의 장애상태를 증빙할 수 있는 검사결과지

3) 지속적인 치료에도 불구하고 장애가 고착되었다는 것을 증명하는 진료기록

※ 구비서류는 장애유형별로 상이하므로 해당 장애유형의 구비서류 안내문을 확인하고 병원을 방문하기 바랍니다.

3. 장애등급심사관련 문의

1) 거주지 관할 국민연금공단 지사(관할 지사 확인은 알림마당)

31) 장애인 연금에 대한 자세한 사항은 장애인연금 홈페이지 참조 www.bokjiro.go.kr/pension/index.do

2) 국민연금공단 콜센터
3) 국번없이 1355
4) 보건복지부콜센터
5) 국번없이 129

Q 장애인연금의 지급대상 및 지급금액은 어떻게 되나요

장애로 인한 근로상실로 생활이 어려운 중증장애인(장애등급 1급과 2급 및 3급 중복장애를 가진 장애인) 에게 매월 일정 금액을 연금으로 지급하여 생활안정을 지원하는 사회보장제도이다.[32]

●● 지급대상

1. 18세 이상의 중증장애인 중 본인과 배우자의 소득과 재산을 합산한 금액(소득인정액)이 선정기준액 이하인 사람[33]

1) 18세 이상

신청일 당시, 18세 이상인 사람

단, 20세 이하로서[초 · 중등교육법]에 따른 학교에 재학 중인 자는 제외

2) 중증장애인

장애등급 1급과 2급 및 3급 중복장애를 가진 장애인

3급 중복장애란 3급의 장애인으로서 3급에 해당하는 장애 외에 장애가 하나 이상 있는 자를 말합니다. 주된 장애가 3급이며, 5급 또는 6급의 부장애가 등록되어 있는 분을 말하는데 단, 4급+4급 장애로 인하여 3급으로 등급이 상향 조정되신 분은 3급 중복장애인에 해당되지 않습니다.

3) 본인과 배우자의 소득과 재산을 합산한 금액(소득인정액)이 선정기준액 이하인 자

소득인정액 = 월 소득평가액 + 재산의 월 소득환산액

(1) 월 소득평가액 = (사업소득, 재산소득, 이전소득 등의 합계) + (근로소득 − 상시 근로소득 공제)

이전소득 : 정기적으로 지급되는 각종급여, 수당, 연금 및 고소득가구 중증장애인의 경제적 수준을 평가하기 위해 세대별 주민등록표를 같이 하는 부모, 자녀와 그 배우자의 주택 및 건강보험료를 조회하여 추정하는 소득

상시 근로소득 공제 : 1인당 월 48만원(본인과 배우자 각각 적용) 기본공제 후 30% 추가 공제

(2) 재산의 월 소득환산액 = [(일반재산 − 기본재산공제) + (금융재산 − 금융재산공제) + (자동

---

32) 보건복지부 홈페이지(www.mw.go.kr) 장애인정책(장애인자립기반) 참조

33) 장애인연금 대상자 여부 확인은 "장애인연금 홈페이지(www.bokjiro.go.kr/pension) → 연금대상확인" 에서 소득재산사항을 입력하면 확인 가능함

차가액) − (부채) × 재산의 소득환산율(연5%)12개월] + (고급자동차, 고가회원권의 재산가액)

기본재산공제 : 대도시 1억 8백만원, 중소도시 6천 8백만원, 농어촌 5천 8백만원

금융재산공제 : 가구별 2천만원(인별 적용은 아님)

선정기준액 : 배우자가 없는 장애인 870,000원, 배우자가 있는장애인 1,392,000원

●● 지급금액

1. 기초급여

1) 근로능력의 상실 또는 현저한 감소로 인하여 줄어드는 소득을 보전해 주기 위하여 지급하는 급여
2) 소득보장 성격의 연금
3) 2014년 6월까지 99,100원 지급, 2014년 7월부터 200,000원 지급
   * 단, 기초연금을 받는 65세 이상은 기초급여를 미지급

2. 부가급여

1) 장애로 인하여 추가로 드는 비용의 전부 또는 일부를 보전해 주기 위하여 지급하는 급여
2) 추가 지출비용 보전성격의 연금
3) 개인의 상황에 따라 연금액은 차이가 있을 수 있음
4) 기초급여와 부가급여의 유형별 상세사항은 "장애인연금 홈페이지 (www.bokjiro.go.kr/pension) 〉 제도안내 〉 연금액안내"에서 확인

●● 장애수당과 장애인연금의 차이

1. 근거법령

1) 장애수당은[장애인복지법] 제49조에 따라 지급
2) 장애인연금은 [장애인연금법]을 근거로 18세 이상 중증장애인 중 일정 소득 이하인 자를 대상으로 지급

2. 대상자

(경증)장애수당 · 장애인연금 대상자는 18세 이상이며, 장애아동수당 대상자는 18세 미만

3. 지급금액

1) 장애수당은 경증장애인에 대하여 월 3만원을 지급
2) 장애인연금은 연령, 소득수준에 따라 월20만원(감액적용 없을 시)에서 월28만원까지 지급 (2014년도 7월 기준)

4. 장애인연금과 기초생활보장제도의 관계

장애인연금액은 기초생활보장제도의 소득 산정시에 제외

5. 지급원칙

장애인연금은 매일 20일에 지급하고 지급일이 토요일, 공휴일인 경우에는 그 전일에 지급

6. 지급기간

1) 장애인연금을 지급하기로 결정되면, 신청한 날이 속한 달부터 지급
2) 장애인연금을 지급하지 아니하기로 결정한 달까지 지급

7. 지급방법

수급자 계좌에 입금

8. 장애인연금 신청 및 지급절차

1) 신청일시
   연중 수시로 가능
   자산조사 및 장애등급심사에 1개월 이상 소요되며, 지급 결정 월에 신청일이 속한 달의 급여까지 소급하여 지급
2) 신청장소 : 주소지의 읍 · 면사두소 및 동 주민센터에서 신청
3) 지참서류
   신청인 신분증(주민등록증, 운전면허증, 장애인등록증, 여권 등)
   ※ 대리 신청할 때에는 대리인 및 신청자의 신분증과 위임장 등을 지참
   본인명의의 통장사본
   임대차 계약서 등의 소득재산 확인 서류
4) 작성서류(읍 · 면 · 동에 비치)
   ① 사회복지서비스 및 급여제공 신청서
   ② 소득 · 재산신고서
   ③ 금융정보 등 제공동의서
   ④ 주택 및 건강보험료 정보제공 동의서

Q 장애인연금, 장애수당, 장애아동수당의 지원대상 및 지원내용을 비교해 주세요

▶ 연금 · 수당

<table>
<tr><th>주요 사업명</th><th>지원대상</th><th>지원내용</th><th>비고</th></tr>
<tr><td>장애인 연금 (1~3급)</td><td>– 만 18세 이상 등록한 중증장애인
• 중증장애인 : 1급, 2급, 3급 중복장애
• 3급 중복장애 : 주장애가 3급이며 다른 유형의 장애가 하나 이상 있으신 분
– 본인과 배우자의 소득인정액이 선정기준액 이하인 자
• 소득인정액 = 월소득평가액 + 재산의 소득 환산액
• 2014년도 선정 기준액
▶단독가구 : 680,000원
▶부부가구 : 1,088,000원</td><td>연금 = 기초급여 + 부가급여
(매월, 단위 : 원)
<table>
<tr><th>구분</th><th></th><th>계</th><th>기초</th><th>부가</th></tr>
<tr><td rowspan="2">기초</td><td>18~64세</td><td>176,800</td><td>96,800</td><td>80,000</td></tr>
<tr><td>65세 이상</td><td>170,000</td><td></td><td>170,000</td></tr>
<tr><td rowspan="2">차상위</td><td>18~64세</td><td>166,800</td><td>96,800</td><td>70,000</td></tr>
<tr><td>65세 이상</td><td>70,000</td><td></td><td>70,000</td></tr>
<tr><td rowspan="2">차상위 초과</td><td>18~64세</td><td>116,800</td><td>96,800</td><td>20,000</td></tr>
<tr><td>65세 이상</td><td>40,000</td><td></td><td>40,000</td></tr>
</table>
*개인의 상황에 따라 연금액은 차이가 있을 수 있음.</td><td>읍·면·동에 신청</td></tr>
<tr><td>경증장애수당 및 장애아동수당</td><td>– 경증장애수당
국민기초생활보장법에 의한 수급자 및 차상위계층(120% 이하)의 18세 이상 등록 장애인 중증장애 등급이 3~6급인 자
– 장애아동수당
• 국민기초생활보장법에 의한 수급자 및 차상위 계층(120% 이하)의 18세 미만 장애아동
▶중증장애인 : 1급, 2급, 3급 중복장애
▶3급 중복장애 : 주장애가 3급이며 다른 유형의 장애가 하나 이상 있으신 분
▶경증장애인 : 장애등급이 3~6급인 자</td><td>– 경증 장애수장
• 기초 및 차상위 : 1인당 월 3만원
• 보장시설 수습자 : 1인당 월 2만원
– 장애아동수당
• 기초중증 : 1인당 월 20만원
• 차상위중증 : 1인당 월 15만원
• 기초 및 차상위 경증 : 1인당 월 10만원
• 보장시설 중증 : 1인당 월 7만원
• 보장시설 경증 : 1인당 월 2만원</td><td>읍·면·동에 신청</td></tr>
</table>

(참조) 보건복지부 홈페이지(www.mw.go.kr) → 정책 → 장애인 → 장애인자립기반 → 연금수당

●● 장애수당

1. 지급대상

18세 이상의 등록한 장애인 중 3~6급의 장애등급을 가진 자로 국민기초생활수급자(일반재가) 및 차상위계층

※ 3급의 중복장애인은 중증장애인이므로 제외됨

2. 지급금액

1) 기초수급 경증장애인 : 1인당 월 3만원

2) 차상위 경증장애인 : 1인당 월 3만원

3) 보장시설 입소 경증장애인 : 1인당 월 2만원

3. 지급원칙 : 매월 20일 지급하고 지급일이 토요일, 공휴일인 경우 그 전일에 지급

4. 지급기간

1) 지급개시 : 장애수당 신청일 또는 장애등급 결정일이 속한 달부터 지급함

2) 지급종료 : 장애수당을 지급하지 아니하기로 결정한 달까지 지급

5. 지급방법 : 수급자 계좌에 입금

6. 지급절차

장애인 또는 보호자(대리인)는 사회복지서비스 및 급여제공(변경)신청 서식에 의해 읍 · 면 · 동장을 거쳐 시장 · 군수 · 구청장에게 신청

●● 장애아동수당

1. 지급대상

국민기초생활보장법에 의한 수급자 및 차상위 계층의 18세 미만 등록 장애아동

2. 지급금액

1) 기초수급 중증장애인 : 1인당 월 20만원

2) 기초수급 경증장애인 : 1인당 월 10만원

3) 차상위 중증장애인 : 1인당 월 15만원

4) 차상위 경증장애인 : 1인당 월 10만원

5) 보장시설 입소 중증장애인 : 1인당 월 7만원

6) 보장시설 입소 경증장애인 : 1인당 월 2만원

- 중증장애인: 장애등급이 1급 또는 2급 및 3급 중복장애(3급 중복장애란 3급의 장애인으로서 3급에 해당하는 장애유형 외에 다른 유형의 장애가 하나 이상 있는 자를 말합니다. 주된 장애가 3급이며, 5급 또는 6급의 부장애가 등록되어 있는 분을 말하는데 단, 4급+4급 장애로 인하여 3급으로 등급이 상향 조정되신 분은 3급 중복장애인에 해당되지 않습니다)
- 경증장애인 : 장애등급이 3급~6급인 자

3. 지급원칙 : 매월 20일 지급하고 지급일이 토요일, 공휴일인 경우 그 전일에 지급

4. 지급기간

1) 지급개시 : 장애아동수당 신청일 또는 장애등급 결정일이 속한 달부터 지급함

2) 지급종료 : 장애아동수당을 지급하지 아니하기로 결정한 달까지 지급

5. 지급방법 : 수급자의 계좌에 입금

6. 지급절차

장애인의 보호자(대리인)는 사회복지서비스 및 급여제공(변경)신청 서식에 의해 읍 · 면 · 동장을 거쳐 시장 · 군수 · 구청장에게 신청

Q 소송에서 문서송부촉탁신청서와 문서제출신청서의 차이

1. 문서 제출자가 제3자인 경우

 ··· 문서송부촉탁신청서

 ※ 제3자가 본인의 주장을 입증하는데 증거를 갖고 있어, 그 자료를 입증자료로 사용하기 위해 법원에 대신 구해달라는 것.

2. 문서 제출자가 상대방인 경우

 ··· 문서제출명령신청서

 ※ 본인의 주장을 하면서 상대가 갖고 있는 문서를 증거로 제시하며 그것을 제출 하지 않는 경우, 문서제출명령 신청을 통해 본인이 주장하는 바의 증거를 제지하지 못한다고 주장 가능.

Q 각 분야마다 좋은 병원을 추천해 주세요

복지부에서 평가한 각 분야 전문병원이다. 단, 여기에 등록된 병원이라해서 '최선의, 최고의 병원' 은 아니니다. 복지부에서 좋은 병원의 기준으로 삼았던 전제가 무엇이냐에 따라 매년 그 결과는 달라 질 수 있다. 참고만 하자.

연번	기관 명칭	신청분야	지역
1	연세사랑병원	관절	서울 서초구
2	힘찬병원		서울 양천구
3	부산센텀병원		부산 수영구
4	부민병원		부산 북구
5	의료법인상원의료재단부평힘찬병원		인천 부평구
6	의료법인장산의료재단이춘택병원		경기 수원시
7	의료법인인봉의료재단뉴고려병원		경기 김포시
8	여수백병원		전남 여수시
9	의료법인한성재단포항세명기독병원		경북 포항시
10	진주세란병원		경남 진주시
11	명지성모병원	뇌혈관	서울 영등포구
12	서울송도병원	대장항문	서울 중구
13	한솔병원		서울 송파구
14	대항병원		서울 서초구
15	의료법인구의료재단구병원		대구 달서구
16	신촌연세병원	수지접합	서울 마포구
17	의료법인센텀의료재단서부산센텀병원		부산 사상구
18	세일병원		부산 동구
19	더블유병원		대구 달서구
20	의료법인성세의료재단성민병원		인천 서구
21	예손 병원		경기 부천시
22	세종병원	심장	경기 부천시
23	다사랑병원	알코올	광주 서구
24	다사랑중앙병원		경기 의왕시
25	진병원		경기 부천시
26	예사랑병원		충북 청주시
27	주사랑병원		충북 청원군
28	한사랑병원		경남 김해시

29	(사)부산의료선교회세계로병원	유방	부산 동래구
30	의료법인우신향병원	척추	서울 성북구
31	우리들병원(강남)		서울 강남구
32	나누리병원		서울 강남구
33	21세기병원		서울 서초구
34	더조은병원		서울 강남구
35	서울척병원		서울 성북구
36	우리들병원		부산 동래구
37	보광병원		대구 달서구
38	우리들병원		대구 중구
39	인천나누리병원		인천 부평구
40	광주우리병원		광주 서구
41	광주새우리병원		광주 서구
42	대전우리병원		대전 서구
43	윌스기념병원		경기 수원시
44	의료법인갈렌의료재단굿스파인병원		경기 평택시
45	천안우리병원		충남 천안시
46	바른병원		경남 진주시
47	베스티안병원	화상	서울 강남구
48	하나병원		부산 사하구
49	푸른병원		대구 남구
50	미즈메디병원	산부인과	서울 강서구
51	유광사여성병원		서울 강서구
52	미래여성병원		대구 달서구
53	신세계여성병원		대구 북구
54	의료법인경동의료재단효성병원		대구 수성구
55	서울여성병원		인천 남구
56	에덴병원		광주 북구
57	미즈피아병원		광주 서구
58	의료법인정우의료재단프라우메디병원		울산 남구
59	인석의료재단보람병원		울산 남구
60	분당제일여성병원		경기 성남시
61	서울여성병원		경기 부천시
62	봄빛병원		경기 안양시
63	소화아동병원	소아청소년과	서울 용산구
64	현대병원		전남 순천시
65	의료법인문성의료재단문성병원	신경과	대구 남구
66	에스포항병원	신경외과	경북 포항시
67	누네안과병원		서울 강남구

68	의료법인실로암안과병원	안과	서울 강서구
69	의료법인건양의료재단김안과병원		서울 영등포구
70	세광의료재단성모안과병원		부산 해운대구
71	제일안과병원		대구 동구
72	의료법인한길의료재단한길안과병원		인천 부평구
73	밝은안과21병원		광주 서구
74	이연안과병원		광주 서구
75	민병원	외과	서울 강북구
76	안락항운병원		부산 동래구
77	하나이비인후과병원	이비인후과	서울 강남구
78	다인이비인후과병원		인천 부평구
79	국립재활원재활병원	재활 의학과	서울 강북구
80	서울재활병원		서울 은평구
81	파크사이드재활의학병원		부산 남구
82	남산병원		대구 중구
83	브래덤기념병원		인천 남동구
84	유성웰니스요양병원		대전 유성구
85	카이저병원		경기 구리시
86	러스크분당병원		경기 성남시
87	행복한병원		경남 창원시
88	늘봄재활요양병원		제주 제주시
89	서울성심병원	정형외과	서울 동대문구
90	강동병원		부산 사하구
91	의료법인고려의료재단부산고려병원		부산 남구
92	굿모닝병원		울산 남구
93	의료법인동서한방병원	한방중풍	서울서대문구
94	의료법인녹산의료재단동수원한방병원		경기 수원시
95	상지대학교부속한방병원		강원 원주시
96	원광대한의과대학익산한방병원		전북 익산시
97	원광대한의대부속전주한방병원		전북 전주지
98	자생한방병원	한방척추	서울 강남구
99	의료법인자생의료재단자생한방병원		경기 부천시

제 3 장

보상사례로 본 실무

본 장은 실무중심이다. 우선적으로 도움이 될 만한 사안 중심으로 각종 진단서, 시체검안서, 부검결과, 수사기록, 관련 판례(1심, 2심, 대법원), 자문회신, 손해사정서 등을 제시함으로써 실무에 응용할 수 있도록 하였다.

소비자의 이해를 돕기 위해 각 사안의 맨 첫장은 사례를 요약하였다. 이후 사례연습에서 손해사정서를 그대로 옮겨놓는 형식으로 하였다. 따라서 유사 사건에서 직접적인 해결책이 될 수 있을 것이다. 사건 해결을 위해서 의학지식이 필요한 경우가 많다. 저자 또한 필요한 의학지식을 찾고자 많은 시간을 할애했다. 그래서 의학지식도 병행하였다.

궁극적인 목적은 단순히 사건해결을 위함만은 아니다. 해결하는 과정에서 약관 보는 눈을 가질 수 있을 것이다. 표면상에 드러나 있는 문구 그대로의 의미가 아닌, 존재 취지 등을 이해할 수 있게 될 것이다. 복잡해지고 수시로 바뀌는 규정에 대해 해석할 수 있는 눈을 가질 수 있다면 다툼은 줄어 들 것이다. 그리고 각 사안의 끝부분의 "● 보험 & 보상의 눈"부분은 내용 요약, 전문가의 팁(Tip), 저자 의견에 해당한다.

본 장은 소비자에게는 내용이 어려울 수 있다. 그래서 이해를 돕기 위해 각 사안마다 맨 첫장의 "알기쉬운 사례", 끝부분의 "● 보험 & 보상의 눈"부분에 사안의 쟁점을 쉽고 간결하게 정리했다. 따라서 이 부분만 보더라도 이해하기가 한결 편할 것이다.

제1절 재해사망보험금

금융감독원과 보험업계에 따르면, 금융감독원의 임시 제재심의위원회는 생명보험사가 자살보험금을 약관에 정한 대로 지급하지 않은 것에 대해 기관주의와 임직원 4명에게 주의조치를 내렸다.

Ⅰ. 2년 경과된 후의 자살. 재해사망보험금

알기쉬운 사례

갑은 2006. 04. 21. 보험가입하였고, 이후 2년 경과한 2014. 03. 15. 자살하였다. 갑의 자살은 무배당재해사망특약의 '피보험자가 고의로 자신을 해친 경우'에 해당되어 보험금 지급거절사유에 해당된다. 그러나, 그 단서에서 정하고 있는 특약의 보장개시일로부터 2년 경과된 후의 자살에 해당되므로 일반사망보험금 뿐만 아니라 '재해로 인한 사망보험금'을 추가로 받을 수 있다.

위 사례의 적용은 모든 보험상품에 적용되는 것은 아니다. 보험상품 중 무배당재해사망특약의 보험금을 지급하지 아니하는 사유의 단서조항에 '2년(1년)경과된 후의 자살은 그러하지 아니하다'라는 조항이 있는 경우에 적용할 수 있다.

1. 서

▶ 약관내용

전 체	요 약
무배당재해사망특약 약관 제1조 [보험금의 종류 및 지급사유] 회사는 피보험자가 이 특약의 보험기간중 재해분류표에서 정하는 재해로 인하여 사망하거나 장해분류표 중 동일한 재해로 여러 신체부위의 합산 장해지급률이 80%이상인 장해상태가 되었을 경우에는 보험수익자에게 재해사망보험금을 지급합니다. 제2조 [보험금을 지급하지 아니하는 보험사고] ① 회사는 다음 중 어느 한 가지의 경우에 의하여 보험금 지급사유가 발생한 때에는 보험금을 드리지 아니하거나 보험료의 납입을 면제하지 아니함과 동시에 이 특약을 해지할 수 있습니다.	재해분류표에서 정하는 재해로 인하여 사망

1. 보험대상자(피보험자)가 고의로 자신을 해친 경우. 그러나, 보험대상자(피보험자)가 정신질환 등으로 자유로운 의사 결정을 할 수 없는 상태에서 자신을 해친 사실이 증명된 경우와 특약의 보장개시일로부터 2년이 경과된 후에 자살하거나[34] 자신을 해침으로써 장해분류표 중 동일한 재해로 여러 신체부위의 합산 장해지급률이 80%이상인 장해 장해상태가 되었을 경우에는 그러하지 아니합니다.	고의로 자신을 해친 경우 특약의 보장개시일로부터 2년 경과된 후 자살

자살과 같은 고의 사고는 보험에서 담보하지 않는다. 그러나, 생명보험은 보험가입일(책임개시일)로부터 2년이 경과하여 자살한 경우는 일반사망보험금을 지급한다. 즉, 피보험자가 사망하면 사망보험금을 지급하지만, 자살과 같은 고의 사고는 보험금을 지급하지 않는다. 그러나 2년 경과한 경우는 보험금을 지급한다.

이와 관련 많은 논란이 있다. 도대체 무엇때문인지 살펴보자. 생명보험에서는 가입 후 2년 경과한 자살의 경우도 사망보험금을 지급한다고 규정하고 있는데, 일반사망보험금 외에 재해사망보험금은 지급받을 수 없는 걸까.

일반사망보험금 뿐만 아니라 재해사망보험금도 지급해야 하는가에 대해 금융감독원은 약관에 규정되어 있는 경우에는 재해사망보험금을 지급해야한다고 하였다. 반면 생명보험사는 고의사고를 조장할 수 있고, 약관이 처음부터 잘못 만들어졌다는 등의 이유로 재해사망보험금의 지급을 거절하고 있다. 그렇다면 모든 '재해사망특약'이 있는 보험상품의 경우 재해사망보험금을 지급해야 하는가. 그렇지 않다.

생명보험의 표준약관은 2005.02.15., 2008.3.26., 2010.1.29., 2011.1.29., 2013.12.17., 2014.12.26., 에 걸쳐서 개정되었다. 이중 2010.01.29. 개정 이전의 상품에서 재해사망특약에 아래의 표와 같은 자살면책제한조항이 있는 경우로 한정된다.

34) 이하 '자살면책제한조항'이라 함.

2. 생명보험약관에서의 자살면책제한조항의 다양한 유형

<table>
<tr><th colspan="2">생명보험 표준약관</th></tr>
<tr><th>2010. 1. 29. 개정 전</th><th>2010. 1. 29. 개정 후</th></tr>
<tr><td>제16조(보험금을 지급하지 아니하는 보험사고)
① 회사는 다음 중 어느 한 가지의 경우에 의하여 보험금 지급사유가 발생한 때에는 보험금을 드리지 아니함과 동시에 이 계약을 해지할 수 있습니다.
1. 보험대상자(피보험자)가 고의로 자신을 해친 경우
그러나, 보험대상자(피보험자)가 정신질환 등으로 자유로운 의사결정을 할 수 없는 상태에서 자신을 해친 사실이 증명된 경우와 계약의 보장개시일(부활(효력회복)계약의 경우는 부활(효력회복)청약일)부터 2년이 경과된 후에 자살하거나 자신을 해침으로써 장해분류표 중 동일한 재해로 여러 신체부위의 합산 장해지급률이 80% 이상인 장해상태가 되었을 경우에는 그러하지 아니합니다.</td><td>제17조(보험금을 지급하지 아니하는 보험사고) 회사는 다음 중 어느 한 가지의 경우에 의하여 보험금 지급사유가 발생한 때에는 보험금을 드리지 아니합니다.
1. 피보험자(보험대상자)가 고의로 자신을 해친 경우
다만, 다음 각 목의 경우에는 그러하지 아니합니다.
가. 피보험자(보험대상자)가 심신상실 등으로 자유로운 의사결정을 할 수 없는 상태에서 자신을 해친 경우
피보험자(보험대상자)가 심신상실 등으로 자유로운 의사결정을 할 수 없는 상태에서 자신을 해침으로서 사망에 이르게 된 경우에는 재해사망보험금(약관에서 정한 재해사망보험금이 없는 경우에는 재해이외의 원인으로 인한 사망보험금을 지급하고, 재해이외의 원인으로 인한사망보험금이 없는 경우에는 "보험료 및 책임준비금 산출방법서"에서 정하는 바에 따라 회사가 적립한 사망 당시의 책임준비금을 지급)을 지급합니다.
나. 계약의 보장개시일(부활(효력회복)계약의 경우는 부활(효력회복)청약일)부터 2년이 경과된 후에 자살한 경우에는 재해이외의 원인에 해당하는 보험금을 지급(약관에서 정한 재해이외의 원인으로 인한 사망보험금이 없는 경우에는 "보험료 및 책임준비금 산출방법서"에서 정하는 바에 따라 회사가 적립한 사망 당시의 책임준비금을 지급)합니다.</td></tr>
<tr><td colspan="2">[비고]
2010. 1. 29.개정 이전 약관의 단서에는 자살면책제한 조항 있음. 따라서 재해사망보험금 지급함. 반면 개정 이후 약관에도 자살면책제한조항이 있으나, 재해이외의 원인에 해당하는 보험금을 지급하는 것으로 변경되었음. 즉 보험금은 지급하되 재해사망보험금은 지급하지 않겠다는 것으로 변경됨.</td></tr>
</table>

① 유형	② 유형	③ 유형	④ 유형
[주계약] 주계약 및 재해사망특약으로 구분되지 않고 주계약에서 일반사망과 재해사망을 보험금 지급사유로 명시, 자살면책제한조항도 주계약에 명시	[주계약] 교통재해사망을 보험금 지급사유로 명시, 자살면책제한조항도 주계약에 명시	[주계약] 사망을 보험금 지급사유로 명시하고, 자살면책제한조항도 주계약에 명시	[주계약] 일반사망을 보험금 지급사유로 명시, 자살면책제한조항도 주계약에 명시
[재해사망특약] 없음	[재해사망특약] 재해사망을 보험금 지급사유로 명시, 자살면책제한조항은 명시하지 않고 '특약에 정하지 아니한 사항은 주계약 약관을 준용'하는 것으로 명시	[재해사망특약] 재해사망을 보험금 지급사유로 명시, 자살면책제한조항은 명시하지 않고 '특약에 정하지 아니한 사항은 주계약 약관을 준용'하는 것으로 명시	[재해사망특약] 재해사망을 보험금 지급사유로 명시, 자살면책제한조항도 재해사망특약에 명시

〈참고- ① 유형의 약관상 [주계약] 내용〉

[보험금의 지급사유]

① 회사는 다음 사항 중 어느 한 가지의 경우에 해당하는 사유가 발생한 때에는 수익자에게 약정한 보험금을 지급합니다.

1. 피보험자가 사망한 경우 사망보험금 지급
2. 피보험자가 재해로 인하여 사망한 경우 재해사망보험금 지급

[보험금을 지급하지 아니하는 보험사고]

① 회사는 다음 중 어느 한 가지의 경우에 의하여 피보험자가 사망 또는 장해상태가 되었을 경우에는 보험금 또는 급여금을 드리지 아니하거나 보험료의 납입을 면제하여 드리지 아니함과 동시에 이 계약을 해지할 수 있습니다.

1. 피보험자가 고의로 자신을 해친 경우.

그러나 피보험자가 정신질환상태에서 자신을 해친 경우와 계약의 책임개시일로부터 2년이 경과된 후에 자살하거나 자신을 해침으로써 제1급의 장해상태가 되었을 경우에는 그러하지 아니합니다.

◐ 재해사망보험금을 지급하는 유형은 ②유형, ④유형이다.

3. 자살면책제한조항의 유형에 따른 대법원의 판결

① 유형의 판결

<table>
<tr><td colspan="2">[주계약]
주계약 및 재해사망특약으로 구분되지 않고, 주계약에서 일반사망과 재해사망을 보험금지급사유로 명시하고 자살면책제한조항도 주계약에 명시

[재해사망특약]
없음</td></tr>
<tr><td>대법원 2010다 45777 판결 참조</td><td>피공제자 자살 시도, 그로 인한 후유증으로 1급 장해 상태가 됨.
약관을 보면 주계약에 재해로 인한 사망 또는 1급장해의 경우에는 유족위로금(사망보험금) 또는 장해연금(1급 장해보험금)을 지급하고, 재해 외의 원인으로 인한 사망 또는 1급장해의 경우에는 유족위로금(사망보험금)을 지급함. 약관의 재해분류표에는 고의적인 자살 · 자해로 인한 사망 또는 1급장해의 경우는 원칙적으로 재해 외의 원인으로 인한 사고에 해당하여 유족위로금의 지급사유가 될 수 있을 뿐임.
다만 약관의 면책조항에서 고의 자살 · 자해로 인한 사망 또는 1급장해의 경우를 공제사고에서 제외하는 한편, 그러한 자살이나 자해로 인한 사망 또는 1급장해가 계약의 책임개시일로부터 1년이 경과한 후 발생한 때에는 다시 그 면책을 제한하고 있으나, 그 면책제한조항은 자살 또는 자해가 계약의 책임개시일로부터 상당기간이 경과한 후 이루어진 경우에는 그 자살 또는 자해에 공제금을 취득하려는 부정한 동기나 목적이 있는지 여부를 판정하기 어렵다는 점을 고려하여 그 면책의 예외를 인정한 것으로서, 위 면책조항에 의하여 줄어든 '재해 외의 원인으로 인한 공제사고의 객관적 범위'를 다시 일부 확장시키는 규정이라고 해석될 뿐 '재해로 인한 공제사고의 객관적 범위'까지 확장하기 위하여 둔 규정이라고는 볼 수 없으므로, 위 면책조항 및 면책제한조항은 재해에 해당하지 아니하는 원인으로 사망하거나 1급장해가 발생한 때에는 재해를 원인으로 하는 장해연금이 아니라 유족위로금이 그 공제금으로 지급되어야 한다.
계약의 책임개시일로부터 1년 이내에 피공제자가 자살 또는 자해를 하여 공제사고가 발생한 경우라면 공제사업자가 유족위로금 지급책임을 면하지만 그 후의 자살 또는 자해로 인한 경우라면 그 지급책임을 면하지 못한다는 취지로 해석함이 자연스럽고 합리적임에도 불구하고, 재해 외의 원인으로 인한 공제사고에 대한 공제사업자의 면책제한사유를 확장해석하여 재해로 인한 장해연금의 지급의무를 인정한 원심판결은 부당하다.</td></tr>
<tr><td>비고
(요약)</td><td>주계약의 자살면책제한조항이 재해사망에는 적용되지 않음. 즉, 주계약의 보험금지급사유에서 사망시 일반사망보험금과 재해시 재해사망보험금을 지급하는 것으로 명시 → 주계약의 보험금을 지급하지 아니하는 사유에서 자살면책조항에 의해 자살시에는 보험금 지급안하는 것으로 명시 → 다시 주계약의 보험금을 지급하지 아니하는 사유에서 자살면책조항에 의해 재해가 아닌 일반사망의 범위를 확장하여 일반사망보험금만 지급함.</td></tr>
</table>

② 유형의 판결

[주계약]
교통재해사망을 보험금 지급사유로 명시, 자살면책제한조항도 주계약에 명시

[재해사망특약]
재해사망을 보험금 지급사유로 명시, 자살면책제한조항은 명시하지 않고 '특약에 정하지 아니한 사항은 주계약 약관을 준용'하는 것으로 명시

대법원 2006다 55005 판결	'피보험자가 고의로 자신을 해친 경우'를 '보험금을 지급하지 아니하는 보험사고'로 규정하면서 그 단서에서 '피보험자가 정신질환상태에서 자신을 해친 경우'등을 제외한 보험계약의 약관 조항이, 보험금 지급사유가 발생한 경우를 전제로 보험자의 면책사유를 규정한 취지가 아니라 원칙적으로 보험사고에 해당하지 않는 고의에 의한 자살 등을 예외적으로 위 단서 요건에 해당하면 특별히 보험사고에 포함시켜 보험금 지급사유로 판단함.
비고 (요약)	※ 주계약의 자살면책제한조항이 재해사망에도 적용. 즉 재해사망보험금 인정 ※ 재해사망특약의 사망에는 재해사망뿐만 아니라 교통재해사망까지도 포함하고 있으므로, 재해사망특약의 담보범위가 교통재해사망만 담보하고 있는 주계약의 담보범위보다 넓다. 따라서, 재해사망특약의 보험금을 지급하지 아니하는 사유에서 '특약에 정하지 아니한 사항은 주계약 약관의 규정을 준용합니다.'라는 문구에 주계약의 자살면책제한조항이 반드시 준용된다.

③ 유형의 판결

[주계약]
사망을 보험금 지급사유로 명시하고, 자살면책제한조항도 주계약에 명시

[재해사망특약]
재해사망을 보험금 지급사유로 명시, 자살면책제한조항은 명시하지 않고 '특약에 정하지 아니한 사항은 주계약 약관을 준용'하는 것으로 명시

대법원 2008다 81633 판결	재해사망특약에서 주계약의 약관을 준용한다는 취지의 규정을 두고 있으나, 피보험자의 사망 등을 보험사고로 하는 주계약의 약관에 정한 '자살 면책 제한 규정'은 자살이 보험사고에 포함될 수 있음을 전제로 보험금 지급책임의 면책과 그 면책의 제한을 다룬 것이므로 보험사고가 '재해를 원인으로 한 사망'등으로 제한되어 있어 자살이 보험사고에 포함되지 않는 재해사망특약 등에는 준용되지 않는다.

비고 (요약)	※ 주계약의 자살면책제한조항이 재해사망특약에 적용되지 않음. 즉 재해사망보험금 불인정 ※ 주계약의 사망에는 재해사망뿐만 아니라 일반사망까지도 포함하고 있으므로, 주계약의 담보범위가 재해사망만을 담보하는 재해사망특약의 범위보다 넓다. 따라서, 재해사망특약의 보험금을 지급하지 아니하는 사유에서 '이 특약에 정하지 아니한 사항은 주계약 약관의 규정을 준용합니다.'라는 문구에 주계약의 자살면책제한조항이 반드시 준용되는 것이 아니다.

④ 유형의 판결

[주계약]
일반사망을 브험금 지급사유로 명시, 자살면책제한조항도 명시

[재해사망특약]
재해사망을 보험금 지급사유로 명시, 자살면책제한조항도 명시

서울 중앙지원 2014가단 5229682 판결	자살이 재해사망특약에서 정한 보험사고(재해)에 해당하지 않음은 당사자 사이에 다툼이 없고, 그 문언상으로도 명백하다. 그런데 이 특약에서 보험사고 중에서 보험금을 지급하지 않는 경우(예외)를 명기하면서 '고의로 자신을 해하여 재해사망보험금 지급사유가 발생한 때'를 규정하고 있는 바, 이는 논리적으로 발생할 수 없는 상황이다. 따라서 문언자체로 무의미한 조항이거나 자살은 보험금 지급사유가 아님을 확인하는 정도의 표현으로 볼 수 도 있다. 그러나 단서로 다시 면책제한사유가 규정되어 있고, 그 중 정신질환 자살의 경우에는 보험금을 지급하도록 되어 있는 바, 결국 이 단서는 원칙적으로 보험사고에 해당하지 않는 자살 중 일부 경우를 예외적으로 보험사고에 포함시키는 역할을 한다. 그렇다면 위 정신질환 자살과 병렬적으로 기재되어 있는 또 하나의 사유, 즉 2년 경과 자살도 마찬가지로 보험사고의 객관적 범위를 확장하는 것으로 해석하는 것이 일관된 해석이다.
비고 (요약)	※ 주계약 뿐만 아니라, 재해사망특약에도 자살면책제한조항이 존재함. 따라서 자살면책제한조항에 의해 재해사망보험금 지급. ※ 즉, 재해사망특약의 보험금지급사유에서 재해사망시 재해사망보험금을 지급하는 것으로 규정하고, 같은 특약의 보험금을 지급하지 아니하는 사유에서 자살시에는 보험금 지급안하는 것으로 규정하면서 그 단서에서 자살면책제한조항에 의해 재해의 범위를 확장하여 재해사망보험금 지급하는 것으로 판단.

사 례 | 연습

다음의 시체검안서 견본을 갖고 손해사정을 해보자. 참고로 저자는 아래의 순서(사실관계, 관련규정, 보험&보상의 눈)의 형식으로 손해사정서를 작성해봤다.

▶ 견본 시체검안서

■ 의료법 시행규칙 [별지 제6호서식] <개정 2011.4.7>

사망진단서(　　　　　)

※ [ ]에는 해당되는 곳에 "✔" 표시를 합니다.

병록번호 56789	연 번 호 201568978	원본 대조필인

① 성 명	고인			② 성 별	[✔]남[ ]여
③주민등록번호	700111 - 1234567	④실제생년월일	70년 01월 11일	⑤ 직 업	무직
⑥ 등록 기준지	서울 종로구				
⑦ 주 소	서울 종로구				
⑧ 발 병 일 시	년 월 일 시 분 (24시각제에 따름) [✔] 미상				
⑨ 사 망 일 시	2014년 03월 15일 시 분 (24시각제에 따름)				
⑩ 사 망 장 소	주소				
	장소	[ ] 주택 [ ]의료기관 [ ] 사회복지시설(양로원, 고아원 등) [ ] 공공시설(학교, 운동장 등) [ ] 도로 [ ] 상업·서비스시설(상점, 호텔 등) [ ] 산업장 [ ] 농장(논밭, 축사, 양식장 등) [ ] 병원 이송 중 사망 [✔] 기타(　　　)			

⑪ 사망의 원인 ※(나)(다)(라)에는 (가)와 직접 의학적 인과관계가 명확한 것만을 적습니다	(가)	직접 사인	미상	발병부터 사망까지의 기간	
	(나)	(가)의 원인			
	(다)	(나)의 원인			
	(라)	(다)의 원인			
	(가)부터 (라)까지와 관계없는 그 밖의 신체상황				
	수술의사의 주요소견			수술 연월일	년 월 일
	해부의사의 주요소견				

⑫ 사망의 종류	[ ]병사 [✔]외인사 [ ]기타 및 불상			
⑬ 외인사 사항	사고 종류	[ ] 운수(교통) [ ] 중독 [ ] 추락 [ ] 익사 [ ] 화재 [ ] 기타(　　)	의도성 여 부	[ ] 비의도적 사고 [✔] 자살 [ ] 타살 [ ] 미상
	사고발생 일시	년 월 일 시 분(24시각제에 따름)		
	사고발생 장소	주소		
		장소: [ ] 주택 [ ]의료기관 [ ] 사회복지시설(양로원, 고아원 등) [ ] 공공시설(학교, 운동장 등) [ ] 도로 [ ] 상업·서비스시설(상점, 호텔 등) [ ] 산업장 [ ] 농장(논밭, 축사, 양식장 등) [✔] 기타(　　　)		

위와 같이 진단(검안)함

2014년 3월 15일

의료기관 명칭 : 대학교병원

주소 : 서울 동대문구 안암로

의사, 치과의사, 한의사 면허번호 제 56789호

성 명: 나 해 부 (서명 또는 인)

유 의 사 항
사망신고는 1개월 이내에 관할 구청·시청·읍·면·동사무소에 신고하여야 하며, 지연신고 및 미신고시 과태료가 부과됩니다.

210㎜×297㎜[일반용지 60g/㎡(재활용품)]

1. 사실관계

가. 개 요

일 자	내 용
2006. 04. 21.	무배당아름다운세상보험 가입
2014. 03. 15.	사망(사인 목맴)

나. 시체검안서

사망장소	주차장 부근	
사망종류	외인사	
외인사의 추가사항	사고종류	–
	의도성여부	자살

2. 관련규정

가. 무배당 아름다운세상보험의 무배당재해사망특약 약관

제1조 [보험금의 종류 및 지급사유]

회사는 보험대상자(피보험자)가 이 특약의 보험기간 중 재해분류표(별표1 참조)에서 정하는 재해로 인하여 사망하거나 장해분류표(별표 참조)중 동일한 재해로 여러 신체부위의 합산 장해지급률이 80%이상인 장해상태가 되었을 경우에는 보험금을 받는자(보험수익자)에게 특약보험가입금액의 100%를 재해사망보험금으로 지급합니다.

(별표1) 재해분류표

1. 보장 대상이 되는 재해

다음 각 호에 해당하는 재해는 이 보험의 약관에 따라 보험금을 지급하여 드립니다.

① 한국표준질병사인분류 상의(S00~Y84)에 해당하는 우발적인 외래의 사고

2. 보험금을 지급하지 아니하는 재해

다음 각 호에 해당하는 경우에는 재해분류표에서 제외하여 보험금을 지급하지 아니합니다.

② 사고의 원인이 다음과 같은 경우

– 고의적 자해(X60 ~ X84)

제2조 [보험금을 지급하지 아니하는 보험사고]

① 회사는 다음 중 어느 한 가지의 경우에 의하여 보험금 지급사유가 발생한 때에는 보험금을 드리지 아니하거나 보험료의 납입을 면제하지 아니함과 동시에 이 특약을 해지할 수 있습니다.

1. 보험대상자(피보험자)가 고의로 자신을 해친 경우.
   그러나, 보험대상자(피보험자)가 정신질환 등으로 자유로운 의사결정을 할 수 없는 상태에서 자신을 해친 사실이 증명된 경우와 특약의 보장개시일로부터 2년이 경과된 후에 자살하거나 자신을 해침으로써 장해분류표 중 동일한 재해로 여러 신체부위의 합산 장해지급률이 80%이상인 장해 장해상태가 되었을 경우에는 그러하지 아니합니다.

나. 약관해석원칙

법원은 신의성실 원칙에 따라 당해 약관의 목적과 취지를 고려하여 공정하고 합리적으로 해석하되, 개개 계약 당사자가 기도한 목적이나 의사를 참작함이 없이 평균적 고객의 이해가능성을 기준으로 보험단체 전체의 이해관계를 고려하여 객관적 · 획일적으로 해석하여야 하며, 위와 같은 해석을 거친 후에도 약관 조항이 객관적으로 다의적으로 해석되고 그 각각의 해석이 합리성이 있는 등 당해 약관의 뜻이 명백하지 아니한 경우에는 고객에게 유리하게 해석하여야 한다고 하였습니다(대법원 2005. 10. 28. 선고 2005다35226 판결 등 참조).

보험 & 보상의 눈

피보험자의 보험사고(목맴)는 한국표준질병사인분류상 “X70 목맴, 목졸음 및 질식에 의한 의도적 자해”로 무배당재해사망특약 약관의(별표1)재해분류표의 1.보장 대상이 되는 재해에서 제외되어 보험금의 지급사유에 해당되지 않는다. 그럼에도 같은 약관 제2조 [보험금을 지급하지 아니하는 보험사고] 조항의 ①항 1호는 피보험자가 고의로 자신을 해친 경우를 보험금을 지급하지 아니하는 사고로 정하면서 그 단서에서 특약의 보장개시일로부터 2년이 경과된 후에 자살한 경우에는 그러하지 아니한다고 정하고 있다. 즉, 2년이 경과된 후에 자살한 경우에는 재해로 인한 사망으로 보험금을 지급하는 보험사고로 보겠다’는 의미로 해석될 수 있다. 따라서, 무배당재해사망특약 약관 제2조 ①항 1호의 단서가 제1조를 전제로 한 것인지, 아니면 이와 별도로 해당하지 않더라도 단서에 해당된다면 보상하겠다는 의미를 함축하고 있는지가 쟁점이다.

무배당재해사망특약 약관의 제2조 ①항은 ‘회사는 다음 중 어느 한 가지의 경우에 의하여 보험금 지급사유가 발생한 때에는 보험금을 드리지 아니하거나 보험료의 납입을 면제하지 아니함과 동시에 이 계약을 해지할 수 있습니다.'고 한 다음 그 제1호에서 '피보험자가 고의로 자신을 해친 경우'를 들면서 그 단서에서 다시'피보험자가 정신질환 등으로 자유로운 의사결정을 할 수 없는 상태에서에서 자신을 해친 사실이 증명된 경우와 특약의 보장개시일르부터 2년이 경과된 후에 자살하거나 자신을 해침으로써 장해분류표 중 동일한 재해로 여러 신체부위의 합산 장해지급률이 80%이상인 장해상태가 되었을 경우에는 그러하지 아니합니다.'고 규정한다.

재해사망특약의 제2조 ①항 1호가 보험금 지급사유가 발생한 경우를 전제로 한 보험사의 면책사유를 규정한 취지로 이해한다면, 고의 · 자살 또는 자해행위로 사망한 경우는 재해사망특약의(별표1)재해분류표의 보장대상이 되는 재해에 해당하지 아니하여 결국 위 제2조 ①항 1호가 처음부터 적용될 여지가 없다. 즉, 고의사고는 처음부터 배제되어 있는 것이므로, 위 제2조 ①항 1호는 그 적용대상이 존재하지 않는 무의미한 규정인 것이다.

오히려 평균적인 고객의 이해가능성을 염두에 두고 재해사망특약의 제2조 ①항 1호를 살펴보면, 고의 · 자살 또는 자해행위는 원칙적으로 우연성이 결여되어 같은 약관 제1조에서 정한 보장대상이 되는 재해에 해당하지 아니하지만, 예외적으로 같은 약관 제2조 ①항 1호 단서에서 정하는 요건, 즉 정신질환상태에서 자신을 해치거나, 특약의 보장개시일로부터 2년이 경과한 후에 자살하거나 자신을 해침으로써 사망 또는 80%이상의 장해상태가 되었을 경우에 해당하면 특별히 보장대상이 되는 재해에 포함시켜 보험금 지급사유로 본다는 취지로 해석된다.

여기에 원래 '고의에 의한 자살 또는 자해행위'에 대하여는 재해사망특약의 제2조 ①항 1호 규정이 아니라도 상법 조항(제659조 제1항, 제732조의2, 제739조 참조)에 의해 면책될 수 있다. 즉, 위 제2조 ①항 1호 중 보험계약 당사자 간의 별도의 합의로서 의미가 있는 부분은 면책사유를 규정한 부분이 아니라 부책사유를 정한 단서 부분이라는점을 보태어 보면, 이러한 해석이 보다 합리적이라 할 것이고, 또한 약관 해석에 있어서의 작성자 불이익의 원칙에도 부합하는 것이라 할 수 있다.

따라서, 피보험자는 2006. 04. 21. 보험을 가입하였고, 이후 2년 경과한 2014. 03. 15. 사망한 보험사고는 무배당재해사망특약의'피보험자가 고의로 자신을 해친 경우'에 해당되지만, 같은 약관의 제2조 ①항 제1호 단서에서 정하는 요건인 특약의 보장개시일로부터 2년 경과된 후의 자살에 해당되므로 재해사망보험금을 지급하는 것이 타당하다.[35)]

입증자료 보험증권 2매, 시체검안서 1매

첨부자료 대법원 2006다55005판결문 1부, 서울중앙지방법원 2006가단333317 판결문 1부, 상속관련 서류(망인의 가족관계증명서, 망인의 제적등본, 망인의 기본증명서, 유족의 가족관계증명서, 대표자 1인 지정서 및 인감증명서)

35) 대법원 2006다5505판결, 서울중앙지방법원 2006가단33317 판결 참조.

Ⅱ. 암 진단 후 우울증으로 인한 자살. 재해사망보험금

癌

악성종양

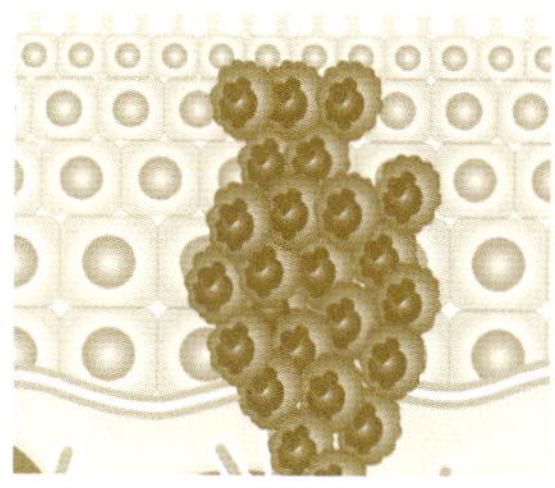

알기쉬운 사례

갑은 생명보험을 가입하였고, 무배당재해사망특약이 있다. 보험가입 2년 경과한 시점에 암진단을 받고 투병 중 우울증이 생겨 정신과 치료를 병행하였다. 치료 도중 아파트 옥상에서 투신자살하였다. 보험사는 보험가입 후 2년 경과하였으므로, 자살에 의한 고의사고라 하더라도 일반사망보험금은 지급하였다.

과연 재해사망보험금도 지급받을 수 있을까. 약관에 의하면 정신질환 등으로 자유로운 의사결정을 할 수 없는 상태에서 사망의 결과를 발생케 한 직접적인 원인행위가 외래의 요인에 의한 것이라면, 우발적인 사고로서 재해에 해당한다. 갑의 사망은 자유로운 의사결정을 할 수 없는 상태에서 자신을 해친 경우에 해당되므로 재해로 인한 사망보험금은 지급되어야한다.

사 례 연습

견본으로 '진단서, 소견서'의 자료가 주어진다. 이것을 근거로 지급여부를 판단해보자.

▶ 견본 진단서

원부대조필

진 단 서

병록번호			
연번호			
환자의 성명		주민등록번호	
환자의 주소		연락처	

		한국 표준질병 분류번호
질 병 명 ○ 임상적 추정 ◉ 최종진단	(부상병)전신성 홍반루푸스 (주상병)혈구탐식 림프조직구증 (부상병)	M32.9 D76.1

발병 연 월 일	미상	진단 연 월 일	2012년 10월 17일
치료내용/향후 치료에 대한 소견	상기 환자 상기 병명으로 2012.10.12. 입원하여 현재 치료중임을 증명합니다. Etoposide 150mg/m2 10/19, 10/23, 10/26, 10/30 Sandimmun 250mg qd 10/19- Predisol 62.5mg qd 10/12, Solondo 60mg 10/13-1 1/1, Solondo 40mg 11/2-		
비 고		용 도	보험회사제출용

위와 같이 진단합니다.

발 행 일 2012년 11월 07일

의 료 기 관 명

주 소

면 허 번 호 ____________ 의사성명 ____________

(작성방법) 1. 환자의 인적사항은 진찰한 의사가 주민등록증과 대조(미성년자일때는 다른 방법으로 대체할 수 있다)하여 확인하고 서명 또는 날인한다.
2. 질병명은 한글로 표기하고 영어표기 시 한글 병기한다. 임상적 추정과 최종진단명을 택일하여 □표에 체크(√)로 표시하고, 질병명은 한국표준질병 분류번호를 기입한다.

* 본서에 본원의 직인이 없으면 무효임. page: 1/1

▶ 견본 소견서

소 견 서

원부대조필

등록번호	
연번호	

환자성명		주민등록번호		성별	여	연령	만51세
주소				전화번호	-		

진 단 명		한국질병 분류번호
	(주)양극성 I 장애, 현존 정신병적 증상이 없는 심한 우울병	F31.4
	양극성 I 장애, 현존 정신병적 증상이 없는 조병, 심한	F31.1
	(주)달리 분류되지 않은 일반 정신과적 검사	Z00.4
	(주)혈구탐식 림프조직구증	D76.1
	조병 증상을 동반한 일반 병태의 기분 장애	F06.3
	전신성 홍반루푸스	M32.9
	구강 칸디다증	B37.0

발 병 일	2012년 11월	진 단 일	2013년 05월 21일

내 용

상기 환자는 2012년 10월 루프스로 본원 류마티스내과 입원 중 불안, 우울, 기분 불안정 등의 증상 보여 기분장애 진단 하에 정신건강의학과로 전원되어 2012년 12월 6일부터 12월 25일까지 입원치료하였고 2013년 1월 2일 정신건강의학과 외래 한차례 방문하였음.

내과 입원 당시 환자는 루프스로 진단받은 것에 대하여 좌절감과 우울감을 호소하며, 실제 말수, 표정이 줄고, 우울해 하는 등 우울증상을 나타내었었고, 항우울제를 처방받아 복용하기 시작하였음.

정신과 전원 뒤 시행한 정신상태 검사상 환자는 극도의 불안, 우울, 충동성 등 증상 보여 기타 기분장애로 진단되었으며, 항우울제, 기분조절제, 비정형 항정신병제 등을 투여하였음.

환자는 루푸스의 치료경과 및 치료반응에 대하여 민감하게 반응하고 이에 대해 항상 염려하는 모습을 나타내었고, 간헐적으로 지나치게 예민하고 불안정한 감정상태를 나타내었음.

이러한 환자의 경과로 미루어 보아 루프스 진단 후 이에 대한 정서적 반응으로 발생한 우울 및 정서불안정 등의 증상이 지속적으로 악화된 결과로 극단적 선택을 하였을 가능성이 있다고 판단됨.

page: 1/2

1. 사실관계

가. 개요

일 자	진료내용
2010. 07. 01.	무배당아름다운세상보험 가입
2012. 10. 01.	혈액암 진단
2012. 10. 10.	1차 항암치료
2012. 10. 20.	2차 항암치료
2012. 10. 30.	3차 항암치료
2012. 11. 10.	4차 항암치료
2012. 11. 20.	5차 항암치료
2012. 12. 10.	양극성 장애, 심한 우울병 을 동반한 기분장애 치료위해 입원하여 치료 후, 같은 달 30일 퇴원
2012. 12. 20.	7차 항암치료
2012. 12. 30.	8차 항암치료
2013. 01. 07.	우울병 등으로 입원하여 치료 후, 같은 달 15일 퇴원
2013. 01. 30.	사망(추락사, 다발성 장기손상으로 심폐정지)

나. 진료의사 확인

2012년 12월경 혈액암으로 인한 입원치료 중 불안, 우울 등의 증상으로 정신건강의학과로 전원하여 입원치료하였고, 이후 시행한 정신상태 검사상 극도의 불안, 우울장애로 진단되었으며, 항우울제, 비정형 항정신병제 등을 투여하였다. 혈액암의 치료에 대해 민감하게 반응하고 항상 염려하는 모습을 나타내었고 간헐적으로 지나치게 예민하고 불안정한 감정상태를 나타내었다. 이러한 경과로 미루어 혈액암 진단 후 이에 대한 정서적 반응으로 발생한 우울 및 정서불안정 등의 증상이 지속적으로 악화된 결과로 극단적 선택을 하였을 가능성이 있다는 소견이다.

다. 담당경찰서 확인

홀로 엘리베이터에 탑승하여 버튼을 누르고 올라가 내리는 장면이 CCTV 에 포착되었고, 복도 창문이 열려있었으며, 유족에 의하면 암 진단받아 입원치료 중 우울증으로 인해 정신과 치료를 받았고, 사고당일 가족들이 잠시 자리를 비운사이에 집을 나갔던 것으로 확인되었다. 이러한 상황을 종합할 때, 항암치료 중 생긴 우울증으로 인해 신병을 비관하던 중 가족들의 감시가 소홀한 틈을 이용해 집을 나가 추락사한 것이다는 의견이다.

2. 관련규정

가. 무대당아름다운세상보험약관

제2조(보험금을 지급하지 아니하는 트험사고)

회사는 다음 중 어느 한 가지으 경우에 의하여 보험금의 지급사유가 발생한 때에는 보험금을 드리지 아니합니다.

1. 피보험자가 고의로 자신을 해침으로써 사망에 이르게 된 경우

다만, 다음의 경우에는 그러하지 아니합니다.

가. 피브험자가 심신상실 등으로 자유로운 의사결정을 할 수 없는 상태에서 자신을 해친 경우. 피보험자가 심신상실 등으로 자유로운 의사결정을 할 수 없는 상태에서 자신을 해침으르써 사망에 이르게 된 경우에는 재해사망보험금을 지급합니다.

나. 참조 판례

정신질환 등으로 자유로운 의사결정을 할 수 없는 상태의 사망이었는지 여부는 자살자의 나이와 성행, 자살자의 신체적 · 정신적 심리상황, 정신질환의 발병 시기, 진행 경과와 정도, 자살에 즈음한 시점에서의 구체적인 상태, 자살자를 에워싸고 있는 주위 상황과 자살 무렵의 자살자의 행태, 자살행위의 시기 및 장소, 기타 자살의 동기, 그 경위와 방법 등을 종합적으로 고려해야 한다.[36]

다. 상법 규정

제659조(보험자의 면책사유)

① 보험사고가 보험계약자 또는 피보험자나 보험수익자의 고의 또는 중대한 과실로 인하여 생긴 때에는 보험자는 보험금액을 지급할 책임이 없다.

제732조의2(중과실로 인한 보험사고)

사망을 보험사고로 한 보험계약에는 사고가 보험계약자 또는 피보험자나 보험수익자의 중대한 과실로 인하여 생긴 경우에도 보험자는 보험금액을 지급할 책임을 면하지 못한다.

라. 입증책임의 정도

36) 대법원2009다97772 판결 및 2005다70540 판결 참조.

법원은 약관에서 '피보험자가 고의로 자신을 해친 경우'를 보험자의 면책사유로 규정하고 있는 경우 보험자가 보험금 지급책임을 면하기 위하여는 위 면책사유에 해당하는 사실을 입증할 책임이 있고, 이 경우 자살의 의사를 밝힌 유서 등 객관적인 물증의 존재나, 일반인의 상식에서 자살이 아닐 가능성에 대한 합리적인 의심이 들지 않을 만큼 명백한 주위 정황사실을 입증해야한다고 하였다.[37)]

보험 & 보상의 눈

무배당아름다운세상보험약관의 제2조 1항 가의 단서조항은 '심신상실 등으로 자유로운 의사결정을 할 수 없는 상태에서 자신을 해침으로써 사망에 이르게 된 경우에는 재해사망보험금을 지급합니다'고 규정한다.

피보험자의 사고를 조사했던 담당경찰서는 '항암치료 중 생긴 우울증으로 인해 추락사'했다는 의견이며, 진료의사는 혈액암 진단 후 이에 대한 정서적 반응으로 발생한 우울 및 정서불안정 등의 증상이 지속적으로 악화된 결과로 극단적 선택을 하였으며, 전반적 상태 고려하면 자신을 해친다는 인식을 하지 못했을 가능성이 컸을 것이다는 소견이다.

이러한 사실과 '정신질환 등으로 자유로운 의사결정을 할 수 없는 상태에서 사망의 결과를 발생케 한 직접적인 원인행위가 외래의 요인에 의한 것이라면 그 보험사고는 피보험자의 고의에 의하지 않은 우발적인 사고로서 재해에 해당한다는 판결'을 종합할 때[38)], 피보험자의 사고는 심신상실 등으로 자유로운 의사결정을 할 수 없는 상태에서 자신을 해친 경우에 해당된다고 판단되므로 재해사망보험금을 지급해야한다.

입증자료 보험증권 2매, 사건사고사실확인원 1매, 시체검안서 1매, 경찰서 사고기록 일체(변사사건 처리결과 및 지휘건의, 부검감정서, 최초발견자 진술조서 및 사진 포함), 병원진료기록(진단서 1매, 소견서 2매)

첨부자료 대법원 2009다97772 판결, 대법원 2005다70540 판결, 대법원 2002. 3. 29. 선고 2001다49234 판결, 대법원 2005다49713 판결문, 대법원 2007다76696 판결문

37) 대법원 2002. 3. 29. 선고 2001다49234 판결 참조
38) 대법원 2005다49713 판결 및 2007다 76696 판결

Ⅲ. 우울증으로 인한 자살. 재해사망보험금

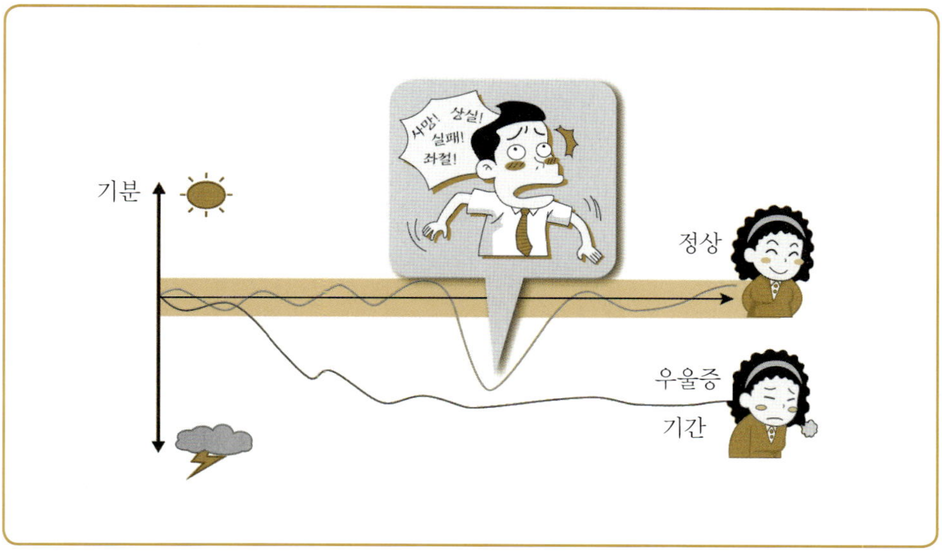

알기쉬운 사례

우리나라 자살사망률은 OECD 국가 중 가장 높은 10만 명당 31.2명으로 계속 증가하는 추이를 보이고 있다. 스스로 선택하는 극단적인 죽음은 가족에게 씻기지 않는 고통으로 남기 마련이며, 이런 이유로 자살을 '가해자는 없고 피해자만 있는 살인 사건'이라고 부른다.

여기서, 자살과 보험의 관계를 살펴보자.

보험은 피보험자가 고의로 자신을 해친 경우는 보험금이 지급되지 않는다. 그렇다면 만약에 있을 사고에 대비하여 가입하는 보험에 있어 자살사고인 경우 모두 거절될까.

약관에는 피보험자가 고의로 자신을 해친 경우는 보험금을 지급하지 아니하는 사고로 규정하지만, 그 단서조항에 정신질환상태에서 자신을 해친 경우에는 보상하도록 규정하고 있다. 여기서 정신질환상태란 어떤 경우를 말하는지 구체적으로 살펴보면, 서울고법(2004나

72688)의 한 판결은 자살자 주변의 상황 · 환경, 자살자의 태도, 병력, 자살의 경위 · 수단방법 · 동기 · 목적 등을 종합하여 자살자 본인이 자살 당시 정상적인 분별력과 자유로운 의사결정으로 자살을 결정할 수 있는 상태였는지를 고려해야 한다. 결국, 고의사고 면책의 예외조항으로서 '정신질환상태에서 고의로 자신을 해친(자살한) 경우'란 자살자가 평소의 정신질환으로 인하여, 자살의 징후와 준비과정을 거쳐 자살하는 경우만으로 제한적으로 볼 것은 아니며, 이러한 정신질환상태에는 외인성, 내인성 외에도 심인성 정신질환, 즉 명확한 신체요인 또는 뇌의 기질적인 변화 없이 강렬한 심리적 · 정신적 원인이 작용하여 발생하는 병적인 정신상태를 포함하고, 협의의 정신병, 신경병 외에 인격장애나 주취명정상태로 인한 심신미약상태, 고도의 급성스트레스반응 등 일시적 정신질환상태도 이에 해당한다고 하였다. 또한, 대법원(2009다97772)의 한 판결은 정신질환 등으로 자유로운 의사결정을 할 수 없는 상태에서 발생한 사망이었는지 여부의 판단 은 피보험자가 자살하였다면 그것이 정신질환 등으로 자유로운 의사결정을 할 수 없는 상태에서 사망의 결과를 발생케 한 경우에 해당하지 않는 한 원칙적으로 보험자의 면책사유에 해당하는데, 여기서 말하는 정신질환 등으로 자유로운 의사결정을 할 수 없는 상태의 사망이었는지 여부는 자살자의 나이와 성행, 자살자의 신체적 · 정신적 심리상황, 정신질환의 발병 시기, 진행 경과와 정도 및 자살에 즈음한 시점에서의 구체적인 상태, 자살자를 에워싸고 있는 주위 상황과 자살 무렵의 자살자의 행태, 자살행위의 시기 및 장소, 기타 자살의 동기, 그 경위와 방법 등을 종합적으로 고려해야 한다고 하였다.

사례를 보면, 남편의 사업상 어려움으로 경제적 부담이 스트레스가 되어 약 한 달간의 수면장애, 불안, 우울감으로 4개월간 12회의 항불안제, 항우울제 등의 투약치료를 받고 있는 배우자가 식사준비를 하던 중 11층 높이의 베란다에서 추락하여 사망한 사고에서 부산지법(2008가합20129)은 우울증 치료기간 중 소량의 약 처방만을 받았고, 증상이 호전되고 있었으며, 심리적 어려움을 토로하지 않았다는 사실 등에 근거해 약관상 정신질환상태에서 자신을 해친 경우에는 정신질환을 앓고 있는 상태에서 자신을 해친 모든 경우를 포함한다고는 볼 수 없고, 정신질환상태에서 자유로운 의사결정을 할 수 없는 상태에서 사망 등의 결과를 발생케 한경우로 봐야한다며 보험금을 지급하지 않았다.

다른 사례로 서울고법(2004나72688)판결은 남편이 운영하는 사업이 잘 돼지 않았고, 시댁이나 친정 식구들 간의 재산문제까지 겹쳐 서로 갈등이 있었으며, 딸 출산과 관련된 유방 및 수유의 장애 등으로 의료기관의 치료를 수차례 받았고, 충수절제수술까지 받았으므로 신체적 건강상태는 물론이고 정신적으로도 산후 후유증(우울증 등)으로 쇠약해져 있었으며, 보증문제로 남편과 부부싸움을 하게 되었는데, 서로 전화기를 집어던지고 텔레비전을 쓰러뜨리기까지 하였으며, 남편이 욕을 하면서 빰을 수회 때리고 머리카락을 잡고 다시 몸을 잡아끌어 베란다로 끌고 간 다음 '같이 죽자'며 상체를 난간 밖으로 밀어내자 자녀들이 망인의 다리를 잡고 울며 남편을 말리는 등 상호간에 매우 흥분된 상태에서 과격하게 싸움을 하였고 그 자리에는 싸움을 말리던 자녀들이 보고 있는데도 망인은 순간적으로 베란다 난간을 넘어 뛰어내림으로써 자살을 하였는데, 이는 예상외의 돌발적인 행동일 뿐더러 정상적인 정신상태에 있는 부녀라면 울면서 싸움을 말리는 자녀들 앞에서 차마 결행하기 어려운 일등에 근거해 평소부터 가사, 건강, 금전문제 등 복합적인 원인으로 인하여 스트레스가 누적되어 암암리에 자살의 원인(원인)을 형성하였다가, 사고 당일 싸움 중에 발생한 극도의 흥분 및 심리불안 상태를 이기지 못하고 순간적으로 정신적 공황상태를 일으켜 정상적으로 사물을 분별하거나 의사를 제어하지 못하는 상태에 빠져 스스로 베란다 밖으로 몸을 던지게 되었다고 판단하였고, 그밖에 다른 원인으로 자살하였다고 볼 만한 자료는 찾아볼 수 없다고 하여 정신질환상태에서 자신을 해친 경우로 판단하여 보험금을 지급하였다.

사 례 연습

견본으로 '변사사건 처리결과에 대한 지휘, 소견서'의 자료가 주어진다. 이것을 근거로 상해(재해)사망여부를 판단해보자.

▶ 견본 변사사건 처리결과에 대한 지휘

지방검찰청

제 2013-102 호

2013. 2. 26.

수 신 :

제 목 : **변사사건 처리결과보고에 대한 지휘**

다음 변사사건 처리결과보고에 대하여 아래와 같이 지휘합니다.

변 사 자 인 적 사 항	성 명: 주민등록번호: 직 업: 주 거:
사 인	직 접 사 인: 두개골파열로 인한 과다출혈 추정(추락사 추정) 간 접 사 인:
경 찰 의 견	사체는 유족에게 인도하여 2. 18.자 양지공원에서 화장 후 유골은 양지공원 납골당에 안치하였으며, 변사자는 정신질환 및 우울증 등으로 인하여 투신자살한 것으로 추정되고 타살혐의점 없으므로 내사종결하겠습니다.
검 사 지 휘	
의견대로 내사종결할 것을 지휘함 지방검찰청 검 사	

검찰-2013-430-11581-BAD00053160285 2013-02-26 1/1

▶ 견본 의사소견서

의 사 소 견 서

등록번호 00303601　　　　연번호 859

1. 성 명		2. 주민등록번호		나이	39	성별	☐ 남 ☑ 여
3. 주 소				(전화 :)			
4. 임상적 병명	편집분열성 정신분열병			한국질병 분류번호	F20.0		
5. 진료기간	☑ 외래 2010년 10월 20일 부터 2012년 12월 24일 까지 (총 일간)						
	☑ 입원 2012년 08월 29일 부터 2012년 10월 05일 까지 (총 일간)						
6. 발 병 일		7. 진 단 일	2010-10-20				
8. 병력 및 이학적 소견 (치료경과)	2010년 10월 20일 본원 방문하였을 당시 관계망상, 피해망상, 우울을 주소로 내원하였고, 2011년 2월 17일까지 지속적으로 본원을 다녔으며, 그 후 2012년 10월 11일 부터 상기 외래 진료 마지막 날까지 치료를 받았음. 본원 치료 중 상기 진단에 대한 치료(약물치료 및 정신치료)를 시행하였고, 질병의 특성상 완전 회복은 어려웠으며, 대인관계 부족 등의 음성증상은 남아있는 상태였음. 환자가 주로 호소한 부작용은 졸려서 아이를 돌보기 어렵다는 것이었음. 환자가 마지막 진료를 받은 날짜가 2012년 12월 24일이고 그 후로는 추적이 되지 않았고, 마지막 두 달간 환자가 약을 복용했는지는 알 수가 없는 상태임. 만약에 이 후 약을 먹지 않았다면, 질병의 특성상 급성악화로 인해서 의사결정능력이 떨어질 수도 있다고 봄. 약을 먹었다고 하더라도 약 2개월 정도 다시 먹은 것으로 증상조절이 잘 안되었을 가능성이 있고 또한, 일반적으로 정신분열병 환자의 정신상태는 자아경계가 불명확하여 주변의 영향을 받는 경우가 많고 충동적인 경향이 있으므로, 환자의 자살은 심신이 피폐해진 상태에서 어쩔 수 없이 선택한 결정이라고 볼 수 있음						
9. 검사소견							
10. 진료의사 의견 (환자회송 사유)							
11. 용 도		12. 비 고	보험사 제출용				

발 행 일　2014년 02월 27일

면허번호

성 명

병·의원주소

※ 본서에 본원의 직인이 없으면 무효임

1. 사실관계

가. 개 요

일 자	진료내용
2010. 01. 01.	무배당아름다운세상보험 가입
2010. 10. 01.	(의증) 정신분열병, 망상성장애
2010. 11. 01.	심리검사결과 정신분열병, 망상성장애
2010. 12. 01.	통 원
2011. 01. 01.	통 원
2011. 02. 01.	통 원
2011. 03. 01.	통 원
2011. 04. 01.	통 원
2012. 05. 01.	입 원(편집성 정신분열병)
2012. 06. 30.	퇴 원
2012. 07. 01.	재입원(편집성 정신분열병)
2012. 08. 01.	퇴 원
2012. 09. 01.	응급실 통원
2012. 10. 01.	통 원
2012. 11. 01.	통 원
2012. 12. 01.	통 원
2013. 01. 01.	통 원
2013. 02. 01.	사 망(두개골 파열로 인한 과다출혈, 추락사)

나. 사고관련 확인

내 용
• 동부경찰서 사건사고사실확인원 인용. 2013. 02. 01. 01:00경 서울시 *동 소재 **아파트 입구에서 최초발견자가 일을 하고 난 후 귀가하는데, 주거지 입구 도로상에 변사자가 쓰러져 사망한 것을 발견.

다. 변사사건처리결과 확인

내 용
• 동부지방검찰청 변사사건 처리결과보고에 대한 지휘 인용. 사　　인 : 두개골파열로 인한 과다출혈 추정(추락사 추정) 경찰의견 : 정신질환 및 우울증 등으로 인한 투신 검사지휘 : 의견대로 내사종결

라. 진료의사 확인

내 용
• 한국대학교병원 의사소견서 인용. 임상적 병명 : 편집분열성 정신분열병 외래 진료기간 : 2010. 10. 01.부터 2013. 01. 01. 까지 입원 진료기간 : 2012. 05. 01.부터 2012. 08. 01. 까지 소견 : 2010년 10월 01일 피해망상, 우울증상 으로 내원. 질병의 특성상 완전 회복은 어려웠음. 환자가 마지막 진료를 받은 날짜가 2013년 01월 01일이고 그 후로는 추적 되지 않았음. 만약에 이 후 약을 먹지 않았다면 질병의 특성상 악화로 인해서 의사결정능력이 떨어질 수 있음. 정신분열병 환자의 정신 상태는 자아경계가 불명확하여 주변의 영향을 받는 경우가 많고 충동적인 경향이 있으므로, 환자의 자살은 심신이 피폐해진상태에서 어쩔 수 없이 선택한 결정으로 보인다는 소견.

마. 진료병원 진료기록지 확인

내 용
• 한국대학교병원 진료챠트 인용 2010. 10 01. (외래초진 : 정신건강의학과) 주위 사람들과 원만치 못하다 직장 한달이면 그만 둔다. 주의 사람들이 나만 쳐다 본다. 밤에 잘 못자고 낮에 잔다. 관계망상, 피해망상 - 항상 우울, 비현실적 사고 의증) 정신분열병　망상성장애 2010. 11. 01. 종합심리검사 의증) 편집성 정신분열병 2012. 07. 01. (입원경과 : 정신건강의학과) 배와 등에 벌레가 기어다닌다. 얼마 전 옥상에 올라갔는데 못 뛰어내렸다. 2012. 09. 01. (응급실초진기록) 의증) 편집성 정신분열병

불안한 증세로 보호자에게 전화함. 이후 떨리고 불안한 증세 계속 되고 하여 경찰에 본인이 신고하였음.
빨래줄으로 자살시도 하였다고 함.
2012. 10. 01. (외래초진 : 정신건강의학과)
누군가 미행한다. 자기를 계속 감시. 이웃집 사람의 목소리가 들린다.
의증) 편집성 정신분열병.

바. 진료병원 간호일지 확인

내 용
• 한국대학교병원 간호일지 인용, 2012. 05. 01. 횡설수설, 대화 안됨. 2012. 07. 01. 팔에 구멍났어요. 치료해야 해요. 간호사가 직접 확인하는데 상처나 흔적 전혀 없다고 하자 믿지 못하겠다는 듯 반응함. 자신이 봤을때는 상처가 있었다고 주장함.

2. 의학지식

가. 정신분열병

정신분열증은 망상, 환청, 와해된 언어, 정서적 둔감 등의 증상과 더불어 사회적 기능에 장애를 일으킬 수도 있는 질환으로, 예후가 좋지 않고 만성적인 경과를 보여 환자나 가족들에게 상당한 고통을 주는 질환이다

정신분열병의 대표적인 증상은 망상과 환각이다. 망상의 종류는 피해 망상, 과대 망상부터 신체적 망상에 이르기까지 다양하며 사고 과정의 장애를 가진다. 와해된 언어와 행동을 보이고 움직임과 의사 소통이 심하게 둔화되는 긴장증적 행동을 보이는 경우도 있다. 충동 조절에 문제가 있을 수 있고 치료하지 않은 환자는 흔히 공격적인 행동을 보인다. 또한 자살 시도가 상당히 많기 때문에 주의를 기울여야 한다.

나. 우울증

우울증은 성적 저하, 원활하지 못한 대인관계, 휴학 등 여러 가지 문제를 야기할 수 있으며 심한 경우 자살이라는 심각한 결과에 이를 수 있는 뇌질환이다. 우울증에는 상담과 정신과 치료가 필수적이며 중등도 이상의 우울증은 항우울제 투여도 반드시 필요하다.

다. 자살과의 관련성

자살은 정신질환 또는 정신 병리와 밀접한 연관성을 가지고 있다. 미국의 공공보건국에서는 자살을 예방할 수 있는 가장 적합한 방법은 우울증이나 다른 정신질환을 조기에 진단하여 적절하게 치료하는 것이라고 발표하였다. 또 다른 연구 결과들은 자살자의 약 60% 이상이 우울증에 기인하는 것이라고 발표하기도 했다.

3. 관련규정

가. 무배당아름다운세상보험의 일반상해 사망 특별약관

제1조(보험금의 종류 및 지급사유)

보험증권(보험가입증서)에 기재된 피보험자(보험대상자)가 이 특별약관의 보험기간(이하 "보험기간"이라 합니다)중에 발생한 상해의 직접결과로써 사망한 경우(질병으로 인한 사망은 제외합니다) : 일반상해사망 가입금액 전액을 일반상해사망 보험금으로 지급하여 드립니다.

제3조(보험금을 지급하지 아니하는 사유)

① 회사는 다음 중 어느 한 가지의 경우에 의하여 보험금 지급사유가 발생한 때에는 보험금을 드리지 아니합니다.

1. 피보험자(보험대상자)의 고의. 다만, 피보험자(보험대상자)가 심신상실 등으로 자유로운 의사결정을 할 수 없는 상태에서 자신을 해친 경우에는 보험금을 지급하여 드립니다.

나. 유사판례

보험 약관의【보험금을 지급하지 아니하는 보험사고】에서 단서조항인 "정신질환상태에서 자신을 해친 경우 드는 심신상실 등으로 자유로운 의사결정을 할 수 없는 상태에서 자신을 해침으로써 사망에 이르게 된 경우"관련 판례

1) 고의사고 면책의 예외조항으로서 '정신질환상태에서 고의로 자신을 해친(자살한) 경우'란 자살자가 평소의 정신질환으로 인하여, 자살의 징후와 준비과정을 거쳐 자살하는 경우가 해당이 되나, 이러한 정신질환상태에는 외인성, 내인성 외에도 심인성 정신질환, 즉 명확한 신체요인 또는 뇌의 기질적인 변화 없이 강렬한 심리적 · 정신적 원인이 작용하여 발생하는 병적인 정신상태를 포함하고, 협의의 정신병, 신경병 외에 인격장애나 주취명정상태로 인한 심신

미약상태, 고도의 급성 스트레스반응 등 일시적 정신질환상태도 이에 해당한다고 하였다.[39)]

2) 정신질환 등으로 자유로운 의사결정을 할 수 없는 상태의 사망이었는지 여부는 자살자의 나이와 성행, 자살자의 신체적 · 정신적 심리상황, 정신질환의 발병 시기, 진행 경과와 정도, 자살에 즈음한 시점에서의 구체적인 상태, 자살자를 에워싸고 있는 주위 상황과 자살 무렵의 자살자의 행태, 자살행위의 시기 및 장소, 기타 자살의 동기, 그 경위와 방법 등을 종합적으로 고려해야 한다고 하였다.[40)]

3) 상법 제659조 제1항(보험자의 면책사유) 및 제732조의 2(중과실로 인한 보험사고)의 입법 취지에 비추어 볼 때, 사망을 보험사고로 하는 보험계약에 있어서 자살을 보험자의 면책사유로 규정하고 있는 경우, 그 자살은 사망자가 자기의 생명을 끊는다는 것을 의식하고 그것을 목적으로 의도적으로 자기의 생명을 절단하여 사망의 결과를 발생케 한 행위를 의미한다. 그러나, 피보험자가 정신질환 등으로 자유로운 의사결정을 할 수 없는 상태에서 사망의 결과를 발생케 한 직접적인 원인행위가 외래의 요인에 의한 것이라면 그 보험사고는 피보험자의 고의에 의하지 않은 우발적인 사고로서 재해에 해당한다고 하였다.[41)]

다. 상법규정

제659조(보험자의 면책사유)

① 보험사고가 보험계약자 또는 피보험자나 보험수익자의 고의 또는 중대한 과실로 인하여 생긴 때에는 보험자는 보험금액을 지급할 책임이 없다.

제732조의2(중과실로 인한 보험사고)

사망을 보험사고로 한 보험계약에는 사고가 보험계약자 또는 피보험자나 보험수익자의 중대한 과실로 인하여 생긴 경우에도 보험자는 보험금액을 지급할 책임을 면하지 못한다.

라. 입증책임의 정도

① 법원은 민사분쟁에 있어서의 인과관계는 의학적, 자연과학적 인과관계가 아니라 사회적, 법적 인과관계이므로 그 인과관계가 반드시 의학적, 자연과학적으로 명백히 입증되어야 하는 것은 아니다고 하였다.[42)]

② 법원은 약관에서 '피보험자가 고의로 자신을 해친 경우'를 보험자의 면책사유로 규정하고 있

39) 서울고법2004나72688 판결 참조.
40) 대법원2009다97772 판결 및 2005다70540 판결 참조.
41) 대법원 2005다49713 판결 및 2007다76696 판결참조.
42) 대법원 2002.10.11.선고2002다564 대법원2008.4.24.선고72734 판결 참조.

는 경우 보험자가 보험금 지급책임을 면하기 위하여는 위 면책사유에 해당하는 사실을 입증할 책임이 있고, 이 경우 자살의 의사를 밝힌 유서 등 객관적인 물증의 존재나, 일반인의 상식에서 자살이 아닐 가능성에 대한 합리적인 의심이 들지 않을 만큼 명백한 주위 정황사실을 입증해야한다고 하였다.[43]

보험 & 보상의 눈

– '심신상실 등으로 자유로운 의사결정을 할 수 없는 상태에서 이루어진 것인지'여부 –

무배당아름다운세상보험의 일반상해 사망 특별약관의 제3조 1항은 고의사고는 보험금을 지급하지 아니하는 사유로 하면서, 그 단서조항에서 피보험자가 심신상실 등으로 자유로운 의사결정을 할 수 없는 상태에서 자신을 해친 경우에는 보험금을 지급한다고 규정하고 있다.

법원은 약관의 고의면책조항으로 보험자가 보험금 지급책임을 면하기 위하여는 면책사유에 해당하는 사실을 입증해야하고, 이 경우 자살의 의사를 밝힌 유서 등 객관적인 물증의 존재나, 일반인의 상식에서 자살이 아닐 가능성에 대한 합리적인 의심이 들지 않을 만큼 명백한 주위 정황사실을 입증해야한다고 하였다.[44] 또한, 고의사고 면책의 예외사항에 정신질환 등으로 자유로운 의사결정을 할 수 없는 상태에서 사망의 결과를 발생케 한 직접적인 원인행위가 외래의 요인에 의한 것이라면 그 보험사고는 고의에 의하지 않은 우발적인 사고로서 재해에 해당한다고 하였습니다.[45] 또한, 정신과 치료한 점, 경찰의 수사결과 우울증으로 신병비관하여 뛰어내려 사망한 것으로 종결한 점, 뚜렷한 자살의 동기가 발견되지 않았고 유서도 발견되지 않았다는 점들에 근거하여 판단할 때, 피보험자는 우울증을 앓고 있는 상태에서 자신의 행위의 객관적인 의미와 결과에 대한 정확한 인식 내지 평가능력을 결여한 채 자유로운 의사결정을 할 수 없는 상태에서 충동적으로 뛰어내려 발생한 사고에 해당한다고 하여 상해로 사망한 경우에 해당한다고 판단하였다.[46]

---

43) 대법원 2002. 3. 29. 선고 2001다49234 판결 참조.
44) 대법원 2002. 3. 29. 선고 2001다49234 판결 참조.
45) 대법원 2005다49713 판결 및 2007다76696 판결 참조.
46) 2013. 09. 12. 판결, 대구지방법원 2013가합202575 판결 참조.

이 사건에서 피보험자는 2010. 10. 01.부터 사고 이전인 2013. 01. 01. 까지 한국대학교병원에서 편집성 정신분열병, 망상성장애로 지속적인 통원치료와 입원치료를 하였다. 진료의사는 피보험자가 2013년 1월 1일까지는 치료내용이 있으나, 이후 내용이 없어 약을 복용했는지는 알 수 가 없으나, 복용하지 않았다면 급성악화로 인해서 의사결정능력이 떨어졌을 수 있어 피보험자의 자살은 심신이 피폐해진 상태에서 어쩔 수 없이 선택한 결정이었을 것이라는 소견이다. 또한, 2010년도 심리검사결과는 정신분열병, 망상성 장애이며, 이후의 경과기록을 보면 누군가 미행하며, 이웃집 사람의 목소리가 들린다고 하고, 배와 등에 벌레가 기어다니는 느낌이 심해 죽으려고 옥상에 올라갔는데 못 뛰어내렸다고 진술되있다. 게다가 동부지방검찰청은 '정신질환 및 우울증'으로 인하여 사망한 것으로 종결하였다. 그 외 뚜렷한 자살의 동기가 발견되지 않았고, 유서도 발견되지 않았으며, 죽음의 방법 또한 아파트 옥상에서의 추락사이다.

이상을 종합하면, 정신질환을 앓고 있는 상태에서 자신행위의 객관적인 의미와, 그 결과에 대한 정확한 인식 내지 평가능력을 결여한 채 자유로운 의사결정을 할 수 없는 상태에서 충동적으로 뛰어내려 발생한 사고에 해당한다고 판단되므로 상해로 사망한 경우에 해당한다.

입증자료 보험증권 및 약관 3매, 사고관련자료(동부경찰서 사건사고사실확인원, 지방검찰청 변사사건처리결과보고에 대한 지휘), 진료관련자료(대학교병원 의무기록사본, 대학교병원 의사소견서, 정신건강의학과 의무기록사본)

첨부자료 서울고법 2004나72688 판결, 대법원 2009다97772 판결, 대법원 2005다70540 판결, 대법원 2005다49713 판결, 대법원 2007다76696 판결, 대법원 2002.10.11.선고 2002다564, 대법원2008.4.24.선고72734 판결, 대법원 2002. 3. 29. 선고 2001다49234 판결, 대법원 2002. 3. 29. 선고 2001다49234 판결

(중요) 대구지방법원 2013가합202575 판결

Ⅳ. 불한증막 이용 중 사망. 재해사망보험금

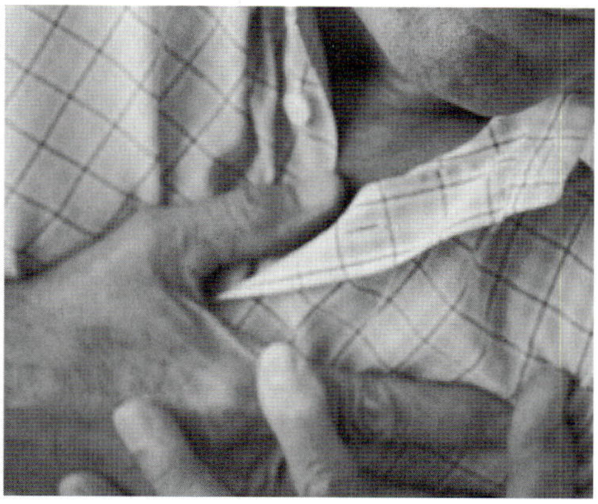

알기쉬운 사례

설연휴기간 동안 제사음식 준비 등으로 바쁘게 보냈던 갑과 배우자는 지친 심신을 달래기 위해 "불한증막 사우나"에 갔다. 그곳에서 식사를 하고 갑은 실내온도가 80도 이상인 찜질방안으로 들어갔다. 다음날 새벽에 배우자는 찜질방에서 자고 있는 갑을 깨우기 위해 흔들었으나 아무런 반응이 없었다. 주위 도움으로 119에 의해 근처 병원으로 후송되었다. 응급조치를 했으나 결국 사망했다.

수년전에 시사풍자 개그맨도 사우나에서 사망하였다. 이러한 사고는 간혹 언론을 통해 접한다. 대개 위와 같은 사고에 대해 보험금청구를 하면, 사망원인을 외부에서 찾기가 어렵다는 이유로 재해사망이 아닌 질병사망으로 처리를 한다. 보험약관상 재해란 '급격하고 우연한 외래의 사고'라고 규정되어 있기 때문이다. 차량에 부딪히거나, 날아오는 야구공에 맞는 등의 외부충격에 의한 예상치 못한 사고를 재해라 한다. 그러나, 단순히 외부의 힘에 의한 것만 재해라고 해서는 안될 것이다.

이러한 사례에 있어서는 다음과 같은 요인들을 검토하고 입증한다면 재해사망으로 처리될 수 있다. 진료기록지, 사망진단한 의사소견, 평소의 건강상태, 사망당시 고온(80도 이상)의 환경적 요인과 민사 분쟁에 있어서의 인과관계는 의학적, 자연과학적 인과관계가 아니라 사회적, 법적 인과관계이므로 그 인과관계가 반드시 의학적, 자연과학적으로 명백히 입증되어야 하는 것은 아닌점과 사망에 영향을 미친 외적요인이 중대하고 직접적인 것으로 판단되는 경우에는 망인에게 체질적 요인(질병 등)이 있었다고 하더라도 '외래의 사고'에 해당한다는 법원의 태도에 근거하면 가능할 수 있다.

우리가 무심코 들어갔던 사우나 또는 찜질방에 장시간 노출되는 것이 건강에 치명적일 수 있다. 따라서, 음주전후나 식후전후 뿐만 아니라 고온의 사우나실에 들어가는 것에 각별히 주의해야 한다.

사 례 연습

다음의 사실관계를 통해서 재해사망여부를 판단해보자.

1. 사실관계

가. 개요

일 자	내 용
2013. 01. 02.	2013. 01. 02.
2013. 02. 01.	건강검진 결과 특이사항 없음(혈압 120 /80)
2013. 03. 01.	대중목욕탕내 소금방 한증막에 누워있는 것 발견
2013. 03. 01.	사망(사인 미상)

나. 시체검안서

사망장소	도착전 사망(D.O.A)
사망종류	기타 및 불상
사망원인	직접사인 미상

다. 사고내용

내 용
• 변사사실확인원 인용, 2013. C3. 01. 14:50경 서울 **구 **동 소재 '**사우나'에서 직원이 피보험자가 여탕내 황토방(고온 70도)에 누워있는 것을 발견하여 119에 신고하였으나, 이미 사망한 상태임.

라. 과거병력

내 용
• 2013. 02. 01. **의원 건강검진 결과 인용면, 골다공증 의심 외에 특이사항(고혈압, 뇌졸중, 심근경색 질환) 없음. 혈압 120 /80 mmHg

2. 관련규정(입증책임의 정도)

법원은 민사분쟁에 있어서의 인과관계는 의학적, 자연과학적 인과관계가 아니라 사회적, 법적 인과관계이므로 그 인과관계가 반드시 의학적, 자연과학적으로 명백히 입증되어야 하는 것은 아니다.[47]

보험 & 보상의 눈

법원은 보험약관에서 재해사망보험금의 지급사유로 정한 재해란 '우발적인 외래의 사고', 즉 사망의 원인이 피보험자의 신체적 결함, 즉 질병이나 체질적 요인 등에 기인하는 것이 아니라 외부적 요인에 의해 초래된 경우로서, 질병 또는 체질적 요인이 직접적이고 중요한 사망원인인 경우에 경미한 외부적 요인이 이에 가공하였다고 하더라도 사망의 직접적 원인이 질병 또는 체질적 요인에 있다면'재해'에서 제외되어야 할 것이나, 사망에 가공한 외적요인이 중대하거나 직접적인 것으로 판단되는 경우에는 망인에게 질병 또는 체질적 요인이 있었다 하더라도 '재해'에 해당한다고 보았다.[48] 한편, 민사분쟁에 있어서의 인과관계는 의학적 · 자연과학적 인과관계가 아니라 사회적 · 법적 인과관계이므로, 그 인과관계가 반드시 의학적 · 자연과학적으로 명백히 입증되어야 하는 것은 아니다고 하였다.[49]

이 사건에서 피보험자는 사고 前 2013. 02. 01. 시행한 건강검진상 특이내과적 질환(고혈압, 뇌혈관 및 심장질환 등) 없었고, 최근까지 정상적인 생활을 해오다가 2013. 03. 01. 서울 ＊＊동 소재 '＊＊사우나'에 들어갔고, 이후 직원에 의해 황토방에 누워있는 것이 발견되어 119차량에 의해 한국대학병원으로 후송되었으나 이미 사망한 상태로 확인되었다. 그 외에 다른 질병 또는 체질적 요인을 찾을 수 없다면, 황토방의 고온70도가 피보험자의 사망에 영향을 미친 중대한 요인이라 추정할 수 있다. 더욱이 민사분쟁에 있어서의 인과관계는

---

47) 대법원 2002.10.11.선고2002다564 대법원2008.4.24.선고72734 판결 참조.

48) 대법원 1994. 12. 27. 선고 93다29396 판결, 대법원 1998. 10. 13. 선고 98다28114 판결, 대법원 2001. 8. 21. 선고 2001다27579 판결 등 참조.

49) 대법원 2002. 10. 11. 선고2002다564 판결, 대법원 2008. 4. 24. 선고 2006다72734 판결 등 참조.

반드시 의학적, 자연과학적으로 경백히 입증되어야 하는 것은 아니라고 하는 것이 법원의 입장인 바, 이 사고는 보험약관상 보험금 지급사유인 상해에 해당되고, 이로 인해 사망한 것으로 판단할 수 있는 바, 상해사망보험금을 지급해야한다.

V. 원인불명으로 인한 사망(고도의 부패), 재해사망보험금

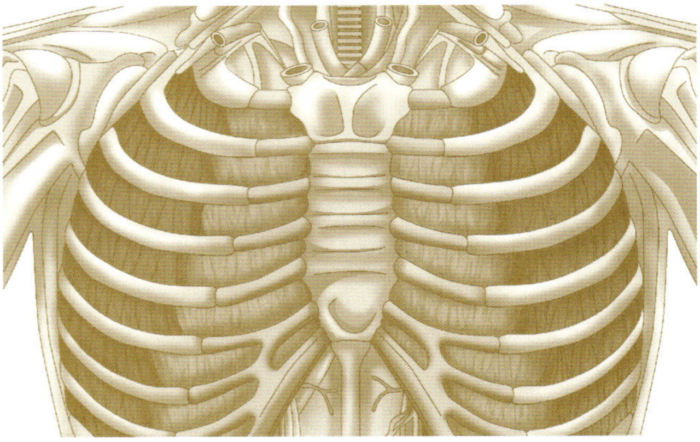

알기쉬운 사례

사람이 죽어서 발견되었는데 목격자가 없고 외상의 흔적이 없다. 따라서, 재해사망보험금이 지급될 수 없었다. 이러한 경우 재해의 입증책임은 누구한테 있으며 입증의 정도(범위)는 어디까지 해야 하는지. 한 시골의 작은 수로에서 변사체가 발견되었다. 이 변사체는 얼마 전에 실종된 마을 주민인 갑으로 판명되었고, 그 사인에 대한 국과수 부검결과는 외상도 없고, 고도의 부패로 불명(Unknown)으로 확인되었다. 갑은 노모를 모시고 시골에서 혼자 살았으며, 노모가 돌아가신 이후로는 술 먹는 날이 잦았고, 술만 먹으면 아무데서나 자는 버릇이 있어 이웃들이 집까지 데려다 주는 날이 많았다. 여느 때와 마찬가지로 실종되기 전 갑은 장터에서 대낮부터 술에 잔뜩 취해 비틀거리는 모습을 지나가는 이웃이 보고 일찍 들어가라고 했다. 이것이 마지막 모습이었다. 먼저 갑의 국민건강보험공단의 과거병력을 확인했으나 특이사항 없었고, 국과수 부검서상 내재적 또는 자발성 질병(혈관 및 심장질환 포함)으로 볼 근거가 미약했으며, 경찰서의 변사사건 처리결과에 '평소와 같은 음주습관처럼 술에 취한 채 수로에 떨어져 추락사'한 것으로 종결되었음을 확인할 수 있었다. 또한 갑의 실종기간의 실종지역의 최저기온이 13.7°~ 18.9°라는 사실과 만취상태였다는 것이 추가로 확인되었다. 이러한 사실들을 종합적으로 판단했을 때, 갑의 사인은 수로에 떨어진 채 외부 환경적 요인(추운날씨에 음주상태에서 장시간 방치됨으로써 생긴 저체온증 등) 때문에 사망하였다고 추단할 수 있다. 또한, 자문의는 골절이 없는 두부외상이 그렇지 않은 경우보다 더 위험하다는 의견과 함께 추락사한 경우에도 외상이 없을 수 도 있다는 소견이었다. 여기에 대법원은 사고의 외래성 및 상해 또는 사망이라는 결과와 사이의 인과관계에 관해서는 보험금청구자에게 그 입증책임이 있으나, 입증책임의 정도는 반드시 의학적, 자연과학적으로 명백히 입증되어야 하는 것은 아니라고 하였다(대법원 2002.10.11.선고2002다564 대법원2008.4.24.선고72734). 결국, 이 사안은 재해사망으로 확인되었다. 참고로 저체온증이란 추운 날씨 등의 환경적 요인에 의해 정상체온을 유지하지 못하는 상태를 말하며(섭씨 35도 미만), 고령인 경우 청년층에 비해 쉽게 저체온증이 발생하며, 특히 술을 마신 경우에는 중추신경계 기능 저하가 사지의 혈관확장을 유발하여 체내의 열손실을 크게 증가시킨다. 통상 음주상태에서 추운날씨에 장시간 방치될 경우는 저체온증에 쉽게 걸릴 수 있으며, 이를 방치할 경우는 사망에 까지 이를 수 있다.

사 례 | 연습

갑은 축제기간 중 술에 취해 버스정류장 부근에서 하차하여 집으로 돌아오는 중 수로 부근을 걷다가 수로 아래로 떨어져 충격에 의식을 잃거나, 평소 음주 습관처럼 떨어진 상태에서 잠을 잔 것으로 판단된다. 이후 고도의 부패가 된채로 발견되었다. 보험약관의 재해분류표상 "한국표준질병 · 사인분류상의(S00~Y84)에 해당하는 우발적인 외래의 사고"중 "X59 상세불명의 요인에 노출"의 재해를 입어 그 재해의 직접적인 결과로 사망하였다고 볼 수 있을까.

견본으로 '변사사실확인원, 부검감정서'의 자료가 주어진다. 이것을 근거로 재해사망여부를 판단해보자.

▶ 견본 변사사실확인원

변사사실확인원

제 801 호

피해자	성 명		주민등록번호	
	주 소			
피 해 일 시		2011-06-04 14:00:00 ~ 2011-06-15 13:30:00		
피 해 장 소		전남 영광군 묘량면 신천리 0000-0000 용정마을 버스정류장 앞 노상주변 수로		
피 해 상 황				
사 건 개 요 (신 고 내 용)		변사자는 자신의 주거에서 혼자 생활하는 자로, 2011. 6. 4. 13:00경 마을 주민에 의해 변사자가 외출했다가 귀가하는 모습이 목격된 이후 행적이 명확치 않다가 2011.6. 15. 13:30경 전남 영광군 묘량면 신천리 용정마을 버스정류장 앞 하천에서 심하게 부패되어 사망한 채 발견되었다.		
신 고 일 시		2011-06-15 14:30:00	용 도	보험회사제출용

상기와 같이 피해상황을 귀서에 신고한 사실이 있으므로 확인원을 교부하여 주시기 바랍니다.

2011년 08월 19일

신청인 성 명: 인 주민등록번호 :

(피해자와(과)의 관계 : 형제)

주 소 :

귀 하

상기와 같이 피해신고를 접수한 사실이 있음을 확인함.

※ 사건접수번호: (2011. 06. 15)

※ 위 신고내용의 사실여부는 수사중에 있으며, 본 확인서는 보증 또는 증거로 사용할 수 없습니다.

전 산 자 료 대 조 필			처리기간	즉 시
			수 수 료	없 음

발행일자 : 2011-08-19 발행자 : 1 / 1

▶ 견본 부검감정서 1

부 검 감 정 서

의 뢰 관 서 :　　　경찰서

변　사　자 :

국 립 과 학 수 사 연 구 원

▶ 견본 부검감정서 2

다. 심장은 119 g으로 좌측 심장동맥 전하행지가 석회화를 동반한 경화에 의해 중등도로 막힌 것을 보고, 심근, 판막 및 심내막에서 부패 외에 특기할 점을 보지 못함. 우폐 107 g, 좌폐 125 g으로, 유폐가 흉벽에 유착된 것을 보며, 부패상임(사진 제9-11호 참조).

라. 간은 561 g으로 횡경막에 유착되어 있으며, 부패상임. 양측 신장, 비장, 췌장 및 위장관 등에서 부패 외에 특기할 점을 보지 못함(사진 제12호 참조).

5. 팔과 다리

가. 부패에 의한 피부변색 및 건조를 보고, 양측 위팔 앞부위와 우측 종아리 앞부위에서 조직소실을 보는 외에 특기할 손상을 보지 못함(사진 제14호 참조).

검사소견(檢査所見)

1. 간조직 및 위내용물에서 청산염, 유기인제류, 유기염소제류, 카바메이트제류, 벤조디아제핀유도체류, 페노치아진유도체류, 살리실산유도체류 및 알칼로이드류가 검출되지않음(법화학과 설일웅의 감정).

2. 간조직에서 에틸알코올농도는 0.277%, 노르말프로판올농도는 0.011%임. 에틸알코올(ethyl alcohol)과 노르말프로판올(n-propyl alcohol)은 부패과정에 생성될 수 있는 물질들이며, 사망 후 부패에 의해 생성되는 에틸알코올과 노르말프로판올의 비율은 3.7~27.7 : 1 (평균=13.8 : 1)로 보고되어 있으며, 보통 변사체에서의 부패로 인해 생성된 에틸알코올의 이론적인 계산 수치는 노르말프로판올의 25배로 추정한다는 보고가 있으므로 참고하시기 바람(법화학과 박종신의 감정).

3. 폐 조직에서 플랑크톤이 검출되지 않음(법의학과 박정우의 감정).

설 명(說 明)

이 시신의 사인(死因)을 설명함에 있어,

1. 외표검사상 부패에 의한 변화를 보는 외에 사망과 연관시킬 만한 특기할 외상이 인정되지 않는 점,

2. 목에서 부패에 의해 단정하기는 어려우나 부패상태에서 외력이나 경부의 압박을 의심할 만한 특기할 소견이 인정되지 않는 점,

3. 내경검사상 부패에 의한 변화 외에 사인으로 고려할 만한 특기할 손상이나 질병이 관찰되지 않는 점,

4. 검사상 특기할 독물 및 약물 성분이 검출되지 않고, 에틸알코올 농도는 0.277%, 노르말 프로판올 농도는 0.011%로 측정되는 점,

-3 / 4-

1. 사실관계

가. 개 요

일 자	내 용
2006. 07. 06.	구배당아름다운세상보험가입
2011. 06. 04. 14 : 00	마을주민에 의해 피보험자 외출 후 귀가하는 모습 목격
2011. 06. 15. 13 : 30	버스정류장 앞 하천에서 심하게 부패되어 사체로 발견

나. 사고관련 확인

내 용
• 동부경찰서 '변사사건 처리결과 및 지휘건의' 인용,

-다 음-

1. 변사자가 행적을 감춘 시기와 사체의 부패정도가 시기적으로 일치

2. 평소 변사자가 술에 취하면 사람을 못 알아볼 정도로 아무데서나 잠을 자는 버릇이 있다는 유족의 진술과 평소 술을 참고는 못사는 사람인데 술에 취하면 길가에도 잠을 자버려 마을 주민들이 집까지 데려다 주는 일이 허다했다는 이장의 진술, 변사자가 술을 마시면 통제가 안되어 여러번 집에 모셔다 드렸으며 오랫동안 술을 많이 드셨고 혼자 살고 있어서 면사무소 자활사업을 할 만한 근로능력도 되지 않았었다는 기초생활수급 담당 공무원의 진술
3. 사체의 형태(변사자가 수로에 수직으로 떨어진 것처럼 하늘을 보고 받듯이 누워있었던 상황), 주변의 상황, 변사자의 착의상태(사체 검시결과 변사자가 수로에 미끄러져 내려간 것처럼 잠바 뒷부위가 말려서 올라가 있었으며 그 외 의복손상은 관찰되지 않음)등에 어색함이 없는 점

이상의 점들로 유족들이 예견하고 마을주민들이 추정하는 것처럼 변사자가 평소와 같은 음주습관처럼 술에 취한 채 수로에 떨어져 추락사했다고 보여지고 타살혐의점 발견되지 않기에 내사종결하고자 합니다.

다. 국립과학수사연구원의 부검감정서

내 용
• 국립과학수사연구원의' 부검감정서' 인용, 사인은 고도의 부패로 인해 불명(unknown)임.

라. 실종직후부터 사체발견시점까지의 온도(기상청)

(실종시간 2011. 06. 04. 14:00 ~ 사체발견시간 2011. 06. 15. 13:30)

일 자	6/4	6/5	6/6	6/7	6/8	6/9	6/10	6/11	6/12	6/13	6/14	6/15
최저기온	17.6	14.5	13.7	15.0	13.9	18.8	18.9	17.1	18.1	15.3	15.3	17.6

마. ＊＊ 축제 확인(＊＊ 군청)

기간 : 2011. 06. 03 ~ 2011. 06. 06

장소 : ＊＊지역 공원 일원

2. 의학지식(저체온증)

저체온증이란 한랭 노출 등의 환경적 요인이나 외상, 갑상선기능저하증과 같은 질환 등의 이유로 정상체온을 유지하지 못하는 상황(섭씨 35도 미만)을 말하며, 저체온증은 방광이나 직장에서 측정한 중심체온이 35℃ 미만일 경우로 온도에 따라 3가지 단계로 분류하는데,

32℃~35℃를 경증, 28℃~32℃를 중등도, 28℃도 미만을 중증으로 나뉜다. 중심 체온이 30℃ 이하로 내려가면 몸 떨림의 방어기전이 작용하지 않는다. 이렇게 방어기전의 한계가 있기에 열손실을 증진시키는 상황이 생기면 저체온증에 쉽게 빠질 수 있다. 열손실은 복사, 전도, 대류, 증발의 4가지 경로를 통하여 발생하는데, 정상적인 조건에서 신체에서의 열손실은 복사가 60%, 전도 및 대류가 10%~15%, 피부 및 호흡기에서의 수분증발이 25~30%를 차지한다. 바람이 불거나 물에 젖거나 날씨가 추운 경우 전도 및 대류에 의한 열손실의 비율이 크게 증가한다. 매우 많은 요인이 신체의 열손실을 예방하는 방어기전에 영향을 미치게 된다. 고령인 경우 자율신경계의 이상 또는 혈관의 방어기전의 저하로 일반적으로 청년층이 잘 견딜 수 있는 정도의 추위에도 쉽게 저체온증이 발생된다. 이 밖에 외상을 입은 경우에 내적인 요인과 외적인 요인에 의해 저체온증이 발생된다. 내적인 요인은 외상에 의한 뇌신경계의 기능저하로 인한 열조절능력의 장애이며, 외적인 요인은 다량의 출혈에 의한 쇼크증상으로 가온되지 않은 수액 및 수혈 등의 치료에 의한 것이다. 그 밖에 추위에 오래 노출된 경우, 갑상선기능저하증 · 부신기능저하증 · 뇌하수체기능저하증 · 저혈당증 등의 질환이 있는 경우, 수면제 등의 약물을 복용한 경우에 저체온증이 쉽게 생긴다. 특히 술을 마신 경우에는 중추신경계의 기능을 저하시켜 사지 맨 끝부분의 혈관확장을 유발하여 복사에 의한 열손실이 크게 증가하므로, 음주는 저체온증을 일으키는 흔한 원인 중 하나가 된다(국가건강정보포털 참조).

저체온증 유발요인

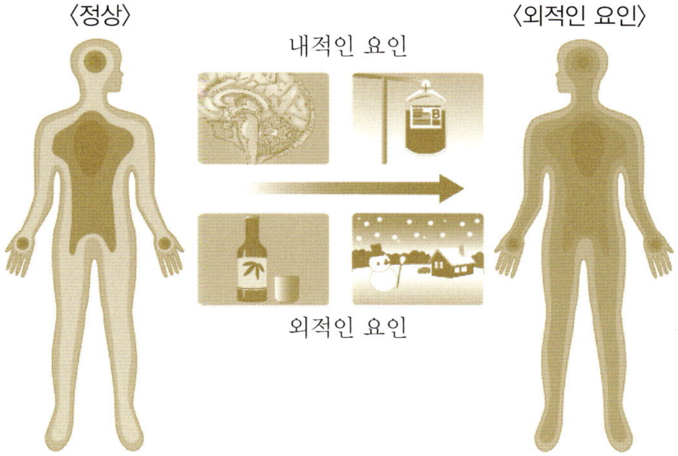

3. 관련규정

가. 무배당아름다운세상보험의 무배당재해보장특약

제10조(보험금의 종류 및 지급사유)

이 특약의 보험대상자(피보험자)가 보험기간 중에 교통재해를 제외한(별표) 재해분류표상의 재해를 직접적인 원인으로 사망한 경우 : 재해사망보험금을 지급하여 드립니다.

(별표) 재해분류표

1. 보장대상이 되는 재해

① 한국표준질병 · 사인분류상의(S00 ~ Y84)에 해당하는 우발적인 외래의 사고

2. 보험금을 지급하지 아니하는 재해

① 질병 또는 체질적 요인이 있는 자로서 경미한 외부 요인에 의하여 발병하거나 또는 그 증상이 더욱 악화된 경우

② 사고의 원인이 다음과 같은 경우

- 과로 및 격심한 또는 반복적 운동(X50)
- 무중력 환경에서의 장시간 체류(X52)
- 식량결핍(X53)
- 수분결핍(X54)
- 상세불명의 결핍(X57)
- 고의적 자해(X60~X84)
- "법적 개입" 중 법적처형(Y35.5)

③ "외과적 및 내과적 치료 중 환자의 재난(Y60~Y69)" 중 진료기관의 고의 또는 과실이 없는 사고(단, 처치 당시에는 재난의 언급이 없었으나 환자에게 이상반응이나 후에 합병증을 일으키게 한 외과적 및 내과적 처치(Y83~Y84)는 보상)

④ "자연의 힘에 노출(X30~X39)" 중 급격한 액체손실로 인한 탈수

⑤ "불의의 물에 빠짐(W65~W74), 기타 불의의 호흡 위험(W75~W84), 눈 또는 인체의 개구부를 통하여 들어온 이물(W44)" 중 질병에 의한 호흡장해 및 삼킴장해

나. 입증책임의 정도

법원은 민사분쟁에 있어서의 인과관계는 의학적, 자연과학적 인과관계가 아니라 사회적, 법적 인과관계이므로 그 인과관계가 반드시 의학적, 자연과학적으로 명백히 입증되어야 하는 것은 아

니다고 하였다.[50)]

● 보험 & 보상의 눈

가. 고의 사망 여부

법원은 보험계약의 보통보험약관에서 '피보험자가 고의로 자신을 해친 경우'를 보험자의 면책사유로 규정하고 있는 경우 보험자가 보험금 지급책임을 면하기 위하여는 위 면책사유에 해당하는 사실을 입증할 책임이 있고, 이 경우 자살의 의사를 밝힌 유서 등 객관적인 물증의 존재나, 일반인의 상식에서 자살이 아닐 가능성에 대한 합리적인 의심이 들지 않을 만큼 명백한 주위 정황사실을 입증해야한다고 하였다(대법원 2002. 3. 29. 선고 2001다49234 판결 참조). 이 사건 사고는 전후의 상황을 목격한 사람이 없고, 유서나 망인이 자살하였음을 추단할 만한 객관적인 물증을 찾아볼 수 없는 이상 고의로 사망하였다고 볼 수 없다.

나. 재해 사망 여부

법원은 약관상 재해를 "우발적인 외래의 사고" 로 규정하고 질병, 또는 체질적 요인이 있는 자로서 경미한 외인에 의하여 발병하거나 그 증상이 더욱 악화되었을 때에는 그 경미한 외인은 우발적인 외래의 사고로 보지 아니한다고 규정하고 있는바, 여기서 말하는 외인이란 피보험자의 질병이나 체질적 요인이 아닌 사유를 의미한다고 볼 것이므로 술에 만취된 것과 선풍기를 틀고 잔 사유는 모두 외인에 해당한다고 하였다(대법원 1991.6.25. 선고 90다12373 판결). 또한, 민사분쟁에 있어서의 인과관계는 반드시 의학적 · 자연과학적으로 명백히 입증되어야 하는 것은 아니다고 하였다(대법원 2002.10.11선고 2002다564 판결).

즉, 이사건 사고로 돌아와 망인의 질병이나 체질적 요인이 아닌 모든 사유를 외인으로 볼 수 있으며, 외인과 사망과의 인과성은 의학적 · 자연과학적으로 명백히 입증되지 않아도 된다.

50) 대법원 2002.10.11.선고2002다564 대법원2008.4.24.선고72734 판결 참조.

저체온증은 방광이나 직장에서 측정한 중심체온이 35℃ 미만일 경우로 온도에 따라 3가지 단계로 분류하는데, 32℃~35℃를 경증, 28℃~32℃를 중등도, 28℃도 미만을 중증으로 나뉩니다. 중심 체온이 30℃ 이하로 내려가면 몸 떨림의 방어기전이 작용하지 않는다. 고령인 경우 자율신경계의 이상 또는 혈관의 방어기전의 저하로 일반적으로 청년층이 잘 견딜 수 있는 정도의 추위에도 쉽게 저체온증이 발생된다. 추위에 오래 노출된 경우, 특히 술을 마신 경우에는 중추신경계의 기능을 저하시켜 사지 맨 끝부분의 혈관확장을 유발하여 복사에 의한 열손실이 크게 증가하므로, 음주는 저체온증을 일으키는 흔한 원인 중 하나가 된다.

즉, 이사건 사고로 돌아와 망인의 나이(고령), 실종직전 술에 취한 상태, 실종기간의 최저기온(13.7°)등을 고려했을 때 저체온증이 발생되었을 가능성을 배제할 수 없다.

망인은 다음과 같은 사유로 주취상태에서 야외에 방치돼있어 저체온증으로 사망하였다고 추단할 수 있다. ① 경찰서 유족 진술조서를 원용하면 "술 먹으면 무조건 잠을 자는게 버릇이라면 버릇이에요","여기저기서 떨어져서 잠을 자다가 마을사람들이 데려다 주고 그랬다고 하더군요", 참고인 진술조서를 원용하면 "술먹고 길에 누워 자고 있으면 마을 사람들이 깨워서 집에 들여보내고 그런 일은 흔했죠". ② 축제기간은 2011. 06. 03 ~ 2011. 06. 06 이며, 변사사실확인원에 망인의 피해일시는 2011. 06. 04. 14:00 ~ 2011. 06. 15. 13:30로 추정한다. ③ 변사사건 처리결과 및 지휘건의서에 "평소와 같은 음주습관처럼 술에 취한 채 수로에 떨어져 추락사"했다고 결론내렸다. ④ 기상청에 의하면 망인의 실종일인 2011. 06. 04.의 최저기온은 17.6°이며, 이후부터 사체발견당시까지의 전남영광의 최저기온은 13.7°~ 18.9°이다.⑤ 국민건강보험공단의 망인의 의료진료내역은 복통, 요통 외에 특기할 만한 사항 없다. ⑥ 국과수 부검감정서에 좌측 심장동맥 전하행지가 석회화를 동반한 경화에 의해 중등도로 막힌 것을 보인다고 하였으나, 경화의 정도가 중등도이고 그 외 심근, 판막 및 심내막에서 특기할 점이 없다는 결과이며, 망인이 생전에 심장질환으로 치료받은 적이 없기에 심장질환(급성심장사 등)을 망인의 독자적인 사인으로 단정하기 어렵다.

이상을 종합하면, 망인은 축제기간 중 2011. 06. 04. 비틀거릴 정도로 술에 취해 있었고, 차량을 타고 망인의 사체 발견 장소(수로) 부근 에서 내린 것은 확인이 되었다. 그러나, 이후 목격자가 없어 확인할 수 없으나, 경찰서 수사기록(수로에 수직으로 떨어진 것처럼 하늘을 보고 반듯이 누워있었고, 수로에 미끄러져 내려간 것처럼 잠바 뒷부위가 말려서 올라가 있었으며, 술에 취하면 무조건 자는 버릇과 길가에도 잠을 자버려 마을 주민들이 집까지 데려다 주는 일이 허다했다)에 근거하면, 망인은 하차하여 집으로 돌아오는 중 수로부근을 걷다가 수로 아래로 떨어져 충격에 의식을 잃거나, 평소 음주습관처럼 떨어진 상태에서 잠을 잔 것으로 판단된다. 망인 실종기간의 최저기온은 13.7°~18.9°로 낮았고 수량이 많지 않지만 물이 흐르는 수로인 점으로 습기에 노출되었을 것이며 술에 취했있었던 점을 감안한다면 저체온증이 쉽게 발생하였을 것이다. 이로 인해 망인은 사망한 것으로 판단되며, 이는 이 사건 보험계약의(별표) 재해분류표상 "한국표준질병 · 사인분류상의(S00 ~ Y84)에 해당하는 우발적인 외래의 사고"중"X59 상세불명의 요인에 노출"의 재해를 입어 그 재해의 직접적인 결과로 사망하였다고 보는 것이 상당하며, 민사분쟁에 있어서의 인과관계는 반드시 의학적, 자연과학적으로 명백히 입증되어야 하는 것은 아니라고 하는 것이 대법원의 입장(대법원 2002.10.11선고2002다564)인 바, 재해사망보험금을 지급해야 한다.

입증자료

보험증권 및 약관

사고관련자료(경찰서 사건사고사실확인원, 검찰청 변사사건처리결과보고에 대한 지휘, 진술조서, 사고현장사진, 변사사실확인원, 국과수부검감정서)

진료관련자료(시체검안서, 국민건강보험공단 의료급여내역)

기상청 최저기온 자료

첨부자료

대법원 1991.6.25. 선고 90다12373 판결문(우발적인 외래의 사고)

대법원 2002. 10. 11. 선고 2002다564 판결(입증책임의 정도)

Ⅵ. 자동차 운전 중, 운행 중, 탑승 중 사망. 교통상해사망보험금

예를 들어 시동을 켜 둔채 차안에서 잠을 자다가 사망한 경우, 차량운행중 강도로 돌변한 승객에 의해 사망한 경우, 차량 운전 중 음료수로 오인하고 마신 세탁용수를 마시고 사망한 경우 등의 사고가 발생하였다.

운전자보험 및 자동차보험(자기신체사고 담보)등이 있다면 보험금지급여부를 판단해야 한다. 이에 대한 판단을 위해서 사례와 유사판례를 살펴보았다.

아래 표는 운전자보험약관의 주요내용이다.

●● 운전자보험약관상(보험금의 종류 및 지급사유)

1 다음 중 하나에 해당되는 경우는 운전자 교통상해사망보험금을 지급

㉮ 자동차를 운전하던 중에 발생한 급격하고도 우연한 자동차 사고

㉯ 운행 중인 자동차에 운전을 하고 있지 않는 상태로 탑승중이거나 운행 중인 기타교통수단에 탑승(운전을 포함합니다)하고 있을 때에 발생한 급격하고도 우연한 외래의 사고

㉰ 운행 중인 자동차 및 기타교통수단에 탑승하지 아니한 때 발생한 운행 중인 자동차 및 기타교통수단(적재물을 포함합니다)과의 충돌, 접촉 또는 이들 자동차 및 기타교통수단의 충돌, 접촉, 화재 또는 폭발 등의 교통사고

2 위 1에서 "자동차를 운전하던 중"이라 함은 도로여부, 주정차여부, 엔진의 시동여부를 불문하고 피보험자(보험대상자)가 자동차 운전석에 탑승하여 핸들을 조작하거나 조작 가능한 상태에 있는 것을 말합니다.

보험약관상 "운행"의 적용범위

1) 사례

망인이 일을 마치고 저녁에 차량을 운전하고 방조제 부근을 진행 중에 수면부족으로 졸음이 오자 방조제 도로변 잔디밭에 차를 세워두고 시동을 끈 후 사이드브레이크를 잠그지 아니하고 변속기도 중립상태에 둔 채 잠을 자던 중 위 차가 미끄러져 호수로 들어가는 바람에 차내에서 익사하였다.

2) 판단

법원은 보험약관에서 운행의 개념에 관하여 별다른 규정을 두고 있지 않아 약관상 "운행"이라 함은 자동차손해배상보장법 제2조에서 규정하고 있는 바와 같이 자동차를 당해 장치의 용법에 따라 사용하고 있는 것을 말하고 자동차를 교통의 장인 도로에서 끌어내어 길 옆의 잔디밭에 주차시키고 잠을 자다가 미끄러져 내려가 물에 빠져 발생한 사고는 피보험자가 "운행"중의 자동차에 탑승하고 있을 때의 사고라고 볼 수 없다고 하였다(대법원 93다55180판결 참조).

보험약관상 "운행 중인 교통기관에 탑승하고 있는 동안"의 적용범위

---

1) 사례

망인은 개인용영업용택시에 승객을 태우고 운전 중에 승객이 흉기로 찌른 행위로 사망하였다.

2) 판단

대법원은 보통거래약관 및 보험제도의 특성에 비추어 보험약관의 해석은 평균적인 고객의 이해가능성을 기준으로 하여야 할 것인바, 교통재해 유형 중 '운행 중인 교통기관에 탑승하고 있는 동안' 해석은 피보험자가 운행 중인 교통기관에 탑승하고 있는 동안, 즉 공간적으로 운행 중인 교통기관 안에 있는 동안에 불의의 사고를 입은 경우를 가리키고, 이때 교통기관의 '운행'은 자동차손해배상보장법 제2조 제2호에 규정된 바와 같이, 교통기관을 그 용법에 따라 사용 또는 관리하는 것을 의미하는 것으로 보아야 할 것이다고 하면서 망인은 그 소유의 개인영업용택시에 승객을 태우고 운전 중이었으므로 운행 중인 교통기관에 탑승하고 있었다고 할 것이고, 그 운전 중에 승객이 흉기로 망인을 찌른 가해행위는 불의의 사고에 해당하므로 이 사건 사고는 피보험자가 운행 중인 교통기관에 탑승하고 있는 동안에 입은 불의의 사고를 직접적 원인으로 사망한 경우에 해당하므로 교통재해를 직접적 원인으로 한 보험금 지급 사유가 있다고 판단했다(대법원2006다35896 판결 참조).

※ [참고] – 자배법 제2조 제2호
"운형"이란 사람 또는 물건의 운송 여부와 관계없이 자동차를 그 용법에 따라 사용하거나

관리하는 것을 말한다.

보험약관상 "자동차를 운전하던 중"의 적용범위

1) 사례

망인은 혈중알콜농도 0.2%의 만취상태에서 승용차를 운전하여 가다가 갓길에 차를 세운 후 시동을 끄고 운전석에 앉은채 잠을 자고 있던 중에 후미에서 진행하던 트럭에 의해 추돌당하는 사고를 당하였다.

2) 판단

자동차를 운전하던 중의 개념에 관하여 '도로여부, 주정차여부, 엔진의 시동여부를 불문하고 피보험자가 자동차 운전석에 탑승하여 핸들을 조작하거나 조작 가능한 상태를 말한다'라고 규정하고 있으므로 자동차를 운전하던 중에 있다고 하기 위하여서는 자동차 운전석에 탑승해 있는 것만으로는 부족하고 핸들을 조작하고 있거나 조작이 가능한 상태에 있어야 할 것인 바, 망인이 사고당시 혈중알콜농도 0.2%의 만취상태에서 차량의 시동을 꺼 놓고 잠을 자고 있었다면 비록 망인이 운전석에 탑승한 상태였다 하더라도 '핸들을 조작하거나 조작 가능한 상태'에 있었다고는 볼 수 없다. 따라서 자동차를 운전하던 중에 발생한 것이라고 할 수 없다(대법원 2011다100206판결 참조).

아래 표는 자동차보험약관 자기신체사고의 주요내용이다.

●● 자동차보험약관상(보상하는 손해)

「자기신체사고」에서 보험회사는 피보험자가 피보험자동차를 소유 · 사용 · 관리하는 동안에 생긴 자동차의 사고로 인하여 죽거나 다친 때 그로 인한 손해를 보상하여 드립니다.

약관상 "소유 · 사용 · 관리하는 동안에 생긴 자동차의 사고" 적용범위 I

1) 사례

도로상에서 망인이 시동이 걸린 채 차량의 운전석에서 사망한 상태로 발견되어 부검결

과 이산화탄소가스 중독에 의한 질식사로 판명

2) 판단

자동차보험약관에서 '피보험자동차를 소유, 사용, 관리하는 동안에 생긴 피보험자동차의 사고'란 통상 피보험자동차를 운행하는 중에 운행으로 말미암아 일어난 피보험자동차의 사고를 듯하는 것이라 할 것이다. 그리고 운행 중이란 자동차의 각 장치를 그 고유한 목적에 따라 사용하는 것을 말한다. 따라서 망인이 시동이 걸린 차안에서 이산화탄소가스에 의해 질식하여 사망한 것으로 되어 있고, 그밖에 달리 지병에 의하여 사망하였다거나 자살하였다고 볼만한 사정이 없는 이상 운행 중의 사고로 봐야한다고 하였다(조정례 97-15).

약관상 "소유 · 사용 · 관리하는 동안에 생긴 자동차의 사고" 적용범위 Ⅱ

---

1) 사례

망인이 주차된 차량에 들어가 시동을 켜고 잠을 자다가 담뱃불로 인하여 발화된 것으로 추정되는 화재로 사망

2) 판단

자동차보험약관 중 자기신체사고에 관하여 '피보험자가 피보험자동차를 소유, 사용, 관리하는 동안에 생긴 피보험자동차의 사고로 인하여 상해를 입었을 때'라고 함은 피보험자가 피보험자동차를 그 용법에 따라 소유 사용 관리하던 중 그 자동차에 기인하여 피보험자가 상해를 입거나 이로 인하여 사망한 경우를 의미하고, 자동차에 타고 있다가 사망하였다고 하더라도 그 사고가 자동차의 운송수단으로서의 본질이나 위험과는 무관하게 사용되었을 경우까지 여기에 해당된다고 하기는 어렵다. 따라서 자동차의 운송수단으로서의 본질이나 위험과 관련되어 망인이 자동차의 고유장치의 일부를 그 사용목적에 따라 사용 관리하던 중 그 자동차에 기인하여 발생한 사고에 해당한다고 보기 어렵다(대법원 2000다46375, 46382 판결).

Ⅶ. 복어독에 의한 중독사. 재해사망보험금

알기쉬운 사례

어느 날 같은 빌라 맞은편에 거주하는 딸은 망인과의 연락이 되지 않아, 망인의 잠겨있는 출입문을 열고 안방에 들어가보니 전기장판위에 망인이 비스듬히 누운채 사망한 것을 발견하여 119에 신고하였다. 사망현장을 보니 망인의 머리부위 방바닥에 구토한 것을 닦은 수건이 펼쳐있었고, 거실의 가스렌지 위에는 복어를 내장채 썰어놓고 요리한 복어탕이 남아 있었으며 씽크대에는 복어탕을 먹고 넣어둔 것으로 보이는 그릇과 숟가락이 보였다. 경찰은 위의 사실과 검시결과 시체외상 전혀 없고 망인의 손톱색깔과 얼굴색깔, 구토흔 등이 전형적인 복어독 중독사로 보인다는 현장 검시소견 등에 근거해 복어탕에 의한 중독사로 내사종결하였다.

복어의 장기, 특히 난소 및 간에는 독소가 많이 함유되어있어 잘못 섭취하면 근육이완, 감각마비, 구토, 신경절차단작용(혈압하강, 장관운동억제) 등의 부작용이 있으며 죽음에 까지 이를 수 있다.

상법 제732조의 2는 사망을 보험사고로 한 계약은 사고가 피보험자의 중대한 과실로 인하여 생긴 경우에도 보상을 하며, 손해보험약관은 피보험자가 보험기간 중에 급격하고도 우연한 외래의 사고로 신체에 상해를 입었을 때에는 그 상해로 생긴 손해를 보상하고, 이에는 유독가스 또는 유독물질을 우연하게도 일시에 흡입, 흡수 또는 섭취한 결과로 생긴 중독증상을 포함한다.

위의 사례에서 망인은 독이 있는 물질(유독물질)을 우연하게도 일시에 섭취한 결과로 생긴 중독증상으로 사망한 것으로 판단되어 상해사망이 인정되었다.

사례 연습

다음의 사실관계를 통해 재해사망여부를 판단해보자.

1. 사실관계

가. 개 요

일 자	내 용
2010. 01. 01.	무배당아름다운세상보험 가입
2012. 12. 02.	사망 * 직접사인 : 미상 사망의 종류 : 기타 및 불상

나. 사고관련

내 용

- **2013. 01. 29.자 * * 소방서 구급증명서 인용.**

  소방서에 신고접수가 2012. 12. 02. 14:43 경, 사고발생장소는 * * 시 * * 빌라 301호로 접수되었음.

- **2012. 12. 02.자 * * 동부경찰서 변사사건 발생보고 및 지휘건의 인용.**

  〈발견경위〉
  최초 발견자인 딸이 2012. 12. 02. 14:40 경 같은 빌라 맞은편 301호에 거주하는 피보험자의 잠겨있는 출입문을 열고 안방에 들어가보니 전기장판위에 피보험자가 비스듬히 누운채 사망한 것을 발견하여 119에 신고함.

  〈사망현장에서의 사체 상황〉
  피보험자는 안방 전기장판위에 위아래 초록색 긴팔 운동복을 입은 상태로 이불을 어깨가지 덮은 채 왼쪽으로 비스듬이 누워 있었고 머리부위 방바닥에 구토한 것을 닦은 수건이 펼쳐있었음. 거실 가스렌지 위에 복어를 내장채 썰어놓고 요리한 복어탕이 남아 있었고 씽크대에는 복어탕을 먹고 넣어둔 것으로 보이는 그릇 1개와 숟가락 1개가 있었음.

  〈* * 대학교병원 영안실에서의 사체 상황〉
  입부위에 구토흔적 외에 특이 외상 없음.

  〈유족의 진술〉
  피보험자의 거주지 맞은편 302호에 사는 피보험자의 막내딸은 피보험자의 집 현관문을 평소 소지하고 있던 열쇠로 열고 집안으로 들어가 닫혀있는 안방문을 여니 피보험자가 전기장판 위에 이불을 덮은 채 몸을 비스듬하게 누워있었고 흔들어 깨웠으나 몸이 차갑고 전혀 반응이 없어

119에 신고함. 가스렌지 위에 내장까지 들어있는 복어탕과 집안 상황 등을 보았을 때, 타살 혐의는 전혀 없고 복어독에 중독되어 사망한 것으로 보이므로 부검 원치 않았음.

〈관계인 진술〉

평소 피보험자의 집에 자주 놀러가며 사망하기 전날인 2012. 12. 01. 17:00경 피보험자의 집에 놀러가서 대화를 하던 중'약 1주일 전 서귀포 상가집에 갔다가 맛있는 복요리를 먹었는데 같이 한 번 사서 먹자'라는 말을 듣고는 '복요리 잘못 먹으면 죽습니다'라는 말을 건네고 귀가하였음. 사망당일도 평소와 같이 피보험자의 집에 놀러갔는데 집안에서 울고 있는 피보험자의 딸이'아버지가 돌아가셨어요'라는 말을 하여 어제 했던 대화가 생각나서 '아버지가 복어를 먹고 싶다'라고 했다는 말을 해주었음.

〈경찰조치 및 의견〉

① 사당현장은 빌라 3층으로 바로 맞은편에 피보험자의 딸이 거주하고 발견당시 출입문이 잠겨져 있었다고 하는 등 침입흔적 및 다툼흔적이 전혀 없는 점 ② 주방 가스렌지 위에는 먹다 남은 복어탕(내장포함)이 담겨있는 냄비가 있었고 싱크대 안에 복어탕을 담아 먹었던 것으로 보이는 그릇 1개, 숟가락 1개가 있었던 점 ③ 사망 전일 피보험자가 복어를 먹고 싶다 등의 말을 지인에게 한 뒤 다음 날 사망한 점 ④ 검시관 ＊＊＊ 박사의 검시결과 시체외상 전혀 없으며 피보험자의 손톱색깔과 얼굴색깔, 구토흔 등이 전형적인 복어독 중독사로 보인다는 현장 검시소견 등으로 보아 피보험자는 집에서 복어탕을 먹고 이에 의한 중독사로 추정되는 만큼 타살혐의 없어 사인을 확인하기 위한 부검 필요성이 없다고 판단되고 유족들도 타살혐의 없어 부검을 원치 않고 있으므로 사체를 유족에게 인도하겠다는 의견임.

• 2013. 01. 07.자 ＊＊검찰청 변사사건 처리결과보고에 대한 지휘 인용.

경찰의견대로 내사종결할 것을 지휘하였음.

다. 진료관련

내 용
• 최초병원 확인(＊＊대학교병원 응급실초진기록 인용) 피보험자는 2012. 12. 02. 14:40 경 ＊＊대학교병원 응급실에 도착했고, 도착했을 당시 사망했음. 2012. 12. 02. 14:00 경 조금 넘어서 피보험자 음식 챙겨 드리기 위해 피보험자 집에 방문하였고 방문이 닫혀있어 문을 열어보니 피보험자가 숨을 쉬지 않고 있어 119에 신고하였다고 함. 피보험자 누워있는 근처에 토사물이 있었고 걸레로 치우려고 한 듯한 흔적과 옆으로 누운자세로 있었다고 함. 내원 1일전 저녁 6시 경 이웃지인과 만난 적이 있었다 하며, 주방에는 조리가 된 복어요리가 남아 있었고 복어 내장등도 같이 있었다고 함. • 과거병력 확인(＊＊정신건강의학과의원 진료챠트 인용) 2012. 10. 30./ 11. 07. / 11. 20./ 내원하였고, 알코올사용의 의존증후군, 상세불명의 우울병 에피소드 병명으로 처방받았음.

2. 의학지식

복어독 [globefish toxin]

복어의 장기, 주로 난소 및 간에 많이 함유되어 있는 독소. 식용으로 공급하는 복어에 많이 함유되어 있는데, 청복 등에는 거의 독성이 없다. 피부, 장 등에 독이 있는 것도 있으나 혈액은 거의 무독이다. 독성분은 테트로도톡신(tetrodotoxin)으로 유리염기는 물, 유기용매에는 녹지 않지만 산과 염으로 만들면 수용성이 된다. 수용액은 약산성에서 안정, 알칼리성에서 불안정하다. 치사량은 쥐가 0.6~8.5μg/kg체중(LD50)이다. 독작용은 세포막의 Na활성화 기구의 저해에 의한 것이고 중독사는 호흡마비 때문이다. 기타 근육이완, 감각마비, 구토, 신경절차단작용(혈압하강, 장관운동억제) 등의 작용이 있는데, 치료법은 아직 확립되지 않았다. 테트로도톡신은 복어뿐만 아니라 캘리포니아 영원의 알이나 문절망둥류, 문어 등에도 있다. 처음에는 복어의 대사산물로 생각했지만 어떤 종류의 세균이 만들어내는 독소를 복어가 먹이를 통해 비축한다는 것이 밝혀졌다. 복어 등에 있어서 이 독소는생체방어에 도움이 된다고 보고 있다. 또 유사한 독소로는 파나마산개구리 Atelopus의 피부에서 발견되는 티리키톡신이 있다.

[출처 : 생명과학대사전, 강영희]

3. 관련규정

가. 무배당아름다운세상보험약관

1. 상해사망 · 후유장해 특별약관

1. (보상하는 손해)

1 회사는 보험가입증서(보험증권)에 기재된 피보험자가 보험기간 중에 급격하고도 우연한 외래의 사고(이하『사고』라 합니다)로 신체(의수, 의족, 의안, 의치 등 신체보조장구는 제외합니다)에 상해를 입었을 때에는 그 상해로 생긴 손해(이하『손해』라 합니다)를 이 약관에 따라 보상하여 드립니다.

2 위 1의 상해에는 유독가스 또는 유독물질을 우연하게도 일시에 흡입, 흡수 또는 섭취한 결과로 생긴 중독증상을 포함합니다. 그러나, 세균성 음식물중독과 상습적으로 흡입, 흡수 또는 섭취한 결과로 생긴 중독증상은 이에 포함되지 아니합니다.

2. (보상하지 아니하는 손해)

1 회사는 아래의 사유로 생긴 손해는 보상하여 드리지 아니합니다.

① 피보험자의 고의

② 수익자의 고의. 그러나, 그 수익자가 보험금의 일부수익자인 경우에는 그 수익자에 해당하는 보험금을 제외한 나머지 보험금을 다른 수익자에게 지급합니다.

③ 계약자의 고의

④ 피보험자의 자해, 자살, 자살미수, 형법상의 범죄행위 또는 폭력행위(단, 형법상 정당방위, 긴급피난 및 정당행위로 인정되는 경우에는 보상하여 드립니다)

⑤ 피보험자의 질병

⑥ 피보험자의 심신상실 또는 정신질환

3. (사망보험금)

1 회사는 보험가입증서에 기재된 피보험자가 1.(보상하는 손해)에 정한 사고로 상해를 입고 그 직접결과로써 사고일로부터 1년 이내에 사망하였을 경우에는 보험가입증서에 기재된 이 특별약관의 브험가입금액을 사망보험금으로 수익자에게 지급합니다.

나. 상법규정

제659조(보험자의 면책사유)

① 보험사고가 보험계약자 또는 피보험자나 보험수익자의 고의 또는 중대한 과실로 인하여 생긴 때에는 보험자는 보험금액을 지급할 책임이 없다.

제732조의2(중과실로 인한 보험사고)

사망을 보험사고로 한 보험계약에는 사고가 보험계약자 또는 피보험자나 보험수익자의 중대한 과실로 인하여 생긴 경우에도 보험자는 보험금액을 지급할 책임을 면하지 못한다.

다. 입증책임의 정도

법원은 민사분쟁에 있어서의 인과관계는 의학적, 자연과학적 인과관계가 아니라 사회적, 법적 인과관계이므로 그 인과관계가 반드시 의학적, 자연과학적으로 명백히 입증되어야 하는 것은 아니다고 하였다.[51]

● 보험 & 보상의 눈

상법 제732조의 2는 사망을 보험사고로 한 계약은 사고가 피보험자의 중 대한 과실로

51) 대법원 2002.10.11.선고2002다564 대법원2008.4.24.선고72734 판결 참조.

인하여 생긴 경우에도 보상을 하며, 이사건 사고의 보험증권은 재해로 사망시 유족위로금으로 5천만원을 지급하며, 비슷한 시기의 다른 생명보험사의 재해사망특별약관은 피보험자가 보험기간 중 재해분류표에서 정하는 재해로 인하여 사망하였을 때에는 재해사망보험금으로 지급하며, '유독물질에 의한 불의의 중독 및 노출(X40-X49)'은 재해분류표에서 정하는 재해에 해당한다.

이사건 사고를 담당했던 ＊＊동부경찰서와 ＊＊검찰청의 처리결과는 피보험자는 지병인 고혈압과 사망하기 2개월전 알코올로 인한 정신과 진료를 받은 사실이 있으나, 사망과는 관계가 없고, 내장채 끓여 먹다 남은 복어탕이 담겨 있는 냄비가 주방가스렌지 위에 올려져 있었고 외부 침입흔적 및 다툼흔적 발견되지 않았던 현장상황 및 유족진술, 지인 진술 등을 종합할 때 피보험자는 주거지에서 혼자 복어를 내장채 끓여먹고 복어독에 의한 중독으로 사망한 것으로 종결하였다.

위 사실을 종합하면, 피보험자는 독이 있는 물질(유독물질)을 우연하게도 일시에 섭취한 결과로 생긴 중독증상으로 사망한 것으로 판단되는 바, 재해분류표상 유독물질에 의한 불의의 중독 및 노출에 해당한다. 따라서 특약보험가입금액의 100%를 재해사망보험금으로 지급해야한다.

입증자료 보험증권 및 약관, 사고관련자료(소방서 구급증명서, 경찰서 사건사고사실확인원, 검찰청 변사사건처리결과보고에 대한 지휘, 진술조서, 사고현장사진, 변사사실확인원, 국과수부검감정서), 진료관련자료(시체검안서, 응급실기록, 과거병력기록)

첨부자료 망인기준의 가족관계증명서, 제적등본, 혼인관계증명서,
수익자의 가족관계증명서, 신분증, 통장사본

제2절 양성종양의 일반암(악성종양) 진단비

본 절의 이해를 돕기 위해서는 먼저 의학용어(뇌종양, 신경세포, 신경계 종양)에 대한 이해가 필요하다.

Ⅰ. 개념이해

1. 뇌종양의 정의

뇌종양이란 두개골 내에 생기는 모든 종양을 말하며, 뇌 및 뇌 주변 구조물에서 발생하는 모든 종양을 포함한다.

2. 뇌종양의 특징

다른 종양과 뇌종양을 구별하는 가장 큰 특징은 종양이 두개골 안에서 성장한다는 것. 두개골 안에서는 팽창할 수 있는 여유 공간이 없다. 그래서 종양이 커지면서 뇌압이 상승하면 두통이나 구토 등의 뇌압상승 증상이 나타날 수 있고, 종양에 의해 특정 부위가 눌리면서 압박될 경우에는 해당 부위의 뇌가 담당하는 특정 기능에 장애가 발생한다. 또한 뇌종양은 다른 기관으로 전이되는 경우가 거의 없다.

뇌의 구조

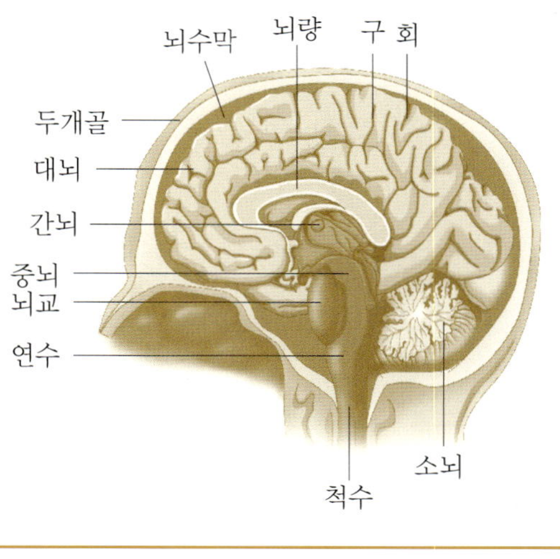

3. 원발성 뇌종양과 전이성 뇌종양

원발성 뇌종양은 뇌 자체에서 발생한다. 대부분의 경우, 원발성 뇌종양세포는 다른 신체기관으로 전이되지 않는다. 원발성 뇌종양은 다시 두 부류로 나뉘는데, 주변의 신경조직을 침윤하는 신경교종과 뇌조직을 침윤하지 않고 압박하는 비(非)교종성으로 나뉜다. 주변 신경조직을 침윤하는 경우는 수술로 완치되는 경우가 매우 드물어 항암화학요법이나 방사선치료가 추가로 필요하다.

4. 양성 뇌종양과 악성 뇌종양

양성 뇌종양도 완치가 불가능한 경우가 있는데, 예를 들면 뇌간과 척수내의 종양은 수술로 제거가 불가능하다. 이런 특정부위에 생긴 종양은 종양이 작더라도 생명에 중요한 기능을 담당하는 뇌와 척수에 심각한 손상을 입힐 수 있어 조직학적으로 양성이지만 임상적으로는 악성과 같다.

5. 신경세포(neurocyte)

중추신경계의 회백질, 신경핵, 신경절 등에 존재하는 세포를 말한다. 많은 수상돌기 및 축삭돌기(신경섬유)를 내보내고 있다. 신경계에는 실제 신경전달에 관여하는 신경세포(신경원, neuron) 외에 이들을 보조해 주는 신경교세포(glial cell)들이 존재한다. 신경교세포는 신경전달에는 관여하지 않지만 신경계를 지지하고, 신경원의 기능을 보조해주는 활동적인 세포이다. 신경교세포에는 여러 종류가 있으나 크게 중추신경교세포와 말초신경교세포로 나누어지는데, 이 둘은 형태가 서로 다르다. 중추신경교세포에는 성상교세포와 핍지교세포(희소돌기아교세포), 미세아교세포, 상의세포(뇌실막세포)가 있고, 말초신경교세포에는 슈반세포와 신경절교세포가 있다.

6. 신경계종양(tumor of nervous system, Geschwulst des Nervensystem)

신경계에 발생하는 종양, 또는 신경계를 침범하는 종양, 넓은 뜻으로는 다른 종류성병변(육아종, 농양, 혈관기형, 낭포 등)까지도 포괄한다. 뇌종양, 척수종양 및 말초신경종양으로 나뉘어진다. 뇌종양에는 빈도순으로 신경교종, 수막종, 신경초종, 하수체선종, 두개인두종, 혈관성 종양, 전이성 종양, 육아종, 농양, 원발성육종, 맥락총 유두종 등이 있다. 척수종양에는 발생부위에 따라서 경막내수내종양(신경교종, 전이성종양, 혈관성종양 등), 경막내수외종양(신경초종, 수막종 등), 경막외 종양(전이성종양, 악성림프종, 골수종 등)이 있다. 말초신경종양에서는 신경초종에서, 다발성인 것은 레클링하우젠병 von Recklinghausen's disease을 형성한다. 그밖에 외상성신경종, 글로무스종양, 미주신경상 신경절 주위에서 발생하는 chemodectoma 등이 있다. 자율신경계의 종양어서는 신경아세포종, 갈색세포종 등을 볼 수 있다. 신경계 종양은 보통 뇌 및 척수의 종양을 의미하는데 넓은 의미로는 두개강 내 및 척수강 내의 모든 종양을 통틀어 말한다. 따라서 신경 세포, 신경교세포 등 이른바 신경축(neuraxis)의 실질을 구성하는 세포로부터 시작하는 종양뿐만 아니라 수막, 뇌척수신경 등에서 발생하는 원발종양과 신경계의 전이성 종양까지도 포함한다. 그러나 좁은 의미로는 뇌 및 척수의 실질 내에서 발생하는 종양에만 국한시킨다.

Ⅱ. 임상적 악성이란 무엇인가

양성종양인데도 일반암으로 지급받을 수 있는 경우는 뇌종양(예, 뇌하수체선종, 두 개인두종, 비정형적수막종, 중심성신경세포종, 청신경초종 등)의 경우처럼 뇌의 내부라는 생명과 직결되는 위험한 부위에 발생된 것으로서 조직의 증식, 주위 조직 침범, 진행이 생명에 큰 위험이 되어 임상적[52]으로 악성 종양에 준할 수 있는 경우이다.

다음은 보험약관의 일반암 관련 조항이다.

제 * 조 (암의 정의 및 진단확정)

① 이 계약에 있어서"암"이라 함은 한국표준질병사인분류에 있어서 악성신생물로 분류되는 질병([별표] "악성신생물 분류표"참조)을 말합니다.

③ "암"의 진단확정은 해부병리 또는 임상병리의 전문의사 자격증을 가진 자에 의하여 내려져야 하며, 이 진단은 조직(fixed tissue)검사, 미세침흡인검사(fineneedle aspiration biopsy)또는 혈액(hemic system)검사에 대한 현미경소견을 기초로 하여야 합니다. 그러나 상기의 병리학적 진단이 가능하지 않을 때에는 "암"에 대한 임상학적 진단이 "암"의 증거로 인정됩니다. 이 경우에는 피보험자가 "암"으로 진단 또는 치료를 받고 있음을 증명할 만한 문서화된 기록 또는 증거가 있어야 합니다.

52) 1. 환자를 진료하거나 의학을 연구하기 위하여 병상에 임하는 일. 예) 탁월한 임상 효과, 임상 실험, 임상 전문의, 각 과의 임상을 돌면서 교과서에서 배운 걸 실지로 보고, 신약과 관련하여 많은 임상 자료가 있다, 이 식물이 암 환자에게 효과가 있다는 임상 결과가 나와 있다.
2. [같은 말] 임상 의학(환자의 치료를 목적으로 하는 의학). 예) 임상을 전공하다, 임상을 강의하다, 우리 대학 부속병원에서 명망 있는 임상 교수가 돼서 존경받고.

Ⅲ. 양성 뇌하수체선종(pituitary adenoma, D35.2)의 일반암 진단비

뇌하수체의 해부학적 구, 관상면

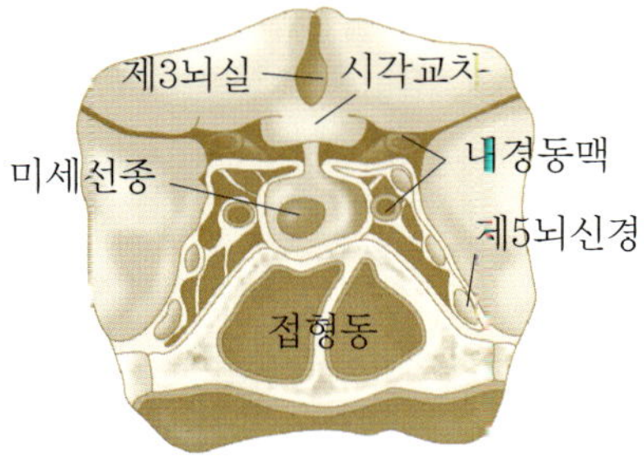

뇌의 단면과 뇌하수체의 위치

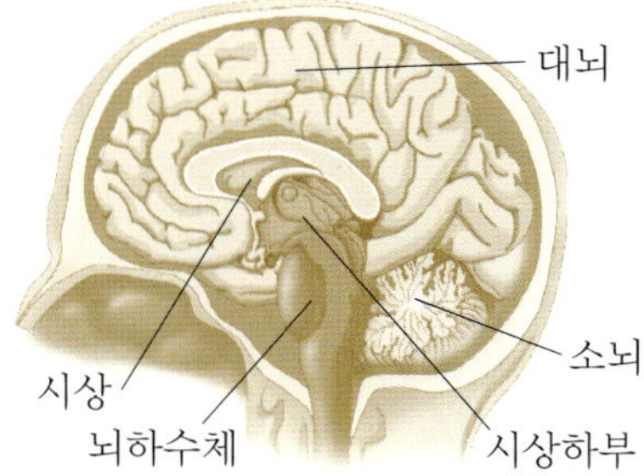

알기쉬운 사례

보통 뇌종양으로 불리는 뇌하수체 종양의 경우도 악성에 준하여 지급할 수 있는 지를 살펴보자.

갑은 뇌하수체 종양 진단을 받고 뇌하수체 부위의 절제수술을 받았다. 보험에서 '암'이란 한국표준질병사인분류상 악성신생물로 분류되는 질병을 말하고, 이러한 '암'의 진단 확정은 병리 전문의사의 자격이 있는 자에 의한 조직 또는 혈액검사에 대한 현미경 소견을 기초로 하되, 이러한 병리학적 진단이 불가능할 때에는 암에 대한 임상학적 진단이 암의 증거로 인정된다. 악성신생물의 사전적 의미는 조절할 수 없는 증식을 보이는 종양으로 주위 조직을 침범하고 다른 곳으로 전이되는 경향을 보이거나 악성 종양세포로 구성되는 경우를 뜻하는 반면, 양성 종양이라 함은 조직의 증식이 있으나 주위 조직의 침범이나 전이가 없어 임상진행이 비교적 한정적이고 생명에는 큰 위험이 없는 경우를 일컫는다. 일반적으로 뇌하수체 종양의 경우 조직학적 소견은 대부분의 경우 양성이나, 임상적 소견은 수술로 완치가 가능한 경우는 양성(D35.2)으로 분류되지만, 종양이 주위 조직을 침범하여 수술로써 완치가 불가능하고 재발의 가능성이 있어 방사선치료 등의 보조요법이 필요하며, 진행시에는 생명의 위험이나 신경학적 장해가 발생할 수 있는 경우에는 악성에 준하는 것으로 분류된다. 갑은 두통, 시력감퇴, 시야상실 등의 증상으로 뇌하수체 종양의 진단을 받고 종양의 2/3정도를 제거하는 수술을 받았는데, 이는 조직학적으로는 양성이나 두개강 내에서 성장함에 따라 신경학적 증상의 악화를 유발하게 되어 생명의 위험도가 매우 높아 임상적으로는 악성 종양에 준할 수 있다.

이러한 이유에서 법원은 비록 조직학적으로 악성에 해당하지 아니하더라도 임상학적으로 볼 때 악성이라면 이는 보험에서 담보하는 '암'에 해당한다고 보았다. 뇌하수체 종양은 뇌의 내부라는 생명과 직결되는 위험한 부위에 발생된 것으로서 조직의 증식이 있고, 주위 조직에 침범하며, 임상적으로 그 진행이 생명에 큰 위험이 되어 임상적으로 악성 종양에 준할 수 있으므로, 악성신생물에 해당한다고 판단하였다(대법원 2002다19940판결 참조).

사 례 | 연습

견본으로 '병리조직검사결과지, 일반진단서'의 자료가 주어진다. 이것을 근거로 일반암 진단비 지급여부를 판단해보자.

▶ 견본 병리조직검사결과지

2079855

NS

병리조직 검사결과

진료기간 : 2011/03/23 ~ 2011/03/31 주치의 : 병실 : 7685 [입원]

[병리과] *병리번호: S11-004054 *처 방 일: 2011-03-24 10:26:39 NS
*등록번호: 2079855 *채 취 일: 2011-03-24 10:40:15
*상 병 명: Pituitary adenoma *접 수 일: 2011-03-24 10:54:32
*처 방 명: 절편이 필요한 경우(파라핀블록6개이하) *육안검사: 2011-03-24 00:00:00
*대표검체: Brain *진 단 일: 2011-03-30 10:50:44
*세부검체: pituitary gland
*임상정보 및 요구사항: R/O Benign neoplasm - # Sellar mass r/o pituitary adenoma
Bx : removal of mass

[GROSS DESCRIPTION]
1. Pituitary gland:
Multiple pieces 1x1x1 cm in aggregate.

2. In toto in A.
(Block 1 개)

[DIAGNOSIS]
Brain, sellar, biopsy:
Pituitary adenoma.

[CF]
S08-024699, S05-019282, S05-019344, S08-023502

◈ 최초작성자 : ◈ 최종작성자 :

페이지: 1/ 1 출력 : 2014/02/12 17:10:18 의무기록파트

용도 : 보험회사제출용 이 서식은 사본입니다(원본 대조필)

▶ 견본 일반진단서(소견)

원부대조필

일반진단(소견)서

등록번호			
연번호			
환자성명		주민등록번호	
주소		전화번호	
질 병 명 ○ 임상적 추정 ◉ 최종진단	(주)뇌하수체 선종	한국표준질병 분류번호 D35.2	
발병연월일	미상	진단연월일	2005년 11월
치료내용/향후 치료에 대한 소견	상기인은 뇌하수체 선종의 병명으로 2005. 11. 16. 경접형동접근법을 이용한 종양절제술을 시행하였음. 이후 종양의 빠른 재발로 2008. 12. 5. 및 2011. 3. 24 .두차례의 종양절제술을 추가로 시행하였으나, 완전절제가 어려워, 잔존종양에 대해 2012. 8. 16. 본원에서 감마나이프방사선수술을 시행하고 잔존종양의 재성장 여부에 대해 현재 추적관찰중에 있는 환자임. 상기인의 경우 조직학적으로는 양성인 뇌하수체 선종이나, 첫 진단시 종양의 크기가 크고, 성상이 매우 단단하여 수술로 완전절제가 대단히 어렵고, 일반적인 양성 뇌하수체 선종에 비해 대단히 빠른 잔존 종양의 재성장을 보이는 경우로, 3차례의 수술로서도 완전절제가 힘들어 잔존종양에 대해서 방사선수술을 시행한 경우임. 이러한 사항들을 종합적으로 고려할 때 비록 조직학적으로는 양성종양이라 하나, 빠른 종양의 성장을 보이는, 임상적으로는 악성종양에 준하는 임상경과를 보인다고 할 것임.		
비 고		용 도	

[의료법] 제17조 및 같은 법 시행규칙 제9조에 따라 위와 같이 진단합니다.

발 행 일 2014년 02월 12일

의 료 기 관 명

주 소

전 화 번 호 F A X

진 료 과 신경외과

면 허 번 호 ______________ 의사성명 ____________________

* 본서에 본원의 직인이 없으면 무효임. page: 1/1

※ 이 증명서는 복사하여 사용할 수 없습니다. (A black and white copy of this transcript is not official.)

1. 사실관계

가. 개요

일 자	내 용	해당기관
2005. 05. 09.	무배당아름다운세상보험 가입[53] (이하 '이사건 보험')	＊＊보험(주)
2005. 11. 14.	조직검사상 Pituitary adenoma (뇌하수체 선종, D35.2) 경접형동접근법을 이용한 종양절제술(1차)	＊＊대학교병원
2008. 10. 28.	뇌 MRI상 'sellar mass recur'	
2008. 12. 03.	입 원, 같은 달 5일 종양절제술(2차) 같은 달 9일 퇴원	
2011. 02. 23.	뇌 MRI상 'sellar mass size'증가	
2011. 03. 23.	입 원, 다음날 종양절제술(3차), 같은 달 31일 퇴원	
2012. 07. 18.	뇌 MRI상 'small remnant regrowing'소견	
2012. 08. 16.	입 원, 감마나이프방사선수술(13Gy)(4차) 퇴원	

나. 수술병원의 병리조직검사결과지

내 용
• 2011. 03. 30. 진단한 병리조직검사결과지 인용하면, ＊진단일 : 2011-03-30 10:50:44 [DIAGNOSIS] Brain, sellar, biopsy : pituitary adenoma

다. 수술병원의 일반진단(소견)서

내 용
• 2014. 02. 12.자 일반진단서 인용하면, 뇌하수체선종으로 2005. 11. 16. 종양절제술, 빠른 재발로 2008. 12. 05. 및 2011. 03. 24. 두차례의 종양절제술, 완전절제가 어려워 2012. 08. 16. 감마나이프방사선수술 시행,

53) 증권번호 L1234567, 계약자 및 피보험자 ＊＊＊

조직학적으로는 양성이나 종양의 크기가 크고 성상이 매우 단단하여 수술로 완전절제가 대단히 어렵고 일반적인 뇌하수체선종에 비해 대단히 빠른 잔존종양의 재성장을 보이는 경우로 3차례의 수술로도 완전절제가 힘들어 잔존종양에 대해 방사선 수술을 시행하였음. 비록 조직학적으로는 양성종양이나 임상적으로는 악성종양에 준함.

2. 관련규정

가. 무배당아름다운세상보험 암진단자금담보 특별약관
(이하 '이사건 약관')

[암진단자금담보 특별약관]

제2조(암의 정의 및 진단확정)

① 이 특별약관에 있어서 "암"이라 함은 제4차 한국표준질병사인분류에 있어서 악성신생물로 분류되는 질병([별표3] "악성신생물 분류표"참조)을 말합니다.

③ "암"의 진단확정은 해부병리 또는 임상병리의 전문의사 자격증을 가진 자에 의하여 내려져야 하며, 이 진단은 조직(fixed tissue)검사, 미세침흡인검사(fineneedle aspiration biopsy)또는 혈액(hemic system)검사에 대한 현미경소견을 기초로 하여야 합니다. 그러나 상기의 병리학적 진단이 가능하지 않을 때에는 "암"에 대한 임상학적 진단이 "암"의 증거로 인정됩니다. 이 경우에는 피보험자가 "암"으로 진단 또는 치료를 받고 있음을 증명할 만한 문서화된 기록 또는 증거가 있어야 합니다.

대 상 질 병	분류번호
12. 갑상샘 및 기타 내분비샘의 악성신생물	C73 ~ C75

[별표 3] 악성신생물 분류표

나. 유사판례

1) 대법원 2002다19940판결 참조

조직학적으로 악성에 해당하지 않더라도, 임상학적으로 악성이라면 보험에서 담보하는 '암'에 해당한다. 뇌종양은 뇌의 내부라는 생명과 직결되는 위험한 부위에 발생된 것으로서 조직의 증식이 있고, 주위 조직에 침범하며, 임상학적으로 그 진행이 생명에 큰 위험이 되어 임상적으로 악성종양에 준할 수 있으므로 악성신생물에 해당한다고 판단하였다.

2) 부산지원 2001가합 13009판결 참조

약관규정상 암의 판단에 있어서 일차적으로 병리학적 소견에 따르되 임상학적 진단을 그 보조증거로 인정한 취지, 악성신생물, 양성종양의 의미 등을 종합하여 볼 때 비록 조직학적으로 악성종양에 해당하지 않더라도 임상학적으로 악성에 준하는 것으로 판단된다면 약관상 암에 해당한다.

● 보험 & 보상의 눈 (D35.2 → C75)

대법원은 조직학적으로 악성에 해당하지 않더라도, 임상학적으로 악성이라면 보험에서 담보하는 '암'에 해당한다고 하였고, 하급심에서도 약관규정상 암의 판단에 있어서 일차적으로 병리학적 소견에 따르되 임상학적 진단을 그 보조증거로 인정한 취지, 악성신생물, 양성종양의 의미 등을 종합하여 볼 때 비록 조직학적으로 악성종양에 해당하지 않더라도 임상학적으로 악성에 준하는 것으로 판단된다면 약관상 암에 해당한다고 하였다.

이 사건 보험약관의 제2조 3항에 "암"의 진단확정은 해부병리 또는 임상병리의 전문의 사자격증을 가진 자에 의하여 내려져야 하며, 이 진단은 조직검사, 미세침흡인검사 또는 혈액검사에 대한 현미경 소견을 기초로 하며, 병리학적 진단이 가능하지 않을 때에는 임상학적 진단이 증거로 인정된다고 명시되어있으며, 이 경우 암으로 진단 또는 치료를 받고 있음을 증명할 만한 기록이 있으면 된다고 규정되어 있다. 즉, 병리학적 진단 외에도 암으로 진단 또는 치료를 받고 있음을 증명할 만한 기록이 있다면 임상학적 진단도 허용된다는 취지로 보여진다.

피보험자 ***의 경우 2005. 11. 14. 조직검사상 뇌하수체 선종 진단받고 종양절제술, 2008. 10. 28. 뇌MRI상 재발이 확인되어 같은 해 12월 5일 2차 종양절제술, 2011. 02. 23. 뇌MRI상 크기가 증가하여 다음달 23일 3차 종양절제술, 2012. 07. 18. 뇌MRI상 재발이 확인되어 같은 해 8월 16일 4차 감마나이프방사선수술을 하였을 하였다.

수술병원(**대학교병원) 담당의사는 조직학적으로 양성이나 종양의 크기가 크고 성상이 매우 단단하여 수술로 완전절제가 대단히 어렵고 일반적인 뇌하수체선종에 비해 대단히 빠른 잔존종양의 재성장을 보이는 경우로 3차례의 수술로도 완전절제가 힘들어 잔존종양에 대해 방사선 수술을 시행할 수밖에 없었다는 의견과 함께 임상적으로는 악성종양에 준한다는 소견이다.

이상을 종합하면, 피보험자의 보험사고(뇌하수체선종)는 비록 조직학적으로 양성이나, 임상학적으로 악성종양(C75)[54]에 해당하므로 보험회사는 '암'관련 보험금을 지급함이 타당하다.

입증자료

보험증권 1매
**대학교병원 진료기록(일반진단서, 응급실 기록, 수술기록, 퇴원요약기록, 입원초진기록, 입퇴원요약기록, 방사선수술기록, 병리조직검사보고서, 영상의학 판독보고서, 외래재진기록) 총57매

첨부자료

대법원2002다19940판결문
부산지원2001가합13009판결문

54) 한국표준질병분류번호(KCD)상 'C75.1 뇌하수체(Pituitary gland)'

Ⅳ. 양성 비정형적수막종(D42.9)의 암진단비

사 례 연습

견본으로 '병리판독결과지, 진단서'의 자료가 주어진다. 이것을 근거로 일반암진단비 지급여부를 판간해보자.

▶ 견본 병리판독결과지

병리판독결과

130391087
NS
F/59y

진료시간 : 2013/08/16 ~ 2013/09/02 주치의 : 병실: 0309 [입원]

기록일자 : 2013/08/23
진 료 과 : 신경외과

조직병리진단 보고서

S2013023583 등록번호: 130391087 성명: 성별/나이: F/59y
의뢰과: 신경외과 의뢰의: 의뢰일: 2013/08/19 접수일: 2013/08/19

DIAGNOSIS

REVISED DIAGNOSIS---2013.09.04-------
--
Brain, left, biopsy (frozen) :
Atypical meningioma (WHO grade II).

NOTE: Original diagnosis is revised after reviewing resection slides with immunohistochemical staining for Ki-67 (refer to S13-23663)

ORIGINAL DIAGNOSIS-------
--
Brain, left, biopsy (frozen) :
Meningioma, meningothelial type (WHO grade I).

GROSS : [examined by Dr. 김주연]
Submitted for frozen section diagnosis was fragments of brown white soft tissue. Blocked in Fp. The frozen section diagnosis was meningioma in Fs.

병리검사 의뢰서 입력내용

[1].검체횟수 :	1
[2].검 체 명	brain tumor Lt P-O (R/O parasagittal meningioma)
[3].채취부위 :	brain
[4].시 술 명	removal of brain tumor
[5].임상진단 :	brain tumor Lt P-O (R/O parasagittal meningioma)
[6].병 력	상기자 수주전부터. Rt sideweakness headache 있어 타병원 진료에서 Brain tumor 의심되어 F/E 위해 본원으로 내원함

보고일: 2013-08-23
전사자: 전공의: 자문의: none 전문의:

◈ 작 성 자 : ◈ 작성일시 : 2013-08-23 16:05

페이지: 1 / 1
출력일시: 2013/09/10 13:19:25 원본대조필 [출력자:]

▶ 견본 진단서

등록번호		**진 단 서**
연 번 호		

환자성명		주민등록번호	
주소			

진 단 명 ◉ 임상적 진단 ○ 최종진단	진단명	한국질병 분류번호
	소뇌천막상 NOS의 악성 신생물	C71.0
	고혈압	I10.9
	불안 신경증	F41.1

발병연월일	미상	진단연월일	2013년 09월 04일
치료내용/향후 치료에 대한 소견	상기환자는 2013년 8월 16일 두통, 반신부전마비 등을 주증상으로 입원하여 검사결과 뇌종양 진단하고 2013년 8월 19일 개두술 및 종양제거수술후 병리조직 진단에서 비정형 뇌수막종 진단되어 입원가료하다 2013년 9월 2일 퇴원하여 현재까지 외래통한 약물치료 및 경과관찰중임. 상기환자의 경우 뇌종양이 상시상정맥동 인접부에 발생한 비정형 뇌수막종으로 중요 뇌혈관에 유착된 잔여종양 가능성 높고 재발의 위험성이 있는 비정형 뇌수막종으로 임상적 악성종양으로 판단됨.		
용 도			
비 고			

[의료법] 제17조 및 같은 법 시행규칙 제 9조에 따라 위와같이 진단합니다.

발 행 일 2014년 01월 14일

의 료 기 관 명

주 소

전 화 번 호 051-240-7000 F A X 051-245-0251

진 료 과

면 허 번 호 __________ 의사성명 __________

* 본서에 본원의 직인이 없으면 무효임. page: 1/1

1. 사실관계

가. 개 요

일 자	내 용	해당기관
2011. 05. 27.	무배당아름다운세상암보험 가입[55] (이하 '이사건 보험')	**보험(주)
2013. 08. 19.	수 술(개두술 및 종양제거술)	**대학교병원
2013. 08. 23.	병리조직검사결과 : Brain. left. biopsy(frozen)[56] : Meningioma. meningothelial type(WHO grade Ⅱ) 비정형 뇌수막종 진단	
2013. 09. 02.	퇴 원	

나. 담당병원(**대학교병원) 진단서 주요내용

내 용
• 2014. 01. 14. 진단서 인용하면, 2013. 08. 16. 두통, 반신부전마비 등으로 입원하여 같은 달 19일 개두술 및 종양제거술 함. 2013. 09. 02. 퇴원하여 현재까지 약물치료 및 경과관찰중임. 뇌종양이 상시상정맥동 인접부에 발생한 비정형뇌수막종으로 중요 뇌혈관에 유착된 잔여종양 가능성 높고 재발의 위험성 있는 비정형 뇌수막종으로 임상적 악성종양으로 판단. 한국질병분류번호는 소뇌천막상 NOS의 악성신생물(C71.0)임.

2. 관련규정

가. 무배당아름다운세상암보험약관

제13조 ("암", "기타피부암"및 "갑상샘암"의 정의 및 진단확정)

① 이 계약에 있어서 "암"이라 함은 제5차 한국표준질병사인분류 중 대상이 되는 악성신생물 분류표(기타피부암 및 갑상샘암 제외) (〈별표5〉 참조)에서 정한 질병을 말합니다.

④ 이 계약에 있어서 "고액암"이라 함은 제1항에서 정한 "암"중 고액암 분류표에 정한 질병을 말합니다.

---

55) 보험증권번호 123456, 계약자 및 피보험자 ***
56) 뇌, 왼쪽, 조직검사(냉동) : 수막종, meningothelial type

⑧ "암", "기타피부암"및 "갑상샘암"의 진단확정은 해부병리 또는 임상병리의 전문의사 자격증을 가진 자에 의하여 내려져야 하며, 이 진단은 조직(fixed tissue)검사, 미세침흡인검사(fine-needle aspiration biopsy)또는 혈액(hemic system)검사에 대한 현미경소견을 기초로 하여야 합니다. 그러나 상기의 병리학적 진단이 가능하지 않은 때에는 임상학적 진단이 그 증거로 인정됩니다. 이 경우에는 공제대상자(피공제자)가 "암", "기타피부암"및 "갑상샘암"으로 진단 또는 치료를 받고 있음을 증명할 만한 문서화된 기록 또는 증거가 있어야 합니다.

(별표 3) 고액암 분류표

대 상 질 병 분 류	분류번호
2. 뇌 및 중추신경계의 기타부위의 악성신생물	C70 ~ C72

(별표 5) 대상이 되는 악성 신생물 분류표(기타 피부암 및 갑상샘암 제외)

대 상 질 병 분 류	분류번호
11. 눈, 뇌 및 중추신경계통의 기타부위의 악성신생물	C69 ~ C72

나. 유사판례

1) 대법원 2002다19940판결 참조

조직학적으로 악성에 해당하지 않더라도, 임상학적으로 악성이라면 보험에서 담보하는 '암'에 해당한다. 뇌종양은 뇌의 내부라는 생명과 직결되는 위험한 부위에 발생된 것으로서 조직의 증식이 있고, 주위 조직에 침범하며, 임상학적으로 그 진행이 생명에 큰 위험이 되어 임상적으로 악성 종양에 준할 수 있으므로 악성신생물에 해당한다고 판단하였다.

2) 부산지원 2001가합 13009판결 참조

약관규정상 암의 판단에 있어서 일차적으로 병리학적 소견에 따르되 임상학적 진단을 그 보조증거로 인정한 취지, 악성신생물, 양성종양의 의미 등을 종합하여 볼 때 비록 조직학적으로 악성종양에 해당하지 않더라도 임상학적으로 악성에 준하는 것으로 판단된다면 약관상 암에 해당한다.

다. 약관해석원칙

보험약관의 해석은 신의성실 원칙에 따라 당해 약관의 목적과 규정취지를 고려하여 공정하고 합리적으로 해석하되, 개개 계약 당사자가 기도한 목적이나 의사를 참작함이 없이 평균적 고객의 이해가능성을 기준으로 보험단체 전체의 이해관계를 고려하여 객관적 · 획일적으로 해석하여야 하며, 위와 같은 해석을 거친 후에도 약관 조항이 객관적으로 다의적으로 해석되고 그 각각의 해석이 합리성이 있는 등 당해 약관의 뜻이 명백하지 아니한 경우에는 고객에게 유리하게 해석하여야 한다(대법원 1996. 06. 25. 선고 96다12009 판결, 대법원 2005. 10. 28. 선고 2005다35226 판결 등 참조).

● 보험 & 보상의 눈 (D42.9 → C71)

대법원은 조직학적으로 악성에 해당하지 않더라도, 임상학적으로 악성이라면 보험에서 담보하는 '암'에 해당한다고 하였고, 하급심에서도 약관규정상 암의 판단에 있어서 일차적으로 병리학적 소견에 따르되 임상학적 진단을 그 보조증거로 인정한 취지, 악성신생물, 양성종양의 의미 등을 종합하여 볼 때 비록 조직학적으로 악성종양에 해당하지 않더라도 임상학적으로 악성에 준하는 것으로 판단된다면 약관상 암에 해당한다고 하였다.

이 사건 보험약관에 "암", "기타피부암"및 "갑상샘암"의 진단확정은 해부병리 또는 임상병리의 전문의사자격증을 가진 자에 의하여 내려져야 하며, 이 진단은 조직검사, 미세침흡인검사 또는 혈액검사에 대한 현미경 소견을 기초로 하며, 병리학적 진단이 가능하지 않을 때에는 임상학적 진단이 그 증거로 인정된다고 명시되어있으며, 이 경우 암으로 진단 또는 치료를 받고 있음을 증명할 만한 기록이 있으면 된다고 규정되어 있다. 즉, 병리학적 진단 외에도 암으로 진단 또는 치료를 받고 있음을 증명할 만한 기록이 있다면 임상학적 진단도 허용된다는 취지로 보여진다.

피보험자 ＊＊＊의 경우 2013. 08. 16. 반신부전마비 등으로 입원하여 같은 달 19일 개두술 및 종양제거술 시행하였고, 2013. 09. 04. 병리판독 결과는 'Atypical meningioma(WHO Ⅱ)'이며, 현재까지 약물 치료 및 경과관찰중이다.

※ 참고로 WHO grade Ⅱ/Ⅲ는 형태학적인 진단으로는 국제보건기구 2등급으로 분류되는 저등급 악성 뇌종양임.

2014. 01. 14.자 수술병원(＊＊대학교병원) 진단서에 뇌종양이 상시상정맥동 인접부에 발

생한 비정형뇌수막종으로 중요 뇌혈관에 유착된 잔여종양 가능성 높고 재발의 위험성 있는 비정형 뇌수막종으로 임상적 악성종양으로 판단하여 한국질병분류번호는 소뇌천막상 NOS의 악성신생물(C71.0)이라는 진단이다.

이상을 종합하면, 피보험자의 보험사고(비정형 뇌수막종)는 비록 조직학적으로 양성이나, 임상학적으로 악성종양(C71)[57]에 해당하므로 보험회사는 '고액암'및 '암'관련 보험금을 지급함이 타당하다.

입증자료 보험증권 1매, **대학교병원 진료기록(일반진단서, 응급실 기록, 수술기록, 퇴원요약기록, 입원초진기록, 입퇴원요약기록, 방사선수술기록, 병리조직검사보고서, 영상의학 판독보고서, 외래재진기록) 총57매

첨부자료 대법원2002다19940판결문
부산지원2001가합13009판결문

57) 한국표준질병분류번호(KCD)상
'C71.0 뇌엽 및 뇌실을 제외한 대뇌(Cerebrum, except lobes and ventricles)'
소뇌척막상 NOS(Supratentorial NOS)

V. 양성 중심성신경세포종(D43.9)의 암 진단비

사 례 연습

견본으로 '진단서, 병리검사결과지'의 자료가 주어진다. 이것을 근거로 일반암진단비 지급여부를 판단해보자.

▶ 견본 병리검사결과지

등록번호		성명		성별/나이	

Central neurocytoma, WHO grade II/III (see table)

Table. Microscopic features of this tumor

Item	Results
Increased cellularity	Present
Nuclear pleomorphism	Absent
Mitosis	3/10 HPF
Vascular endothelial hyperplasia	Absent
Necrosis	Absent

판독의 :

병리검사결과

진료과 : NS 접수일 : 2012-03-14 판독일 : 2012-03-26
병리번호 : S 12012956 검사명 : 외과병리학적 검사

임상진단:
Brain tumor

받은 조직은 "main mass"라 표기된 포르말린에 고정된 일부 절제된 뇌 조직으로 craniotomy and tumor removal 검체임. 검체는 도착 당시 여러 조각으로 나뉘어져 왔으며 그 중 가장 큰 조각의 크기는 2.3 x 1.4 x 1.2cm임. 외견상 특이소견 관찰되지 않음. 모두 포매함.

MICRO (2 HE)

DIAGNOSIS:
Brain, lateral ventricle, left, craniotomy and tumor removal:
Central neurocytoma, WHO grade II/III (see table)

Table. Microscopic features of this tumor

Item	Results
Increased cellularity	Present
Nuclear pleomorphism	Absent
Mitosis	3/10 HPF
Vascular endothelial hyperplasia	Absent
Necrosis	Absent

판독의 :

첨부한 사본은 의무기록의 원본과 틀림없음을 증명합니다.

2/2

출력자 :
2012년 08월 31일 16시 31분 00초

▶ 견본 진단서

진 단 서

진료카드번호

연 번 호 주민등록번호

환자의 성명		성별	(●)남 ( )여	생년월일	1972 년	연령	만 40 세
환자의 주소				전 화			
병 명 ☐ 임상적추정 ☑ 최종진단	brain tumor.supratentorial central neurocytoma				국제질병 분류번호 C71.9 D43.9		
발 병 일	년 월 일			진 단 일	2012 년 03 월 14 일		
향후치료의견	상기 환자 임상적 악성의 경과를 보이는 상기 진단 하에 2012년 3월 4일 입원하여 3월 13일 개두술 및 종양 제거술 실시하였으며. 3월 14일 뇌실외 배액술 시행하였음. 2012년 3월 15일 개두술 및 두개 절제술. 뇌실외 배액술 시행하였음. 2012년 5월 8일 우측 뇌실 복강 단락술 시행하였으며. 2012년 6월 26일 좌측 뇌실 복강 단락술 및 두개 성형술 시행하였음. 현재 중환자실 입원중이며. 지속적인 경과 관찰이 필요함. 이는 신경외과적 진단에 한함. 이하 여백.						
비 고				용 도			

위와같이 진단함

2012 년 07 월 27 일

의료기관 주소

명칭

전화번호

면허번호 의사성명

참고

1. 본인 확인은 진단의사가 주민등록증과 대조(미성년자일 때는 기타 본인을 특징 할 수 있는 방법으로 대체할 수 있다) 확인하고 날인한다.
2. 병명은 임상적(인푸렛숀)과 최종 진단명을 택일 ☐표에 체크로 표한다.
3. 병명과 국제질병 분류번호를 함께 기입한다.
4. 본서에 본원 직인 없으면 무효임.

출력일 : 2012년 07월 27일

1. 사실관계

가. 개요

일 자	내 용
1999. 08. 19.	무배당아름다운세상암보험 가입
2012. 03. 04.	입원, 같은 달 14일 수술(개두술 및 종양제거술),
2012. 03. 14.	수술(개두술 및 종양제거술), 다음 날 개두술 및 두개골판제거술, 뇌실배액술, 다음 날 개두술 및 두개골판제거술
2012. 03. 26.	병리조직검사결과, 중심성 신경세포종(central neurocytoma, WHO grade Ⅱ/Ⅲ) 진단서상 한국질병분류번호(D43.9)

나. 수술병원의 병리검사결과지

내 용
• 2012. 03. 26. 진단한 병리검사결과지 인용하면, * 판독일 : 2012-03-26 [DIAGNOSIS] Brain, lateral ventricle, left, craniotomy and tumor removal : central neurocytoma, WHO grade Ⅱ/Ⅲ(see table)

다. 진단서

내 용
• 병명 central neurocytomy(국제질병 분류번호 D43.9)

2. 관련규정

가. 무배당아름다운세상암보험약관

제2조【암의 정의 및 진단확정】

① 이 계약에 있어서 “암”이라 함은 한국표준질병사인분류의 기본분류에 있어서 악성신생물로 분류되는 질병(별표“악성신생물분류표”참조)을 말합니다.

② 암의 진단확정은 해부병리 또는 임상병리의 전문의사 자격증을 가진 자에 의하여 내려져야

하며, 이 진단은 조직 또는 혈액검사에 대한 현미경 소견을 기초로 하여야 합니다. 그러나 상기의 병리학적 진단이 가능하지 않을 때에는 암에 대한 임상학적 진단이 암의 증거로 인정됩니다.

나. 유사판례

1) 대법원은 뇌종양의 경우 조직학적 소견은 대부분은 양성이나, 임상적 소견은 수술로 완치가 가능한 경우는 양성(D코드)으로 분류되지만, 종양이 조직을 침범하여 수술로써 완치가 불가능하고 재발의 가능성이 있어 보조요법(방사선 치료 등)이 필요하며, 진행시에는 생명의 위험이나 신경학적 장해가 발생할 수 있는 경우에는 악성에 준하는 것으로 분류한다. 따라서 조직학적으로 양성이라 하더라도 뇌의 내부라는 생명과 직결되는 위험한 부위에 발생된 것으로서 조직의 증식이 있고, 주위 조직에 침범하며, 임상적으로 그 진행이 생명에 큰 위험이 되어 임상적으로 악성 종양에 준할 수 있는 경우는 악성으로 분류해야한다는 판결을 하였다.[58)]

2) 부산지법은 약관규정상 암의 판단에 있어서 일차적으로 병리학적 소견에 따르되 임상학적 진단을 그 보조증거로 인정한 취지, 악성신생물, 양성종양의 의미 등을 종합하여 볼 때 비록 조직학적으로 악성종양에 해당하지 않더라도 임상학적으로 악성에 준하는 것으로 판단된다면 약관상 암에 해당한다고 하였다.[59)]

보험 & 보상의 눈 (D43.9 → C71.9)

법원은 조직학적으로 악성에 해당하지 않더라도, 임상학적으로 악성이라면 보험에서 담보하는 '암'에 해당한다고 하였고, 약관규정상 암의 판단에 있어서 일차적으로 병리학적 소견에 따르되 임상학적 진단을 그 보조증거로 인정한 취지, 악성신생물, 양성종양의 의미 등을 종합하여 볼 때 비록 조직학적으로 악성종양에 해당하지 않더라도 임상학적으로 악성에 준하는 것으로 판단된다면 약관상 암에 해당한다고 하였다.

무배당아름다운세상보험약관에 "암"의 진단확정은 병리의사에 의하여 내려져야 하며, 이 진단은 조직검사 등에 대한 현미경 소견을 기초로 하며, 병리학적 진단이 가능하지 않

58) 대법원 2002다19940판결, 서울고법2001나62765판결 참조.
59) 부산지원 2001가합 13009판결 참조.

을 때에는 임상학적 진단이 증거로 인정된다고 명시되어있으며, 이 경우 암으로 진단 또는 치료를 받고 있음을 증명할 만한 기록이 있으면 된다고 규정되어 있다. 즉, 병리학적 진단외에도 임상학적 진단도 허용된다는 취지다.

피보험자는 2012. 03. 04. 거두술 및 종양 제거술 시행하였으며, 수술기록지에 좌측 ventricle(공간)내의 mass(종양)는 adhesion(부착)이 심하고 bleeding(출혈)이 많다. tumor(종양)를 최대한 제거하였으나, residual lesion(잔여병변)에서 지속적으로 woozing 있어 이를 tachocomb(지혈제) 및 floseal을 통해 bleeding control 로 기록되어 있다. 2012. 03. 26. 조직검사결과는 Central neurocytoma, WHO grade Ⅱ/Ⅲ(중심성 신경세포종)로 진단되었고, 같은 날 시행한 면역화학검사결과 MIB-I는 Positive in 3.19% of tumor cells이다.[60] 수술병원의 담당의사는 수술 중 종양으로 인한 출혈량이 많았으며, 뇌실내 출혈과 그에 따른 뇌실내 격막화가 진행되면서 수두증이 악화되었고, 현재 종양은 좌측 측부 뇌실에 위치해 있으며, 종양의 성장시 뇌압상승과 수두증, 뇌간압박으로 인해 의식회복과 생명유지에 많은 어려움이 예상되며, 결론적으로 임상적으로 악성종양으로 판단(국제질병분류번호 C71.9)"된다는 의견이다.이상을 종합하면, 피보험자의 보험사고(중심성 신경세포종)는 악성종양(C71.9)[61]에 해당하므로, 보험회사는 '암'관련 보험금을 지급해야한다.

입증자료

보험증권 1매

**대학교병원 진료기록(진단서, 입퇴원사실확인서, 병리판독결과지, 수술기록, 간호정보조사지) 총18매

첨부자료

대법원2002다19940판결문

부산지원2001가합13009판결문

제3절 림프절 전이된 갑상선암의 일반암 진단비

---

60) 참고로 WHO grade Ⅱ/Ⅲ는 형태학적인 진단으로는 국제보건기구 2등급으로 분류되는 저등급 악성뇌종양이며, MIB index의 수치가 3이상인 경우는 재발할 가능성이 높음을 의미함.

61) 한국표준질병분류번호(KCD)상,
C71.9 상세불명의 뇌(Brain, unspecifid)

제3절 림프절 전이된 갑상선암의 일반암 진단비

갑상선의 위치 및 구조

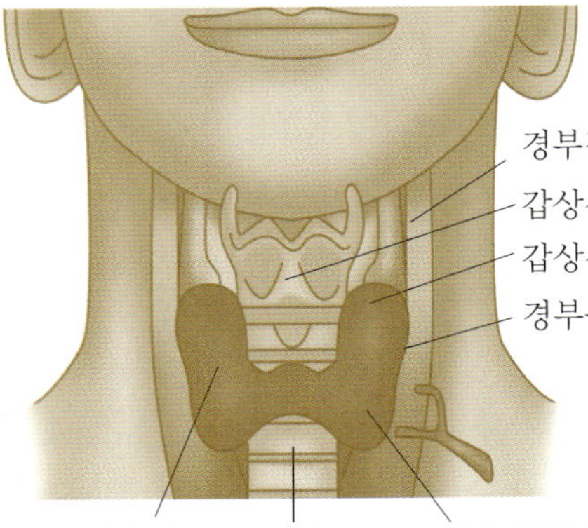

림프절까지 전이된 갑상선암

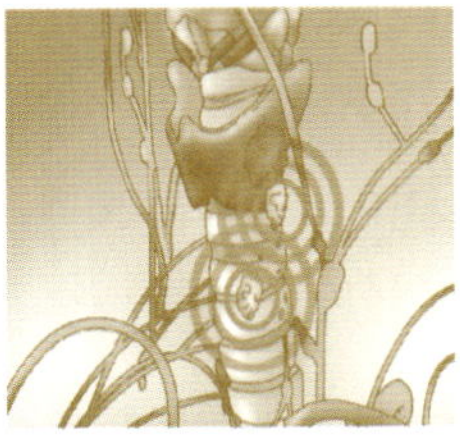

- 기관암, 기관 주위, 후두 암 림프절 전이

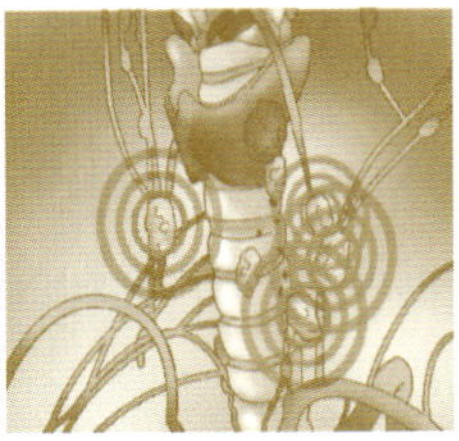

- 측경부 림프절(같은 쪽, 양쪽, 또는 반대쪽) 또는 상부 종격동 림프절 절이

알기쉬운 사례

갑상선암은 암이면서도 경계성종양에 준해 통상 암진단비의 20%만을 보상한다. 일반암 진단비는 받을 수 없는 것인가

보험약관에서 암이란 한국표준질병사인분류에 있어서 악성신생물(암)으로 분류되는 질병을 말하고, 이 진단은 조직검사 등에 대한 현미경 소견을 기초로 하며, 통계청에서 발간한 한국표준질병사인분류(KCD)는 속발성(전이성) 림프절의 악성신생물은 C77로 분류되며, 원발성 림프절의 악성신생물은 C77의 분류에서 제외한다. 또한, 갑상선암에서 림프절로 전이된 경우는 원발부위와 전이부위를 각각 코딩한다. 가령, 의사에 의해 갑상선암이 목의 림프절로 전이된 것으로 진단된 것으로 결정된 경우에는 갑상선의 악성 신생물(C73) 과 머리, 얼굴 및 목의 림프절의 이차성 및 상세불명의 악성 신생물(C77) 의 두 가지 분류부호가 모두 부여된다.

갑은 2013. 02. 21. 갑상선 전절제술 및 림프절 절제술 하였고, 같은 달 25일 조직병리 결과지상 림프절까지 전이된 것으로 확인되었으며, 2013. 03. 04.자 진단서에는 'C73 갑상샘의 악성 신생물'과 'C77 림프절의 속발성 및 상세불명의 악성 신생물'의 두 가지 분류부호가 모두 부여되었다.

그렇다면, 갑의 진단명은 보험 약관의 악성신생물(암) 분류표상 C73 및 C77에도 해당되므로 갑상샘암 진단비외에 암 진간비를 추가 지급하는 것이 타당하다.

사 례 | 연습

견본(병리검사결과지, 진단서, 약관내용)이 주어진다. 이를 근거로 일반암 진단비 지급여부를 판단 및 서술 해보자.

▶ 견본 병리검사결과지

요양기관기호 제

조직병리검사결과

병 원 명		의 사 명			병리번호	S13-011025
환 자 명		성 별	F	나이 46	검체채취일	2013-02-21
차트번호	38038	주민등록번호			접 수 일	2013-02-23
수탁기관명					보 고 일	2013-02-25

C5917 절제 (블록수 7개 이상)

Gross Findings

Specimen, "left central", is dissected lymph nodes.
Entire sections. (block 1)

Diagnosis

★ 응급결과 : 반드시 결과지를 확인하시기 바랍니다. ★

Lymph node, "left central", dissection:

. METASTATIC PAPILLARY CARCINOMA to 1 in 3 lymph nodes (1/3)

* Signed by Pathologist Kim JY/Han JJ M.D. (778/659)

▶ 견본 진단서

진 단 서

원부대조필 인

병록번호:

연 번 호: 주민등록번호:

1. 환자의 성명		생년월일		전화:			
2. 환자의 주소				성별	남·(여)	연령	만 46 세
3. 병 명 □ 임 상 적 ✓ 최 종	1. 갑상샘의 악성신생물 2. 림프절의 속발성 및 상세불명의 악성신생물			한 국 질 병 분 류 번 호 C73, C77			
4. 발병일		초진일	2013-02-06				
5. 향 후 치 료 의 견	상기 환자, 상기 병경으로 수술적 처치 받았으며 합병증 및 후유증이 없는한 수술일로부터 3주간의 안정, 가료가 필요할 것으로 사료되며, 향후 지속적이고 정기적인 추적관찰 및 검사가 필요함.						
6. 비 고	합병증이나또다른 질병 발견시 진단기간의 변동이 있을수 있고 추후 재평가를 요합니다.	용도	제출용				

위와같이 진단함.

발 행 일: 2013-03-04

병 원 주 소:

전 화 및 FAX: ☎

의 료 기 관:

요 양 기 관 번 호:

면 허 번 호: 제 의사성명:

대한의학협회개정(1993.7.22) 2013-07-03 19:21:09

▶ 견본 약관

제2조(보험금의 종류 및 지급사유)

회사는 이 특별약관의 보험기간 중 보험증권(보험가입증서)에 기재된 피보험자(이하「피보험자(보험대상자)」라 합니다)가 제1조(제1회 보험료 및 회사의 보장개시) 제2항에서 정한 암보장개시일(책임개시일) 이후에「암」으로 진단확정되거나 제1조(제1회 보험료 및 회사의 보장개시) 제1항에서 정한 보장개시일(책임개시일)이후에「상피내암」,「기타 피부암」,「경계성종양」또는「갑상샘암」으로 진단확정되었을 때에는 보험수익자(보험금을 받는 자)에게 암진단비를 지급합니다. 다만,「암」,「상피내암」,「기타피부암」,「경계성 종양」및「갑상샘암」은 각각 최초 1회의 진단확정에 한하여 지급합니다.

제4조(암, 상피내암, 기타피부암, 경계성 종양, 갑상샘암의 정의 및 진단확정)

▣ 이 특별약관에 있어서「암」이라 함은 제5차 한국표준질병사인분류에 있어서 악성신생물(암)로 분류되는 질병(【별표8(악성신생물(암) 분류표)】참조)을 말합니다. 다만, 전암상태(암으로 변하기 이전 상태, premalignant condition or condition with malignant potential)와 C44(기타 피부의 악성신생물) 및 C73(갑상샘의 악성신생물)에 해당하는 질병은 제외합니다.

▣ 제2조(보험금의 종류 및 지급사유)에서 정한「상피내암」이라 함은 제5차 한국표준질병사인분류에 있어서 상피내의 신생물로 분류되는 질병(【별표9(상피내의 신생물 분류표)】참조)을 말합니다.

▣ 제2조(보험금의 종류 및 지급사유)에서 정한「기타피부암」이라 함은 제5차 한국표준질병사인분류 중 분류번호 C44(기타 피부의 악성신생물)로 분류되는 질병(【별표8(악성신생물(암) 분류표)】참조)을 말합니다.

▣ 제2조(보험금의 종류 및 지급사유)에서 정한「경계성종양」이라 함은 제5차 한국표준질병사인분류 중 행동양식 불명 또는 미상의 신생물 분류표에서 정한 질병(【별표10(행동양식 불명 또는 미상의 신생물 분류표)】참조)을 말합니다.

▣ 제2조(보험금의 종류 및 지급사유)에서 정한「갑상샘암」이라 함은 제1항에서 정한「암」중에서 악성신생물(암) 분류표의 분류번호C73(갑상샘 악성신생물)에 해당하는 질병(【별표8(악성신생물(암) 분류표)】참조)을 말합니다.

▣「암」,「상피내암」,「기타피부암」,「경계성 종양」및「갑상샘암」의 진단확정은 해부병리 또는 임상병리의 전문의사 자격증을 가진 자에 의하여 내려져야 하며, 이 진단은 조직(fixed tissue) 검사, 미세침흡인검사(fineneedle aspiration biopsy) 또는 혈액(hemic system)검사에 대한 현미경 소견을 기초로 하여야 합니다.

Ⅰ. 림프절 전이된 갑상선암의 일반암 진단비 지급 사유

1. 사실관계

가. 개요

일 자	내 용	해당기관
2009. 06. 29.	무배당아름다운세상보험[62] 가입(이하 '이사건 보험')	A보험
2013. 02. 20.	입원	*병원
2013. 02. 21.	수술(갑상선 조엽 전절제술 및 중앙경부 림프절절제술)	*병원
2013. 02. 25.	조직병리결과지상, Metastatic papillary carcinoma to 1 in 3 lymph nodes	*병원
2013. 03. 06.	완결 갑상선 전제술	*병원
2013. 03. 25.	퇴원	*병원
2013. 06. 05.	재입원, 같은 달 16일 퇴원	*병원

나. 수술병원 조직병리결과지

내 용
• 2013. 02. 25.자 조직병리결과지 인용하면, Lymph node, "left central", dissegtion : Metastatic papillary carcinoma to 1 in 3 lymph nodes(1/3)

다. 수술병원 진단서

내 용
• 2013. 03. 04.자 진단서 인용하면, 1. 갑상샘의 악성신생물(한국질병분류번호 C73) 2. 림프절의 속발성 및 상세불명의 악성신생물(한국질병분류번호 C77)

62) 계약자 및 피보험자 홍길동(증권번호 1234567)

2. 관련규정

가. 무배당아름다운세상보험약관(이하 '이사건 보험약관')

[31-1. 암진단비담보 특별약관](이하 '이사건 특약')

제5조("암", "기타피부암"및 "갑상샘암"의 정의 및 진단확정)

[1] 이 계약에 있어서 "암"이라 함은 제5차 한국표준질병사인 분류에 있어서 악성신생물(암)으로 분류되는 질병(【별표 7】"악성신생물(암) 분류표"참조)을 말합니다. 다만, 「분류번호 C44(기타 피부의 악성신생물)에 해당하는 질병」, 「분류번호 C73(갑상샘의 악성신생물)에 해당하는 질병」또는 「전암상태(Premalignant condition or condition with malignant potential, 암으로 변하기 이전 상태)」는 제외합니다.

[3] 이 계약에 있어서 "갑상샘암"이라 함은(【별표 7】"악성신생물(암) 분류표"의 분류번호 C73(갑상샘의 악성신생물)에 해당하는 질병을 말합니다.

[4] "암", "기타피부암"및 "갑상샘암"의 진단확정은 해부병리 또는 임상병리의 전문의사 자격증을 가진 자에 의하여 내려져야 하며, 이 진단은 조직검사(fixed tissue), 미세침흡인검사(fine needle aspiration biopsy) 또는 혈액검사(hemic system)에 대한 현미경 소견을 기초로 하여야 합니다.

【별표 7】"악성신생물(암) 분류표"

약관에 규정하는 암으로 분류되는 질병은 제5차 개정 한국표준질병사인분류 중 다음에 적은 질병을 말합니다.

대상 악성신생물	분류번호
불명확한, 속발성 및 상세불명부위의 악성신생물	C76 ~ C80

제8조(보상하는 손해)

[1] 회사는 피보험자가 보험기간 중에 제3조(회사의 보장의 시기 및 종기)에서 정한 암에 대한 보장개시일 이후에 "암"또는 보장개시일 이후에 "기타피부암, 갑상샘암, 상피내암 또는 경계성 종양"으로 진단될 경우에는 각각 최초 1회에 한하여 아래의 금액을 암진단비로 수익자에게 지급하여 드립니다. 보험금을 받는 자(보험수익자)에게 암진단급여금(별표1"보험금 지급기준표"참조)을 지급합니다. 단, "암", "기타피부암", "갑상샘암", "상피내암"또는 "경계성 종양"각각 최초 1회의 진단 확정에 한하여 지급합니다.

나. 한국표준질병 · 사인분류(KCD) 확인

내 용

• KCD(한국표준질병분류) 규정 – 제3편 내용 예시표 및 4단위 숫자 항목분류표 中

① C77 림프절의 속발성[63] 및 상세불명의 악성신생물
(Secondary and unspecified malignant neoplasm of lymph nodes)
제외 : 원발성이라고 명시된, 림프절의 악성신생물
(malignant neoplasm of lymph nodes, specified as primary)(C81–C88, C96)
② 림프, 조혈 및 관련조직의 악성신생물
(Malignant neoplasms of lymphoid, haematopoietic and related tissue)(C81–C96)
주 : 항목 C82–C85에 쓰여진 비호지킨 림프종에 대한 용어는 여러 주요한 분류 방식 간의 공통 기반을 찾으려 했던 실용 공식(Working formulation)의 용어들이다. 이 방식들에 사용된 용어가 제표에는 주어지지 않으나 색인에 나타난다. 이 용어가 제표에 나타난 용어와 항상 정확히 동일하지는 않다.
포함 : 행동양식 분류번호/3의 형태 분류번호 M959–M998
(morphology codes M959–M998 with behaviour code/3)
제외 : 림프절의 속발성 및 상세불명의 신생물
(secondary and unspecified neoplasm of lymph nodes) (C77.–)

• KCD–5 코딩지침서 中 P63~64

02–05 림프종(Lymphoma)

림프절외 부위(Extranodal sites)

림프종은 고형 종양과 같은 방식으로 전이하지 않는 전신질환이다. 림프종은 침범된 부위의 수에 관계없이 전이성으로 간주되지 않으며, C81 - C85 범주로 코딩되어야 한다. 림프종이 반드시 림프선에서 기원하는 것은 아니다. 림프종은 전신에 있는 림프구양의 조직(lymphoid tissue)에서 기원할 수 있으며, 반드시 림프절이나 림프선에 한정되는 것은 아니다. '림프절외(extranodal)' 또는 '림프선이 아닌 부위'(예 : 위)라고 언급되는 림프종은 C81 - C85 범주에서 적합한 코드로 코딩되어야 한다.

림프종에는 다음과 같은 코드를 사용하지 않는다.

C77 림프절의 속발성 및 상세불명의 악성 신생물
(Secondary and unspecifiedmalignant neoplasm of lymph nodes)
C78.8 기타 및 상세불명의 소화기관의 속발성 악성 신생물
(Secondary malignantneoplasm of other and unspecified digestive organs)
C79.5 뼈 및 골수의 속발성 악성 신생물
(Secondary malignant neoplasm of boneand bone marrow)

63) 어떤병이 다른병에 이어서 생기는 특성, 반대어 원발성(다른 원인에 의해서 질병이 생긴 것이 아니라 그 자체가 질병인 성질.

다. 통계청(한국표준질병사인분류 상담사례 상세정보)

내 용
• "갑상선암에서 갑상선 림프절전이로 될 경우의 질병분류 적용"을 인용하면, C00-C75 림프, 조혈 및 관련 조직을 제외한 부위의 일차성이라고 정해졌거나 또는 가정되는 악성 신생물, C76 기타 및 불명확한 부위의 악성 신생물, C77-C79 신생물의 형태학적 유형과 상관없이 다른 부위로부터 전이되었거나 가정되는 이차성 악성 신생물, C80 상세불명 부위의 악성 신생물, C81-C96 림프, 조혈 및 관련 부위의 일차성이라고 정해졌거나 또는 가정되는 악성 신생물, 상기와 같은 관련 KCD상의 지침사항으로 신생물에 해당하는 질병분류를 코딩할 경우에는 원발부위와 전이부위를 각각 코딩하게 되어있음. 이에, 의사에 의해 갑상선암이 목의 림프절로 전이된 것으로 진단된 것으로 결정된 경우에는 제6차 개정 한국표준질병 · 사인분류상 'C73 갑상선의 악성 신생물'과 'C77.0 머리, 얼굴 및 목의 림프절의 이차성 및 상세불명의 악성 신생물'의 두 가지 분류부호가 모두 부여됨. 단, 림프절에 발생한 신생물이 다른 원발부위로부터 전이된 것이 아닌, 림프절에 발생한 신생물이 일차성 악성 신생물(즉, 원발부위가 림프절인 경우)로 의사에 진단된 경우에는 C77.- 림프절의 이차성 및 상세불명의 악성 신생물'의 부여는 제외됨.

라. 약관 해석 원칙

보험약관의 해석은 신의성실 원칙에 따라 당해 약관의 목적과 규정취지를 고려하여 공정하고 합리적으로 해석하되, 개개 계약 당사자가 기도한 목적이나 의사를 참작함이 없이 평균적 고객의 이해가능성을 기준으로 보험단체 전체의 이해관계를 고려하여 객관적 · 획일적으로 해석하여야 하며, 위와 같은 해석을 거친 후에도 약관 조항이 객관적으로 다의적으로 해석되고 그 각각의 해석이 합리성이 있는 등 당해 약관의 뜻이 명백하지 아니한 경우에는 고객에게 유리하게 해석하여야 합니다(대법원 1996. 06. 25. 선고 96다12009 판결, 대법원 2005. 10. 28. 선고 2005다35226 판결 등 참조).

보험 & 보상의 눈 (C73 → C73, C77)

이 사건 특약의 제5조 1항은 암이란 제5차 한국표준질병사인 분류에 있어서 악성신생물(암)으로 분류되는 질병을 말하고, 같은 조 4항은 이 진단은 조직검사 등에 대한 현미경 소견을 기초로 한다고 규정하며,

통계청에서 발간한 제5차 한국표준질병 · 사인분류(KCD)는 속발성(전이성) 림프절의 악성 신생물은 C77로 분류되며, 원발성 림프절의 악성신생물은 C77의 분류에서 제외하고 있다. 또한, 갑상선암에서 림프절로 전이된 경우는 원발부위와 전이부위를 각각 코딩한다. 가령, 의사에 의해 갑상선암이 목의 림프절로 전이된 것으로 진단된 것으로 결정된 경우에는 C73 갑상선의 악성 신생물과 C77.0 머리, 얼굴 및 목의 림프절의 이차성 및 상세불명의 악성 신생물의 두 가지 분류부호가 모두 부여되는 것으로 규정하고 있다.

피보험자는 2013. 02. 21. 갑상선 전절제술 및 림프절 절제술 하였고, 같은 달 25일 조직병리결과지상 림프절까지 전이된 것으로 확인되었으며, 2013. 03. 04.자 진단서에는 'C73 갑상샘의 악성 신생물'과 'C77 림프절의 속발성 및 상세불명의 악성 신생물'의 두 가지 분류부호가 모두 부여되어있다.

그렇다면, 피보험자의 진단명은 이사건 보험약관의 [별표 7] 악성신생물(암) 분류표상 C73 및 C77에도 해당되고, 이사건 보험 약관의 제8조 보상하는 손해 1항에서 '암', '갑상샘 암'으로 진단될 경우에는 각각 최초 1회에 한하여 암진단비를 지급하도록 규정하고 있는 바, A보험주식회사는 갑상샘암 진단비외에 암 진단비를 추가 지급하는 것이 타당하다. 그 외에 암 수술비, 암 입원비의 지급도 위와 같은 이유로 지급되어야 한다.

입증자료 보험증권 및 약관 3매, **대학교병원 진료기록(진단서, 조직병리결과지, 입원확인서, 수술확인서) 총12매, KCD(한국표준질병분류) 규정 – 제3편 내용 예시표 및 4단위 숫자 항목분류표 3매, KCD–5 코딩지침서 中 P63~64 2매, 한국표준질병사인분류 상담사례 상세정보 1매

첨부자료 부산지원2012가단224655판결문

▶ 참고자료 통계청 상담사례 상세정보

한국표준질병사인분류 상담사례 상세정보	
상담내용 구분	적용기준
관련 대분류 등	제2장. 신생물
관련 부위	갑상선 림프절
질문	갑상선암에서 갑상선 림프절전이로 될 경우의 질병분류 적용
답변	한국표준질병 · 사인분류 지침에서 질병코드를 한 개로 한정해야 한다는 원칙은 없습니다. 제6차 개정 한국표준질병 · 사인분류 제2권 지침서 중 '악성신생물'과 '질병이환'에 대해 기재되어 있는 사항을 아래와 같이 알려드립니다. * 4.4 질병이환(Morbidity) 중 일부 – 진료기간 동안 검사나 치료를 받은 병태 중 '주된 병태'가 단일병태 질병이환 분석(single-condition morbidity analysis)시 사용된다. '주된 병태'란 진료기간 중 최종적으로 진단 받은 병태로서 치료나 검사에 대한 환자의 요구가 가장 컸던 병태를 말한다. 이러한 병태가 둘 이상 있을 때는 의료자원을 가장 많이 사용하게 했던 한 가지 병태를 선택하여야 한다. 진단이 내려지지 않은 경우에는 주 증상이나 검사의 이상소견, 또는 문제점을 주된 병태로 선택한다. 주된 병태 뿐만 아니라 진료기간 중 다루었던 기타병태나 문제점도 자세하게 기록하여야 한다. 여기에서 '기타병태'라 함은 진료기간 중에 주된 병태가 함께 있었거나 발생된 병태로서 환자진료에 영향을 주었던 병태를 말한다. 이번 진료기간 중 다루지 않은 과거에 진료 받았던 병태는 기록하지 않는다. 단일병태로만 분석하게 되면 유용한 정보를 잃어버릴 수 있다. 그러므로 현실적으로 가능하면 일반적인 자료들을 보완해 주는 다발병태 질병분류 및 분석을 권장하고 있다. * 4.2.7 악성 신생물(Malignant neoplasms) 중 일부 신생물에서는 행동양식, 형태학 및 부위에 대한 정보를 고려하는 것이 특히 중요하다. 행동양식, 형태학 및 부위는 신생물을 코딩하고자 할 때 모두 고려해야 한다. 분류 항목은 신생물의 부위 정보에 대해 알려주며, 신생물의 서로 다른 행동양식을 구분 해준다. 항목은 다음과 같다. C00–C75 림프, 조혈 및 관련 조직을 제외한 부위의 일차성이라고 정해졌거나 또는 가정되는 악성 신생물 C76 기타 및 불명확한 부위의 악성 신생물 C77–C79 신생물의 형태학적 유형과 상관없이 다른 부위로부터 전이되었거나 가정되는 이차성 악성 신생물 C80 상세불명 부위의 악성 신생물 C81–C96 림프, 조혈 및 관련 부위의 일차성이라고 정해졌거나 또는 가정되는 악성 신생물 상기와 같은 관련 KCD상의 지침사항으로 신생물에 해당하는 질병분류를 코딩할 경우에는 원발부위와 전이부위를 각각 코딩하게 되어있음을 알 수 있습니다. 이에, 의사에 의해 갑상선암이 목의 림프절로 전이된 것으로 진단된 것으로 결정된 경우에는 제6차 개정 한국표준질병 · 사인분류상 'C73 갑상선의 악성 신생물'과 'C77.0 머리, 얼굴 및 목의 림프절의 이차성 및 상세불명의 악성 신생물'의 두 가지 분류부호가 모두 부여됨을 알려드립니다. 단, 림프절에 발생한 신생물이 다른 원발부위로부터 전이된 것이 아닌, 림프절에 발생한 신생물이 일차성 악성 신생물(즉, 원발부위가 림프절인 경우)로 의사에 진단된 경우에는 C77.– 림프절의 이차성 및 상세불명의 악성 신생물'의 부여는 제외됨을 알려드립니다.

Ⅱ. 림프절 전이된 갑상선암의 일반암 진단비 부지급 사유

1. 금융감독원 분쟁조정회신문

제목 : 금융분쟁조정신청에 대한 회신

1. 우리원에 접수된 귀하의 금융분쟁조정신청에 대한 회신입니다.
2. 본건의 쟁점은 갑상선암(C73)이 림프절로 전이(C77.9)된 경우 갑상선암에 따른 보험금의 추가적으로 일반암으로 인정하여 관련보험금을 지급할 책임이 있는지 여부인 바, 귀하의 분쟁조정 신청서류, 동 보험회사의 제출자료, 해당 보험약관 등을 검토한 결과,

- 귀하는 *년 *월 *일 ***대학교병원에서 갑상선절제술을 시행하고 조직검사를 한 결과 갑상선암(C73) 진단확정을 받고 갑상선암진단급여금, 갑상선암수술급여금 및 갑상선암입원급여금을 지급받은 후 ***병원에서 다시 진단서를 발급받았는데 동 진단서 향후치료의견란에는 "위 환자는 상기병명(갑상선암〈C73〉, Metastatic lymph node〈C77.9〉)으로 진단받아 타병원에서 갑상선 절제술 시행받으신 분으로

- 동 보험회사가 귀하의 갑상선암과 관련하여 대학교 부속병원에 의료자문하여 받은 자문의 회답변서(2013. 3. 28. 발행)에 의하면,

1. 첨부된 자료를 볼 때 상기 환자의 상태는 어떠한지요? 갑상선암 진단하에 갑상선 전절제술 및 갑상선 주위 림프절 절제술을 시행한 상태임.
2. 일반적으로 갑상선암 수술시 경부 곽청술의 시행목적? 갑상선은 국소 림프절전이가 흔히 발생하므로 경부 림프절 곽청술은 전이 위험성이 높은 림프절을 제거하여 근치적 절제술이 이루어지도록 하는 치료적 목적과 수술 후 갑상선암의 병기를 결정하고 치료방침을 정하는데 목적이 있음.
3. 갑상선암의 경우 경부 곽청술 후 국소 림프절 전이가 있는 경우와 그렇지 않은 경우 진단 코드가 달라지는지 여부? 경부 림프절 곽청술 후 병리검사에서 국소 림프절 전이가 양성인 경우와 음성인 경우의 진단코드는 달라지지 않음.
4. 일반적으로 암진단시 갑상선암(C73) 진단과 림프절의 이차성 및 상세불명의 악성 신생물(C77)과의 차이점? 갑상선암(C73) : 갑상선에서 발생한 암과 갑상선 주변 림프절 전이를 포함하여 갑상선암이라고 진단함. 림프절의 이차성 및 상세불명의 악성 신생물(C77) : 특정장기에서 발행한 원발성암이 원격 림프절에 전이가 된 경우 및 원발성 암이 발생한 장기를 알 수 없고 림프절에서 전이성 암이 발견된 경우를 말함.
5. 갑상선에 국한된 암, 갑상선 주변 림프절 전이시(C77)진단코드의 적용가능 여부? 갑상선에

국한된 암, 갑상선 주변 림프절 전이시(C73)코드로 적용하는 것이 일반적이며 타당하므로 (C77)진단코드는 적용되지 않음.

6. 첨부된 자료로 볼 때 상기 환자의 최종 적용 가능한 진단명(질병분류코드 포함) 및 그 이유? 갑상선암과 국소 림프절에 전이된 것으로 원격 림프절 전이 소견은 없으므로 갑상선암(C73)이 적용 가능한 진단으로 판단됨. 이라고 의료자문을 하고 있는 것을 비추어 볼 때,

귀하의 경우 갑상선암이 국소 림프절에 전이된 것으로 특정장기에서 발생한 원발성암이 원격 림프절에 전이가 된 경우는 아니기 때문에 귀하가 수술 및 치료를 받은 ＊＊＊병원에서 진단한 갑상선암(C73)으로 판단을 하고 이에 따른 갑상선암진단급여금 및 기타보험금을 지급한 동 보험회사의 업무처리가 부당하다고 하기는 어렵다고 사료됩니다.

금융감독원장

보험 & 보상의 눈

위 1.금융감독원 분쟁조정회신문을 보면 보험회사가 자체 의료자문하여 얻은 답변서에 근거해 판단하였다. 우선 이 답변서가 분쟁해결의 결정적인 근거가 되었다는 사실에 놀랍다. 더욱 이 자문의뢰답변서의 내용[64]을 통계청의 한국표준질병분류 코딩지침내용에 근거해 판단하면 사실과 다르다.

만약, 보험사가 의료자문시 해당자문의사에게 한국표준질병분류의 코딩지침에 근거해 자문을 구하고, 해당 자문의사도 의사의 재량이라는 틀속에서의 자문이 아닌 철저하게 위 코딩지침에 근거해 판단했다면 그 결과는 어땠을까.

보험사가 자문의사의 소견을 받는 것은 당연한 것이나, 그 자문자료는 부족한 의학지식의 보충자료로 활용되어야지, 판단근거의 책임면피용으로 사용되어서는 안된다.

---

64) [참고 - KCD 분류표]
C77림프절의 속발성 및 상세불명의 악성신생물(Secondary and unspecified malignant neoplasm of lymph nodes)
제외 : 원발성이라고 명시된, 림프절의 악성신생물(malignant neoplasm of lymph nodes, specified as primary)(C81-C88, C96)

pp. 213~214의 「1. 금융감독원 분쟁조정회신문」 中 금감원의 회신 부분만 인용하면	금감원의 회신의 3.에서 6.까지를 한국표준질병사인분류코딩지침에 근거해 재판단하면
3 '국소 림프절 전이가 양성인 경우와 음성인 경우의 진단코드는 달라지지 않음.'	3 한국표준질병사인분류(KCD) 규정 – 제3편 내용예시표 및 4단위 숫자 항목분류표 中 속발성(전이성) 림프절의 악성신생물은 C77로 분류됨
4 '림프절의 이차성 및 상세불명의 악성 신생물(C77) : 특정장기에서 발생한 원발성 암이 원격 림프절에서 전이가 된 경우 및 원발성 암이 발생한 장기를 알 수 없고 림프절에서 전이성 암이 발견된 경우를 말함.'	4.~ 6. 통계청의 한국표준질병사인분류 상담사례 상세정보 中 한국표준질병사인분류(KCD)상의 지침사항으로 신생물에 해당하는 질병분류를 코딩할 경우에는 원발부위와 전이부위를 각각 코딩. 가령, 의사에 의해 갑상선암이 목의 림프절로 전이된 것으로 진단된 것으로 결정된 경우에는 한국표준질병사인분류상 'C73 갑상선의 악성 신생물' 과 'C77.0 머리, 얼굴 및 목의 림프절의 이차성 및 상세불명의 악성 신생물' 의 두 가지 분류부호가 모두 부여.
5 '갑상선에 국한된 암, 갑상선 주변 림프절 전이시 (C73) 코드로 적용하는 것이 일반적이며 타당하므로 (C77)진단코드는 적용되지 않음'	
6 '갑상선암과 국소 림프절에 전이된 것으로 원격 림프절 전이 소견은 없으므로 갑상선암(C73)이 적용가능한 진단으로 판단됨.'	

2. 유사판례(대구지방법원 2013가합201756 판결문)

법원은 의사에 의해 갑상선암이 목의 림프절로 전이된 것으로 진단된 것으로 결정된 경우에는 제6차 개정 한국표준질병사인분류상 C73과 C77의 두가지 분류부호가 모두 부여된다는 내용으로 통계청 민원 회신이 작성된 것은 통계작성을 목적으로 하는 질병분류의 측면에서 답변한 것이고, 통계작성 목적외로 활용되는 경우에는 해당 기관의 사용목적에 따라 달리 적용되어 질 수 있다고 기재되어 있어, 이 사건과 같이 의사의 진단을 근거로 한 보험금 분쟁사건에서 직접적으로 적용될 수는 없다. 또한 원용하고 있는 대법원 2009다60305판결은 이사건과 구체적인 사안을 달리하고 있어 적용하지 아니한다.

암이 원발부위에만 국한되어 있는 것이 아니라 림프절이나 각종 장기등에 암이 퍼진 전이암의 경우는 질환의 예후가 나쁘고 재발률이 높아 환자의 건강 및 질병 관리를 위해 원발암과는 별도로 구분하고 있고 질병분류에서도 별도의 코드를 부여하는 것이다. 그런데 전이암은 별도의 질환이 아니라 암의 진행정도를 나타내는 것에 불과하므로 C73과 C77을 별도로 표기한 것은 암의 종류가 두가지라는 것을 뜻하는 것이 아니라 암의 진행정도를 나타내는 표현 방법으로서 갑상선 암이 목의 림프절로까지 전이되었다는 사실을 명시하기 위한 것이다. 진단서에 갑상선암(C73), 목의 림프절 전이(C77)라고 기재되어 있는 것은 의사는 목의 림프절 전이를 별도의 암으로 진단한 것이 아니라 주된 질병인 갑상선암의 진행정도를 명확히 나타내기 위하여 한국표준질병분류번호 C77를 부여한 것에 불과하므로 추가 보험금을 지급할 채무가 없다.

보험 & 보상의 눈

위 법원 판결문은 보험사가 일반암의 부지급 근거로 사용하는 판례이다. 이 판결의 내용은 갑상선암(C73)과 (C77)을 모두 부여하는 것을 인정하면서도 림프절 전이를 별도의 암으로 진단한 것이 아니라 주된 질병인 갑상선암(C73)의 진행정도를 나타내기 위하여 질병분류번호 C77(림프절전이암)를 부여한 것에 불과하다는 의견이다. 그러나, 의학적으로는 위와 같이 암의 진행정도를 나타내기 위하여 부여하는 것이 타당할지라도 한국질병분류의 코딩지침과는 부합하지 않는다. 더욱 보험약관은 한국질병분류에 근거해 보험금지급여부를 판단하며, 갑상선암(C73)외에도 림프절전이암(C77)으로 질병분류번호를 부여할 수 있으면 일반암진단비를 추가로 지급하도록 명시되어 있다. 그렇다면 작성자불이익해석원칙에 의해서도 일반암 진단비를 추가로 지급해야 한다.

3. 보험사가 부지급의 근거로 삼은 손해사정법인 보고서 내용

림프절의 속발성 및 상세불명의 악성신생물 진단이 원발성암과 인과관계가 있는지, 즉 갑상선이 아닌 특정장기에서 발생한 원발성암이 원격림프절에 전이가 된 것인지 유무와 원발성 발생한 장기를 알 수 없고 림프절에 전이가 된 것인지에 대한 담당의 소견확인결과 림프절의 속발성 및 상세불명의 악성신생물 진단은 진단명과 같이 속발성으로 전이가 된 것이며 갑상선의 악성신생물에서 전이가 된 것이라는 소견임. 따라서 지급하는 손해에 해당되나, 림프절의 속발성 및 상세불명의 악성신생물 진단이 일반암으로 진단금 적용하여 청구하였으나 담당의 소견상 림프절의 속발성 및 상세불명의 악성신생물 진단은 갑상선의 악성신생물에서 전이가 된 것이라는 소견인 바, 금번 청구사항에 암진단비는 갑상선암으로 적용 지급함이 타당함.

보험 & 보상의 눈

위 보고서 내용에 "담당의 소견상 림프절의 속발성 및 상세불명의 악성신생물 진단은 갑상선의 악성신생물에서 전이가 된 것이라는 소견인 바, 금번 청구사항에 암진단비는 갑상선암으로 적용지급함이 타당"이라는 결과가 있다. 그러나, 이 결과도 림프절전이암(C77)의 진단을 인정하면서도 갑상선암에서 전이가 된 것이기에 추가로 인정할 수 없다는 내용인데, 한국질병분류의 코딩지침과는 부합하지 않는다. 더욱 보험약관은 한국질병분류에 근거해 보험금지급여부를 판단하며, 갑상선암(C73)외에도 림프절전이암(C77)으로 질병분류번호를 부여할 수 있으면 일반암진단비를 추가로 지급하도록 명시되어 있다. 그렇다면 작성자불이익해석원칙에 의해서도 일반암 진단비를 추가로 지급해야 한다.

Ⅲ. 림프절전이암이라 하더라도 갑상선암을 기준으로 지급하는 것으로 보험사의 약관 개정

갑상선암외에도 림프절로 전이된 경우는 추가로 일반암 진단비를 지급해오다가 청구가 빈번해지고 분쟁이 많아지자 보험사는 다음과 같이 약관내용을 개정하였다.

개정 전	개정 후
회사는 피보험자가 암에 대한 보장개시일 이후에 "암"또는 보장개시일 이후에 "기타피부암, 갑상샘암, 상피내암 또는 경계성 종양"으로 진단될 경우에는 각각 최초 1회에 한하여 아래의 금액을 암진단비로 수익자에게 지급하여 드립니다. 단, "암", "기타피부암", "갑상샘암", "상피내암"또는 "경계성 종양" 각각 최초 1회의 진단 확정에 한하여 지급합니다.	〈유의사항〉 한국표준질병 · 사인분류 지침서의"사망 및 질병이환의 분류번호부여를 위한 선정준칙과 지침" 에 따라 C77~C80(불명확한,이차성 및 상세불명부위의 악성신생물(암))의 경우 일차성 악성신생물(암)이 확인되는 경우에는 원발부위(최초발생한부위)를 기준으로 분류합니다.

● 보험 & 보상의 눈

위 개정된 내용에는 한국표준질병사인분류 지침서에 따라 C77로 확인되는 경우는 최초 發生부위를 기준으로 분류한다는 내용이 추가되었다. 즉 림프절전이암(C77)으로 분류되더라도 최초 발생부위인 갑상선암(C73)을 기준으로 보상하겠다는 것이다.

그렇다면 위 개정된 내용이 추가되기 전 약관이라면 림프절전이암(C77)으로 분류되는 경우 최초 발생부위인 갑상선암(C73)을 기준으로 보상해선 안된다는 것이다. 따라서 보험사는 갑상선암으로 청구된 사안들 중 림프절전이가 확인되는 모든 사안에 대해서는 림프절전이암의 질병분류번호가 없더라도 일반암을 기준으로 지급해야 한다. 지금이라도 정당한 보상이 이루어져야 한다.

제4절 직장의 양성 점막내암(D01)의 일반암 진단비

Colon and Rectum Cancer

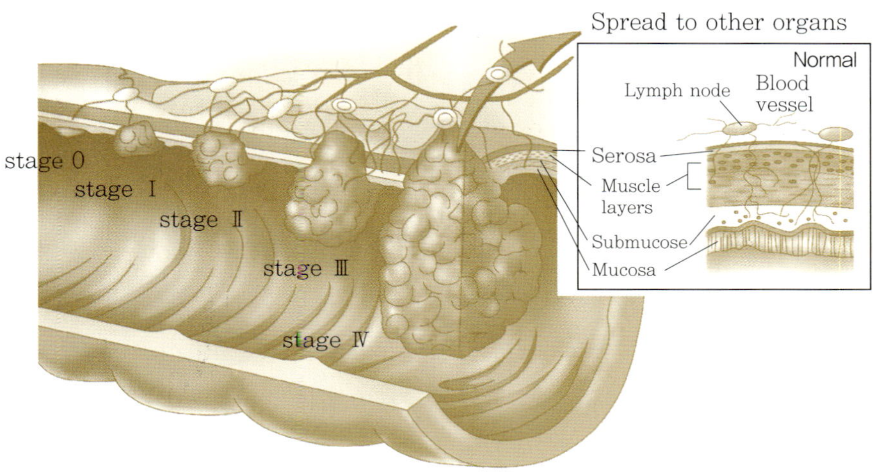

알기쉬운 사례

갑은 수주일전부터 속이 더부룩하고 가스가 차며 소화가 되지 않았다. 가족들의 권유로 병원에 방문하였다. 의사는 장내시경 검사를 받아볼 것을 권유하였고, 며칠후 검사를 하였다. 그 결과 점막내에 종양(폴립)이 확인되어 수술을 하였다. 의사는 종양의 모양이 이상해서 조직검사를 하였고, 대장암 진단을 하였다. 반면, 항암치료를 받아야 하는 상황은 아니고 단순히 종양만 제거하는 것으로 더 이상의 치료는 필요치 않다고 하였다. 갑의 경우는 진단서상에는 '암'이라는 병명을 사용하였지만, 정확히 표현하자면 상피에만 국한된 종양이기에 암이 아닌 '상피내암'이었다.

여기서 보상관계를 살펴보면, 의사는 암이라는 진단을 하였기에 암진단비를 줘야 하는 것인지, 아니면 의학적으로 상피내암이기에 암진단비가 아닌 상피내암진단비만을 줘야하는 것인지에 대해 살펴보자.

이에 대해 법원은 상피내암이지만 약관상 암이므로 암진단비 전액을 지급하라고 하였다. 보험약관은 암의 분류기준으로 한국표준질병사인분류의 기준만을 인용하고 있고, 상피내암에 점막내암도 포함된다고 명시하고 있지 아니하며[65], 오히려 종양이 상피를 넘어 기저막을 뚫고 점막고유층에 침윤한 점막내암의 경우에는 이미 이러한 행동양식(비침윤성 등)을 갖고 있지 아니할 뿐만 아니라, 절제술을 마친다면 추후 전이 가능성이 극히 낮지만 절제하지 않고 방치할 경우 다른 부위로 전이할 수 있다는 점에서 악성의 행동양식을 갖고 있으므로 악성으로 분류하는 것이 그 분류기준에 충실한 해석이라고 봤으며, 소화기병리연구회의 논문도 상피내암과 점막내암이라는 용어를 구분하여 사용하여야 한다는 입장을 밝히고 있고, 대장암 취급지침서 역시 점막내 암을 제1기 대장암으로 분류하여 악성 종양임을 인정하였다. 또한, 약관 해석의 관점에서 약관의 뜻이 명백하지 아니한 경우에 해당하므로, 약관규제에 관한 법률이 규정하는 작성자 불이익의 원칙을 적용하여 암으로 인정해야한다고 하였다.

65) 일부 개정된 약관에는 점막내암을 구분하여 명시하고 있다. 여기서는 구분이 없었던 약관이다.

Ⅰ. 의학지식[66]

1. 대장용종

대장암은 최근 발생 빈도가 급격히 증가하고 있으며 성인에서 네 번째로 흔한 암이다. 남자에서는 폐암, 위암, 간암 다음으로 많이 발생하고(10만명당 발생률 26.2명) 여자에서는 유방암, 위암 다음으로 많이 발생한다(10만명당 발생률 20.7명). 대부분의 대장암은 대장 표면을 덮고 있는 대장의 상피세포에서 발생된다. 이 세포들이 증식을 시작하고 용종이라 불리는 양성 종양을 이룬다. 이 용종들이 크기가 커지면서 용종을 구성하고 있는 양성 세포들이 암세포로 바뀌고, 이 암세포들이 증식하고 크기가 커지면서 장벽을 침범하거나 신체의 다른 부분으로 전이되는 과정을 거친다. 양성 용종이 암으로 변하는 원인은 각 세포의 기능을 조절하는 다양한 유전자의 이상에 기인한다고 생각되고 있다. 대장암을 비롯한 대장 질환이 최근 증가하는데에는 대장내시경(colonoscopy) 등의 대장에 대한 검사가 보편화 되면서 그만큼 많은 대장 질환 환자를 진단할 수 있었던 것도 하나의 이유가 되지만, 무엇보다도 식생활의 개선으로 육식의 비중이 늘어난 것을 가장 큰 원인으로 보고 있다.

용종 : 외부 · 점막 · 장막 등의 면에 줄기를 가지고 돌출되어 구 · 타원 · 난원상(卵圓狀)을 띤 종류의 총칭(점막으로 덮인 체강 벽에서 튀어나와 자라난 것을 모두 일컫는 의학용어).

2. 의학용어사전에 나온 'polyp'

용종이란 우리 몸의 일부(특히 점막)에 부수적으로 생긴 혹으로, 비교적 조그맣고 부드러우며 끝이 둥그스름한 형태의 돌기 모양의 혹을 말한다. 용종은 우리몸 어디에서나 발생할 수 있으나, 비강, 위장관, 담낭, 방광, 자궁 등 내부가 점막으로 덮혀진 장기들에서 대부분 발생한다.

---

66) 국립암센터, 국가건강정보포털 등에서 인용하였다.

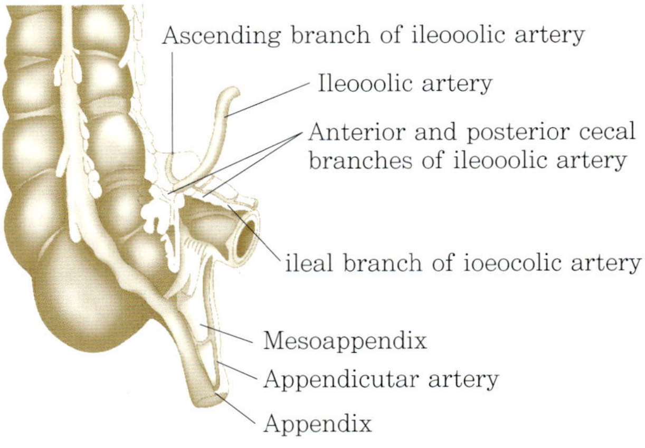

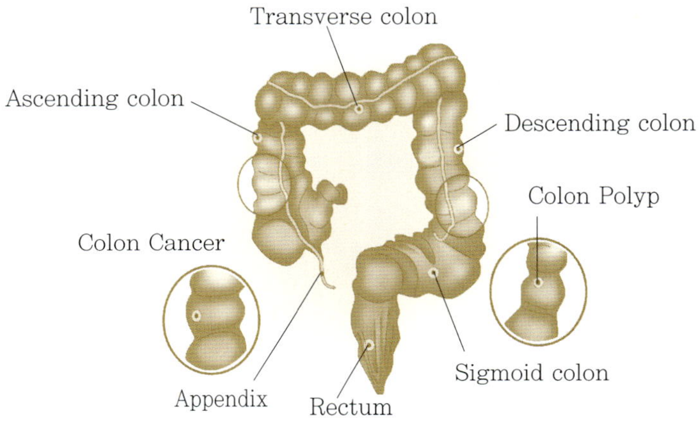

3. 대장의 해부학적 구조

대장은 약 135~150cm 길이로 항문에 연결되는 소화관의 마지막 부위이며, 엄밀한 의미로는 결장(colon)과 직장(rectum)으로 구분된다. 다만, 보통 '대장'이라고 하면 '결장'을 의미하는 말로 특별한 구분없이 사용하는 경우가 많다. 결장은 그 위치에 따라 맹장(cecum), 상행결장(ascending colon), 횡행결장(transverse colon), 하행결장(descending colon), 에스상결장(sigmoid colon)으로 구분할 수 있으며, 상행결장에서 횡행결장으로 넘어가는 구부러진 부위를 간(liver)이 있는 부위에 위치해있다고 해서 간곡(hepatic flexure)이라 하고, 횡행결장에서 하행결장으로 넘어가는 부위를 비장(spleen)이 있는 부위에 위치해있다고 해서 비장곡(splenic flexure)이라고 한다.

4. 대장의 각 부위별 명칭

대장의 외부에는 세 개의 길다란 띠가 있는데 이를 대장뉴(taenia coli)라고 한다. 대장은 마치 이 띠로 인하여 커텐처럼 주름이 잡힌것 처럼 보이는데, 내부를 보면 돌출된 커다란 주름을 관찰할 수 있고 이를 결장팽대(haustra coli)라고 한다. 대장은 수분을 비롯하여 몇 가지 물질들을 흡수하여 회장에서 내려온 액체성 내용물을 반고형질로 바꾸어 대변으로 만든 후 일시적으로 저장했다가 배출하는 역할을 한다. 대장내에는 엄청나게 많은 수의 미생물이 존재하는데, 대략 건조한 변 무게의 1/3정도를 미생물이 차지하고 있을 정도이다. 대장내의 가스는 정상적으로 약 200ml 정도가 존재한다. 단순 복부 방사선촬영을 해보면 유독 까맣게 보이는 부분이 바로 대장내에 정상적으로 존재하는 가스이다. 반면 소장내에 존재하는 가스는 단순방사선 촬영에서 다른 양상으로 나타나는데, 그러한 경우는 비정상적인 상태이고 치료가 필요하다.

대장 용종은 여러가지 종류가 있다. 현미경으로 관찰되는 특징에 따라 분류(조직학적 분류)하기도 하고 눈으로 보이는 생긴 모양에 따라 그 종류를 분류(형태학적 분류)하기도 한다. 이러한 분류가 중요한 이유는 암으로 발전할 가능성이 있느냐 없느냐를 결정짓는 중요한 단서이고 치료를 어떻게 해야 하느냐를 구분짓는 정보이기 때문이다.

Ⅱ. 조직학적 분류

현미경적으로 관찰되는 소견에 따른 분류이다. 암(cancer)으로 발전될 가능성 여부를 결정짓는 가장 중요한 소견이다. 크게 종양성 용종(neoplastic polyp)과 비종양성 용종(nonneoplastic polyp)으로 나눌 수 있다.

1. 종양성 용종(neoplastic polyp)

암으로 발전될 가능성이 있는 용종이다. 가장 대표적으로 선종성 용종(adenomatous polyp)이 있고, 지방종성 용종(lipomatous polyp), 섬유종성 용종(fibromatous polyp), 평활근종성 용종(leiomyomatous polyp) 등이 드물게 발견된다. 종양성 용종중에서는 가장 흔한 선종성 용종에 대해서만 알아보자.

가. 선종성 용종(adenomatous polyp)

대장에서 발견되는 용종으로는 가장 흔하게 발견되는 용종. 선종성 용종은 조직학적으로 다시 세 가지 형(type)으로 나뉘는데, 관상형(tubular), 융모형(villous), 관상-융모형(tubulovillous)으로 나뉜다. '관상형'이란 관(tube) 모양으로 종양세포가 자라나 있는 경우를 말하며, '융모형'이란 손가락처럼 길게 종양세포가 자라나서 마치 소장의 융모(villi)처럼 보이는 경우를 말한다. '관상-융모형'은 그 중간형태를 말한다. 이중 가장 많은 발생빈도를 보이는 것은 관상형으로(87%) 크기는 대부분 직경 1.5cm 이하이다. 관상형에 비해 융모형(5%)과 관상-융모형(8%)은 비교적 드문 편이다. 관상형이든 융모형이든 모두 암으로 바뀔 가능성은 있지만, 융모형이 훨씬 더 가능성이 높은것으로 알려져 있다.

나. 비종양성 용종(비종양성 용종(nonneoplastic polyp)

암으로 발전될 가능성이 없는 용종이다. 여기에는 과형성 용종(증식성 용종,hyperplastic polyp), 과오종성 용종(hamartomatous polyp), 염증성 용종(inflammatory polyp) 등이 있다. 암으로 발전하지 않기 때문에 그냥 내버려둬도 아무 문제는 없지만, 중요한 것은 눈으로 보는 것만으로는 종양성인지 비종양성인지 확실히 구분할 수 없다. 그래서 꼭 조직검사가 필요한데, 조직검사를 위해서는 조직을 떼어내야 하고, 이왕 조직을 떼어내야 할 것이라면 한번 시술에서 용종 전체를 다 떼어내는 것이 환자로 하여금 덜 불편하게 하는 것이기 때문에, 대장 내시경 검사에서 용종이 보이면 일단 용종절제술(polypectomy)을 시행하는 것이 원칙이다.

1) 과형성 용종(hyperplastic polyp)

비종양성 용종으로는 가장 많은 발생빈도를 보인다. 최초 대장내시경 검사 시행 환자의 11%에서 발견할 수 있다. 성숙된 세포가 쇠퇴하지 못하고 '과성숙'된 상태로 남아있기 때문에 형성된 용종으로, 대부분이 직경 3mm 이하의 아주 작은 크기로 다양한 모양을 하고 있다. 순수한 과형성 용종은 암으로 발전하지 않기 때문에 문제가 되지 않지만, 위에서 언급한대로 암으로 발전 가능성이 있는 선종성 용종과 눈으로는 구분이 되지 않기 때문에 보이는 대로 용종절제술을 시행해야 한다. 더군다나 과형성 용종은 선종으로 변할 수 있으며(adenomatous change), 과형성 용종이 있는 환자에서 선종성 용종이 같이 있는 경우가 많기 때문에 더욱 더 용종절제술이 필요하다. 실제로 과형성 용종으로 진단된 환자를 추적검사(follow-up)하여 다시 대장내시경 검사를 시행했을 때 50%의 환자에서 선종성 용종이 발견되었다는 보고가 있다. 선종성 용종이 비교적 전 대장에 걸쳐서 고른 발생빈도를 보이는 반면, 과형성 용종은 주로 어스상 결장과 직장에서 흔히 발견된다.

2) 유년기 용종(juvenile polyp)

과오종성 용종(hamartomatous polyp)을 갖는 대표적인 대장용종. 유년기 용종을 설명하기 이전에 과오종(hamartoma)이란 과오(error)와 종(tumor)이 결합되어 만들어진 어원상으로도 알 수 있듯이 과오종은 '종양으로 잘못 안종양'이라는 뜻이다. 악성종양(malignant tumor)이든 양성종양(benign timor)이든 종양을 만든 세포는 정상세포가 아니라 어떤 식으로든 변형이 되어 있는 세포이다. 이러한 세포가 무한정 자라나면서 다른 조직에까지 침투하면 악성종양(암)이 되고, 더 이상 자라지 않거나 자라는 속도가 너무 늦어서 다른 조직으로 침투할 가능성이 없으면 양성종양이 되는 것이다. 그러나 과오종은 정상적인 기능을 하는 정상 세포로 구성되어 있다. 따라서 암으로 발전할 가능성은 거의 없는 것으로 알려져 있다.

3) 염증성 용종(inflammatory polyp)

엄밀한 의미로는 용종이 아니다. 궤양성 대장염(ucerative colitis)이나 크론씨 병(Crohn's disease) 등 대장의 여러가지 염증성 질환에 속발되어 점막이 용종 모양으로 두꺼워진 것을 말하며, 주로 가성용종(pseudopolyp)이라고 한다.

Ⅲ. 형태학적 분류

대장내시경 검사를 시행하는 동안 눈으로 관찰되는 모양에 따른 분류이다.

대장내시경하 용종절제술(colonoscopic polypectomy)로 충분한지 수술적 처치가 필요한지를 결정짓는 요소이다. 즉, 초기치료 방향을 설정하는 소견이다. 형태학적인 분류는 많은 학자들에 의해서 다양한 방법이 제시되고 있어서 아직도 확실한 방법으로 통일되지는 않았지만, 보통 다음과 같이 조기위암(early gastric cancer)를 분류할 때 사용하는 방법과 비슷한 방법을 많이 사용한다.

1. 대장종양의 형태학적 분류

용종의 정의대로 솟아있는 용종을 융기형(protruded type)이라 하고 그러지 않은 용종을 편평형(flat type)으로 분류한다. 융기형은 그 모양이 머리부분과 목부분이 구분되어지는 것을 목이 있다고 하여 유경성(deduculated)이라고 하고, 그냥 둥그스름하게 솟아올라 있는 것을 목이 없다고 하여 무경성(sessile)이라고 하며, 그 중간 형태를 아유경성(semipeduculated)라고 한다. 용증의 모양이 편평할수록 수술적 처치를 시행해야할 가능성이 많다. 유경성 선종(peduculated adenoma)은 암세포가 점막층에만 국한된 경우이고, 무경성 선종(sessile adenoma)는 암세포가 점막근층을 지나서 점막하층까지 침범한 경우이다. 유경성 선종의 경우는 목(neck) 부위에서 절제하는 것으로 충분히 암세포가 제거되지만 무경성 선종의 경우는 시술이 복잡하다.

2. 검사방법

대장용종의 진단은 주로 대장내시경 검사나 대장조영술로 한다. 대장내시경 검사(colonoscopy)는 대장내시경(colonoscope)을 항문을 통해 집어넣어 모니터를 통하여 전달되는 대장내부의 이미지를 직접 눈으로 보고 대장질환의 유무를 검사하는 방법이며, 대장조영술은 이중조영 바륨관장(double-contrast barium enema)라고도 하는데, 방사선에 투과되지 않는 약물인 바륨(barium)과 공기를 항문을 통해 대장안으로 집어넣어 방사선 촬영을 한 후 현상된 방사선 사진을 보고 대장질환의 유무를 검사하는 방법이다.

Ⅳ. 분류법에 따른 암의 병기[67]

TNM(Tumor-Node-Metastasis)병기 분류 – T병기(종양의 장벽 침범 정도)

병기	정의	
T1	• 암세포가 점막하층까지만 국한된 경우	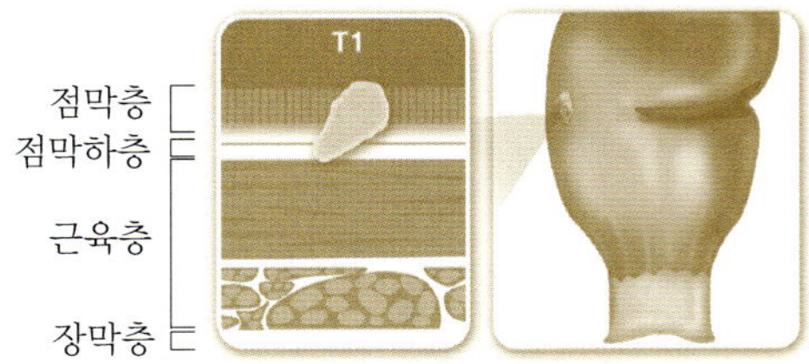
T2	• 암세포가 근육층까지지만 국한된 경우	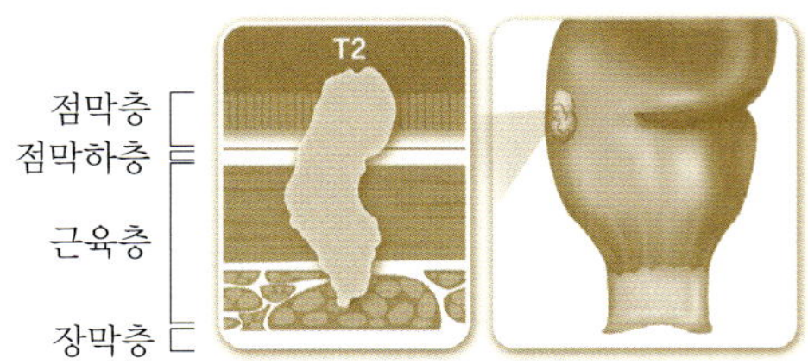
T3	• 암세포가 근육층을 뚫고 장막하층까지 침윤된 경우	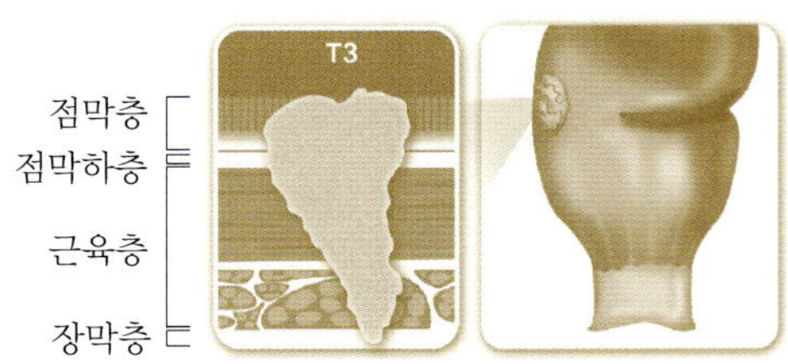
T4	• T4a : 암세포가 장막층을 뚫은 경우 • T4b : 암세포가 인접 주위 장기나 구조에 침윤된 경우	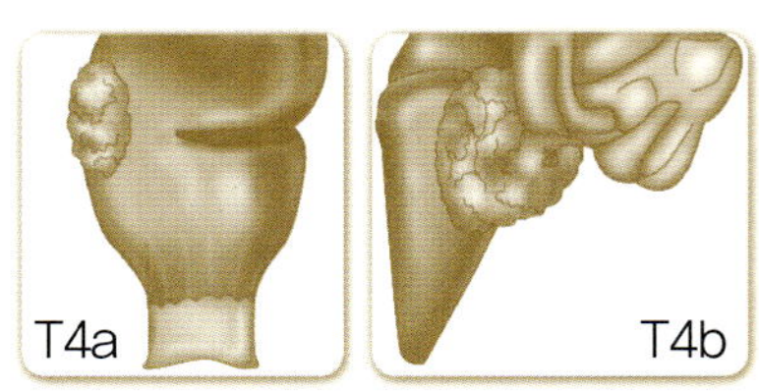

67) 국립암센터, 국가건강정보 포털의 자료를 인용하였다.

TNM(Tumor-Node-Metastasis)병기 분류 - N병기(림프절 전이 정도)

병기	정의	
N0	• 림프절 전이가 없는 경우	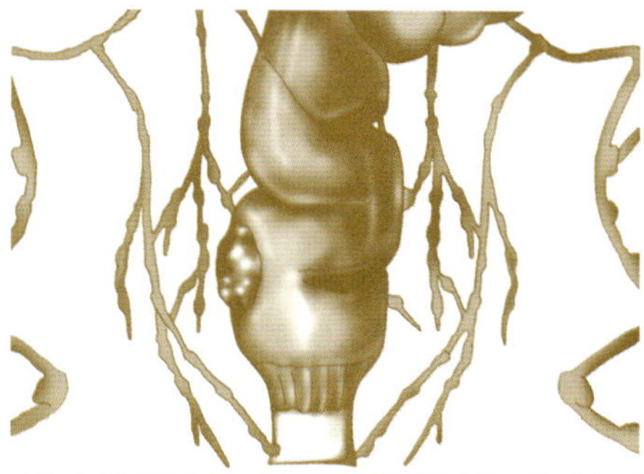
N1	• 림프절 전이가 1~3개 있는 경우 • Nta : 림프절 전이가 1개인 경우 • N1b : 림프절 전이가 2~3개인 경우 • Ntc : 림프절 전이 없이 암세포가 장막하층, 장간막 혹은 복막으로 덮히지 않은 직장 주변 조직에 있는경우	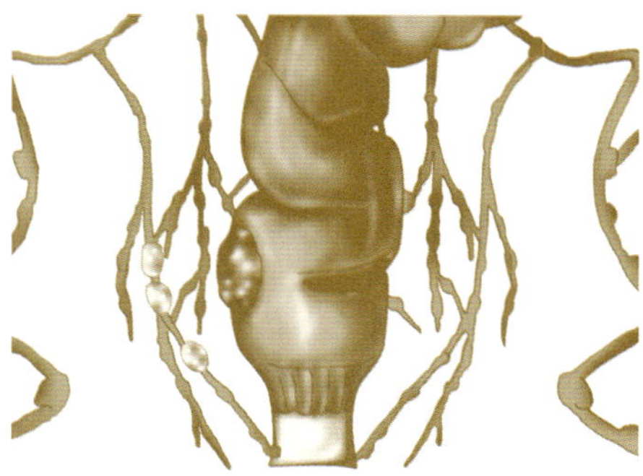
N2	• 림프절 전이가 4개 있는 경우 • N2a : 림프절 절이가 4~6개인 경우 • N2b : 림프절 전이가 7개 이상은 경우	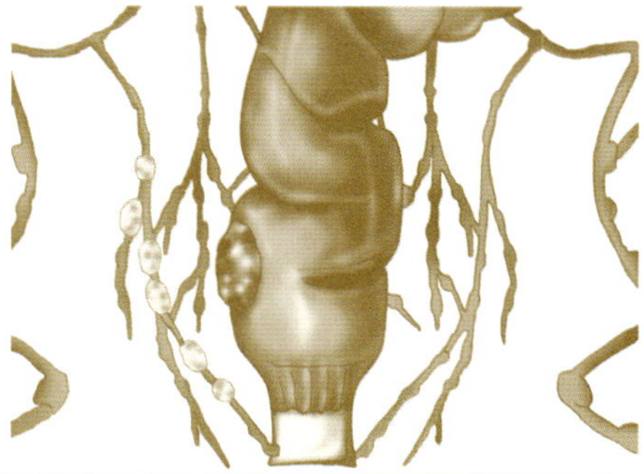

TNM(Tumor-Node-Metastasis)병기 분류 – M병기(원격전이 유무)

병기	정의
M0	• 원격 장기 전이가 없는 경우
M1	• 원격 장기 전이가 있는 경우 • M1a : 원격 전이가 1개의 장기나 구조에 있는 경우 • M1b : 다발성 원격전이가 있거나 복막파종이 있는 경우 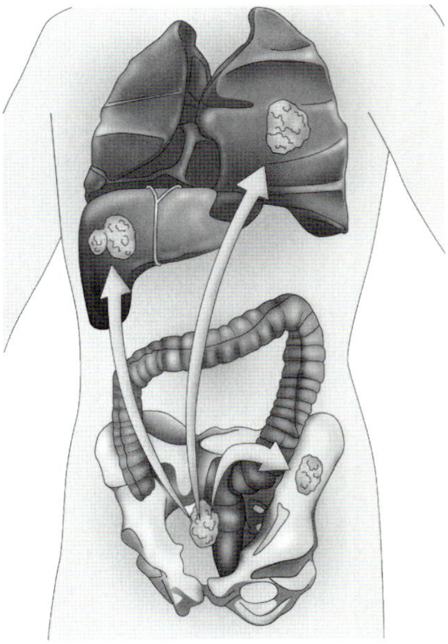

암의 진행정도를 병기라고 하는데 직장벽 침윤 정도(T), 직장 주위 림프절 전이 유무(N), 그리고 간, 폐 등 원격 장기 전이 여부(M) 를 종합하여 결정됩니다. 병기는 1기에서 4기로 분류되고, 숫자가 높을수록 진행된 직장암입니다.

[출처 : 보건복지부, 국가암센터 대한의학회]

TNM 병기와 Numerical 병기 Grouping

Numerical		TNM	침범 부위
1기		T1NO 또는 T2NO	암세포가 점막하층 또는 근육층까지만 국한 된 경우
	A	T3NO	암세포가 장막하층까지 침윤된 경우
2기	B	T4aNO	암세포가 장막층을 뚫은 경우
	C	T4bNO	암세포가 인접 주위 장기까지 구조에 침윤된 경우
3기	A	T1−T2 N1/N1c	암세포가 점막하층 또는 근육층에 국한되고 림프절 전이가 1~3개인 경우
	B	T3−T4a N1/N1c T2−T3 N2a T1−T2 N2b	암세포가 장막하층 또는 장막층까지 침윤되고 림프절 전이가 1~3개인 경우 근육층, 장막하층까지 침윤되고 림프절 전이가 4~6개인 경우 점막하층, 근육층에 국한되고 림프절 전이가 7개 이상인 경우
	C	T4a N2a T2−T4a N2b T4b N1−N2	암세포가 장막층까지 침윤되고 림프절 전이가 4~6개인 경우 근육층, 장막하층, 장막층까지 침윤되고 림프절 전이가 7개 이상인 경우 인접 주위 장기나 구조에 침윤되고 림프절 전이가 있는 경우
4기	A	AnyT AnyN M1a	T, N 병기에 상관없이 단일 원격 전이가 있는 경우(M1a)
	B	AnyT AnyN M1b	T, N 병기에 상관없이 다발성 원격 전이가 있는 경우(M1b)

[출처 : 보건복지부, 국가암센터 대한의학회]

Ⅴ. 점막내암의 일반암 진단비 지급(대법원2010다93011판결)

◆ 판결의 이해를 돕기위한 대장벽의 구조

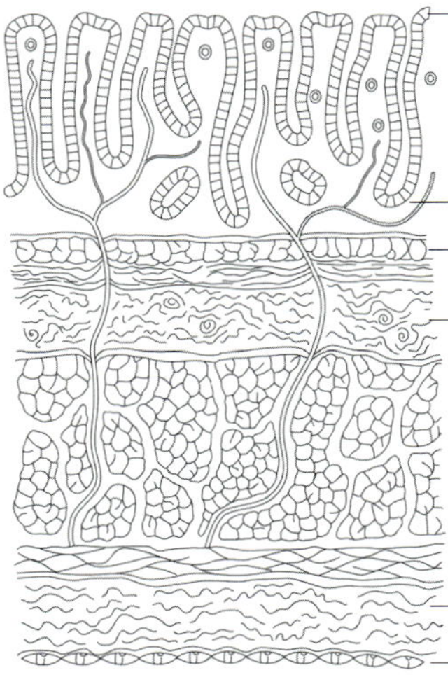

【판시사항】

[1] 약관 해석에서 작성자 불이익의 원칙

[2] 보험계약의 약관에서 암과 상피내암 여부에 따라 보험금 지급액의 범위를 달리하고 있는 사안에서, 위 약관에서 규정하는 상피내암이 객관적으로 다의적으로 해석되어 약관 조항의 뜻이 명백하지 아니하므로 작성자 불이익의 원칙을 적용하여 위 상피내암에는 점막내 암종을 제외한 상피내 암종만이 해당한다고 제한 해석

【원심판결】 서울중앙지법 2010. 10. 15. 선고 2009나35506 판결

【이 유】

1. 약관의 해석은, 신의성실의 원칙에 따라 당해 약관의 목적과 취지를 고려하여 공정하고 합리적으로 해석하되, 개개 계약 당사자가 기도한 목적이나 의사를 참작함이 없이 평균적 고객의 이해가능성을 기준으로 객관적 · 획일적으로 해석하여야 하며, 위와 같은 해석을 거친 후에도 약관 조항이 객관적으로 다의적으로 해석되고 그 각각의 해석이 합리성이 있는 등 당해 약관

의 뜻이 명백하지 아니한 경우에는 고객에게 유리하게 해석하여야 한다(대법원 2009. 5. 28. 선고 2008다81633 판결, 대법원 2009. 8. 20. 선고 2007다64877 판결 등 참조).

1. 원심판결 이유와 기록에 의하면, 다음과 같은 사정을 알 수 있다.

가. 원고 1은 2005. 7. 11. 피고와 사이에 무배당 교보변액유니버셜보험계약(이하 '이 사건 제1보험계약'이라고 한다)을 체결하였다. 제1보험계약의 약관은 제10조에서 "암"이라 함은 한국표준질병사인분류 중 별표 4[대상이 되는 악성 신생물 분류표(기타 피부암 제외)]에서 정한 질병을 말하고, 제12조 제1항에서 "상피내암"이라 함은 한국표준질병사인분류 중 별표 5(상피내의 신생물 분류표)에서 정한 질병을 말한다고 규정하면서, 별표 4[대상이 되는 악성 신생물 분류표(기타 피부암 제외)]에서는 분류번호 C19 ~ C20의 소화기관의 악성 신생물(직장구불결장 이행부의 악성 신생물, 직장의 악성 신생물)을 '악성 신생물로 분류되는 질병'으로, 별표 5(상피내의 신생물 분류표)에서는 분류번호 D01의 기타 및 상세불명의 소화기관의 상피내 암종을 '상피내의 신생물로 분류되는 질병'으로 규정하고 있다. 또 원고 2는 2003. 2. 13. 피고와 사이에 무배당 베스트생생 여성건강보험계약(이하 '이 사건 제2보험계약'이라고 한다)을 체결하였다. 제2보험계약의 약관은 제15조에서 "암"이라 함은 한국표준질병사인분류에 있어서 악성 신생물로 분류되는 질병(별표 2 '악성 신생물 분류표')을 말하고, 제16조 제1항에서 "상피내암"이라 함은 한국표준질병사인분류에 있어서 상피내의 신생물로 분류되는 질병(별표 5 '상피내의 신생물 분류표')을 말한다고 규정하면서, 별표 2(악성 신생물 분류표)에서는 분류번호 C19 ~ C20의 소화기관의 악성 신생물(직장S상결장 접합부의 악성 신생물, 직장의 악성 신생물)을 '악성 신생물로 분류되는 질병'으로, 별표 5(상피내의 신생물 분류표)에서는 분류번호 D01의 기타 및 상세불명의 소화기관의 상피내 암종을 '상피내의 신생물로 분류되는 질병'으로 규정하고 있다. 그리고 암과 상피내암 여부에 따라 위 각 암치료자금과 수술자금을 달리 지급하고 있다.

나. 한국표준질병사인분류는 국제연합 산하 세계보건기구(WHO)의 국제질병분류(International Classification of Diseases) 체계를 따르고 있는데, 국제질병분류에서 사용하는 "Carcinoma in situ"라는 용어를 "정상 소재의 암종", "상피내의 신생물"또는 "상피내 암종"이라는 용어로 혼용하고 있다.

한국표준질병사인분류 제4편은 "정상 소재의 암종"(Carcinoma in situ)의 행동양식을 상피내(intraepithelial), 비침윤성(noninfiltrating), 비침범성(noninvasive)으로 규정하고 행동양식 분류번호 "/2"를 부여한다. 신생물의 행동양식이 악성(malignant)이고 원발 부위(primary site)에 소재하는 경우에는 행동양식 분류번호 "/3"을 부여한다.

행동양식 분류번호 "/2"의 신생물의 경우 한국표준질병사인분류 제3편 제2장의 D00-D09에 해당하는 "상피내 신생물"(In situ neoplasms)로 분류되는데, 여기에는 "D01 기타 및 상세불명의 소화기관의 상피내 암종"(Carcinoma in situ of other and unspecified digestive organs)이 포함되어 있다. 행동양식 분류번호 "/3"의 신생물의 경우에는 한국표준질병사인 분류 제3편 제2장의 C00-C97에 해당하는 "악성 신생물"(Malignant neoplasms)로 분류된다.

다. 종양이 대장 점막층(mucosa)의 상피세포층(epithelium)을 넘어 기저막(basement membrane)을 뚫고 점막고유층(lamina propria)을 침윤하였으나 점막하층(muscularis mucosa)까지 침윤하지 않고 여전히 점막층에 존재하는 경우, 국내 의학계에서는 이를 상피내 암종(intraepithelial carcinoma)과 구별되는 용어인 점막내 암종(intramucosal carcinoma)으로 명명하여 왔다.

그런데 미국합동암위원회(American Joint Committee on Cancer, AJCC)와 국제암연맹(Union Internationale Contre le Cancer, UICC)의 TNM 병기 분류법(이하 'TNM 병기 분류법'이라고 한다)은 이를 0병기(Tis)로 분류한다. TNM 병기 분류법은 위 등 다른 소화기관과 달리 대장의 경우에 관하여는 예외적으로 Tis에 해당하는 정상 소재의 암종(Carcinoma in situ)에 상피내(intraepithelial) 또는 점막고유층을 침범(invasion of lamina propria)한 경우가 모두 포함됨을 명시하고 있다. 또한 세계보건기구(WHO) 산하 국제암연구소(The International Agency for Research on Cancer)에서 발간한 '세계보건기구 종양분류'라는 책자는 상피내 암종과 점막내 암종 모두 전이될 위험성이 사실상 없다는 이유로 이들을 고도 이형성증으로 분류하고 있다.

라. 국내에서는 1988년 대한대장항문학회와 대한외과학회 주관으로 일본의 대장암 취급규약을 따른 '한국인 대장암 취급지침서'를 만들어 보급하였는데, 위 지침서는 대장암의 병기를 종양의 장관벽 침윤도에 따라 M, SM, PM 단계는 1기로, SS, S, Si 단계는 전이 여부에 따라 2기 내지 4기의 병기로 분류한다. 위 지침서에 따르면, 대장의 상피내암은 0기암(Cis, Tis)으로, 점막내암은 1기암(M, T1a)으로 분류된다. 종래 국내 의료계에서는 위 지침서에 따라 대장의 상피내암을 0기암(Cis, Tis)으로, 점막내암을 1기암(M, T1a)으로 각 분류하여 왔다.

그 후 대한병리학회 소화기병리연구회(산하 위장관상피성종양소위원회)는 2005년과 2006년에 걸쳐 '대장암 병리보고서 기재사항 표준화'사업을 시행하고 2006년 '대장암 병리보고서 기재사항 표준화'라는 논문을 발표하였다. 위 논문은 암종이 고유판을 침범하지 않는 상피내 암종과 고유판을 침윤하나 점막에 국한된 점막내 암종으로 나누고, TNM 병기 분류법에 따라 두 병변을 모두 Tis에 포함시켰다. 위 논문 발표 후 대한병리학회 소화기병리연구회는 그 주관하에 '2007년도 병리의사용 암등록 지침서 Ⅰ - 소화기계 암종'이란 주제로 회의를 개최하고 2008년 그 결과를 '병리의사를 위한 소화기계 암등록에 대한 제안[1]'이라는 논문에 발표하였다. 위 논문에는 회원들 간의 회의 토론결과 대장의 상피내 암종과 점막내 암종의 용어는 계속 구분하여 사용하고, TNM 병기 분류법상 고유층 침윤이 있는 암종이라도 점막층에 국한된 경우에는 위암의 경우와는 달리 Tis로 규정하므로 이에 따라 행태코드(한국표준질병사인분류에 규정된 행동양식 분류번호와 동일한 의미로 보인다) "/2"를 부여하기로 의견이 일치되었다는 내용이 들어 있다.

마. 그러나 TNM 병기 분류법이 대장암에 관하여 예외적으로 정상 소재의 암종(Carcinoma in situ)을 「상피내(intraepithelial) 또는 점막고유판의 침윤(invasion of lamina propria)」이라고 명시하고 있는 것과 달리, 한국표준질병사인분류는 대장암에 관하여 상피내(intraepithelial)를 벗어나 점막고유판의 침윤(invasion of lamina propria)이 있는 경우 이를 정상 소재의 암종, 상피내의 신생물 또는 상피내 암종으로 볼 수 있다는 규정을 두고 있지 않다. 대한병리학회 소화기병리연구회가 발표한 위 2008년 '병리의사를 위한 소화기계 암등록에 대한 제안[1]'논문에서도 점막내 암종은 고유판에 침윤이 있기 때문에 국제질병분류 코드상 행동양식 분류번호 "/3"을 부여받을 수 있음을 인정하고, TNM 병기 분류법과 달리 국내에서는 상피내 암종과 점막내 암종의 용어를 계속 구분하여 사용하여야 한다는 입장을 밝히고 있다. 대한병리학회 소화기병리연구회에서 위 논문을 작성하기 위하여 대한병리학회와 대한세포병리학회의 회원 240명을 상대로 한 설문조사 결과에 따르면 회원 중 81.7%가 행동양식 분류번호 "/2"부여에 동의하였으나, 16.3%는 행동양식 분류번호 "/3"부여에 동의하고 있음을 밝히고 있다. 위 논문 발표 후 임상의사의 진단 실무상 대장의 경우 점막고유판을 침범한 종양에 대하여 행동양식 분류번호 "/2"를 부여하는 것이 다수를 점유하게 되었으나, 행동양식 분류번호 "/3"을 부여하는 경우가 여전히 상당수 존재하여 그 기준이 통일되지 아니한 상태이다.

바. 원고 1은 2009. 1. 6. 이대 목동병원에 입원하여 대장 용종절제술을 받았는데, 위 수술 후 조직검사 결과 병리전문의 소외 1은 현미경 소견에 기초하여 '점막 내의 선암종[Adenocarcinoma(intramucosal)]'이라는 내용의 외과병리보고서를 작성하였고, 위 외과병리보고서를 토대로 의사 소외 2는 2009. 2. 6. 원고 1의 최종 병명을 '직장구불결장 이행부의 악성신생물(한국질병분류번호 C19)'로 기재한 진단서를 발행하였으며, 같은 달 16일 같은 병명으로 진단서를 재차 발행하면서 "조직검사상 점막 고유층(lamina propria)의 침범을 동반한 소견이 있어 상피내암(intraepithelial cancer)의 범주는 넘어선 것으로 판단된다."는 소견을 첨부하였다.

사. 원고 2는 2009. 3. 1. 서울아산병원에 입원하여 대장내시경 용종절제술(폴립절제술)을 받았는데, 위 수술 후 조직검사 결과 병리전문의 소외 3은 현미경 소견에 기초하여 '점막 고유층에 침윤한 선암종(Adenocarcinoma with invasion to lamina propria)'이라는 내용의 외과병리보고서를 작성하였고, 위 외과병리보고서를 토대로 의사 소외 4는 2009. 3. 16. 원고 2의 최종 병명을 '대장 점막암(D01)'으로 기재한 진단서를 발행하였는데, 그 진단서에는 '점막층까지 침윤한 조기암으로 확진되었다'는 소견이 기재되어 있다. 위 소외 4는 원심법원의 사실조회에 대하여 "원고 2의 암 침범 깊이는 점막층에 머무르고 있고 그 중에서도 고유판

(lamina propria)까지 이르러 있은 정도였으며, 한편 AJCC의 TNM 병기 분류법에 의하면 Intraepithelial(상피층 안) 또는 invasion of lamina propria(고유판까지 침범)인 경우에는 Tis라 하여 Carcinoma in situ라는 용어에 해당하는 것으로 정의하고 있는데, 원고의 경우 고유판까지 침범하고 있었으므로 Carcinoma in situ에 해당하고, 이는 한국표준질병사인 분류상 'D01 기타 및 상세불명의 소화기관의 상피내 암종(Carcinoma in situ of other and unspecified digestive organs)'에 해당하여 진단서에 'D01'로 기재하였다"는 취지로 회신하였다.

2. 이를 앞에서 본 법리에 비추어 살펴본다.

가. 원고들의 질병인 '점막내의 선암종'혹은 '점막 고유층에 침윤한 선암종'이 TNM 병기 분류법에 의할 경우 정상 소재의 암종(Tis)으로 분류되므로 한국표준질병사인분류 또는 국제질병분류상으로도 상피내 암종으로 분류할 수 있다는 견해가 대한병리학회 소화기병리연구회의 2006년과 2008년의 논문 발표 이후 국내 의료계의 다수를 점유하게 되었고, 국내 의학계의 이러한 병리학적 분류체계는 국제적인 병리학의 흐름에 부합한다는 점 등에서 그 합리성을 선불리 부정할 수 없다.

나. 그러나 이 사건 보험계약의 약관은 암과 상피내암의 분류기준으로 TNM 병기 분류법 등을 인용함이 없이 한국표준질병사인분류의 분류기준과 그 용어만을 인용하고 있는 점, 한국표준질병사인분류는 TNM 병기 분류법이 대장의 경우 예외적으로 정상 소재의 암종에 상피내 암종뿐만 아니라 점막내 암종도 포함된다고 명시하고 있는 것과는 달리 그와 같은 명시적 · 예외적 규정을 두고 있지 아니한 점, 오히려 한국표준질병사인분류가 명시하는 제3편 및 제4편의 악성 신생물과 상피내 신생물의 분류기준 및 그 용어에 의할 경우, 상피내에 존재하는 비침윤성, 비침범성인 신생물의 경우만이 상피내 암종에 해당하고, 암종이 상피를 넘어 기저막을 뚫고 점막고유층에 침윤한 점막내 암종의 경우에는 이미 이러한 행동양식을 갖고 있지 아니할 뿐만 아니라, 용종 절제술을 마친다면 추후 전이 가능성이 극히 낮지만 절제하지 않고 방치할 경우 점막하층 조직과 근육층 등을 침윤하고 다른 부위로 전이할 수 있다는 점에서 악성의 행동양식을 갖고 있으므로 악성 신생물로 분류하는 것이 그 분류기준 및 용어에 충실한 해석인 점, 대한병리학회 소화기병리연구회의 논문도 같은 취지에서 점막내 암종의 경우 국제질병분류 코드상 행태코드 "/3"을 부여받을 수 있음을 인정하고 있을 뿐만 아니라 TNM 병기 분류법과 달리 상피내 암종과 점막내 암종이라는 용어를 계속 구분하여 사용하여야 한다는 입장을 밝히고 있는 점, 1988년 대한대장항문학회와 대한외과학회의 주관하에 작성된 한국인 대장암 취급지침서 역시 점막내 암종을 제1기 대장암으로 분류하여 악성 종양임을 인정하였고, 이것이 과거 오랫동안 국내 임상의사의 진단기준이 되어 왔던 점 등을 고려하면, 보험약관의 해석의 관점에서는 이 사건 보험계약의 약관에서 보험사고 내지 보험금 지급액의 범위를 정하는 기준으로 규정한 한국표준질병사인분류의 분류기준과 그 용어에

충실하게 원고들의 질병과 같은 점막내 암종을 상피내 신생물로 분류되는 질병인 상피내암이 아니라 악성 신생물로 분류되는 질병인 암으로 보는 해석도 충분히 가능하고 그러한 해석의 객관성과 합리성도 인정된다.

따라서 이 사건 보험계약의 보험사고 내지 보험금 지급액의 범위와 관련하여 이 사건 각 보험계약의 약관이 규정하는 상피내암은 객관적으로 다의적으로 해석되어 약관 조항의 뜻이 명백하지 아니한 경우에 해당하므로, 약관의 규제에 관한 법률 제5조 제2항이 규정하는 작성자 불이익의 원칙을 적용하여 여기에는 점막내 암종을 제외한 상피내 암종(intraepithelial carcinoma)만이 해당한다고 제한 해석함이 상당하다.

다. 원고 1의 '점막내의 선암종'과 관련하여 보건대, 같은 취지의 원심판단은 정당하고, 거기에 상고이유의 주장과 같은 보험약관의 해석 및 증명책임의 소재에 관한 법리오해, 채증법칙 위배 등의 위법이 없다. 피고의 상고는 이유 없다.

라. 원고 2의 '점막 고유층에 침윤한 선암종'과 관련하여 보건대, 원심은 그 판시와 같이 원고 2가 이 사건 보험약관에 따라 '암'보험금을 청구할 수 있는 한국표준질병사인분류상 '악성 신생물'로 병리전문의에 의한 확진을 받았다고 볼 증거가 없다는 이유로, 원고의 주장을 배척하였다. 그런데 앞서 본 바와 같이 원고 2에 대한 최종 병명이 '대장 점막암(D01)'으로 확정된 것은 진단의사가 TNM 병기 분류법에 따라 '점막 고유층에 침윤한 선암종'까지도 Tis로 분류하고 이를 한국표준질병사인분류상 "Carcinoma in situ"에 해당하는 것으로 진단한 데에 기인한 것으로 볼 여지가 있다.

따라서 원심으로서는 원고 2의 질병이 이 사건 보험약관에 적용되는 한국표준질병사인분류의 분류기준과 그 용어에 따라 악성 신생물에 해당되는지 여부를 심리한 연후에, 앞서 본 보험약관의 해석에 관한 법리에 따라 보험약관상 '암'의 진단 · 확정에 해당하는지 여부를 가려보았어야 할 것이다. 이와 달리 그 판시와 같은 이유만으로 원고 2의 질병이 이 사건 보험계약의 보험약관이 규정하는 '암'에 해당하지 않는다고 본 원심의 판단에는 약관의 규제에 관한 법률 제5조 제2항이 규정하는 작성자 불이익의 원칙에 관한 법리를 오해하여 보험약관의 해석을 그르쳤거나 필요한 심리를 다하지 아니한 위법이 있다. 이 점을 지적하는 상고이유의 주장은 이유 있다.

3. 그러므로 원심판결 중 원고 2에 대한 부분을 파기하고, 이 부분 사건을 다시 심리 · 판단하게 하기 위하여 원심법원에 환송하며, 피고의 상고를 기각하고, 원고 1과 피고 사이에 생긴 상고비용은 패소자가 부담하기로 하여, 관여 대법관의 일치된 의견으로 주문과 같이 판결한다.

Ⅵ. 점막내암을 일반암과 구분하여 지급하는 것으로 보험사 약관개정

개정된 내용

【"암"등의 정의 및 진단 확정】

① 이 계약에 있어서 "암"이라 함은 한국표준질병사인분류 중 별표 [악성신생물분류표(기타피부암, 갑상선암, 비침습 방광암 및 대장점막내암 제외)]에서 정한 질병을 말합니다.

【"대장점막내암"의 정의 및 진단 확정】

① 이 계약에 있어서 "대장점막내암"이라 함은 대장의 상피세포층(epithelium)에서 발생한 악성종양 세포가 기저막(basement membrane)을 뚫고 내려가서 점막고유층(lamina propria) 또는 점막근층(muscularis mucosa)을 침범하였으나 점막하층(submucosa)까지는 침범하지 않은 상태의 질병을 말하며, 대장은 맹장, 충수, 결장, 직장을 말합니다.

〈대장점막내암 예시〉

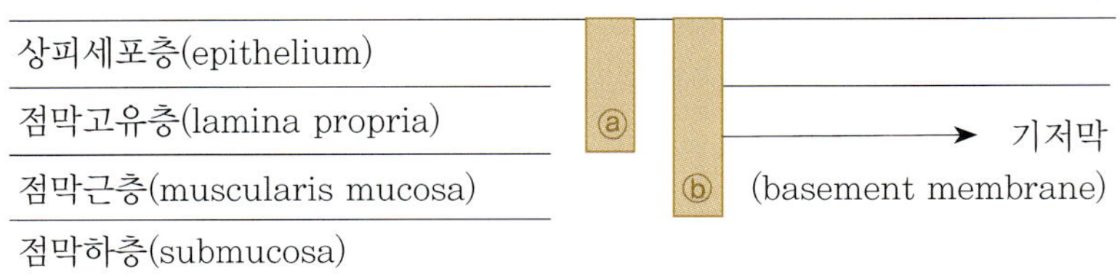

(ⓐ,ⓑ 악성종양세포 침범깊이)

ⓐ 악성종양세포가 점막고유층을 침범한 경우
ⓑ 악성종양세포가 점막근층을 침범한 경우

제5절 양성 직장유암종(D37.5, 카시노이드)의 일반암(C20) 진단비

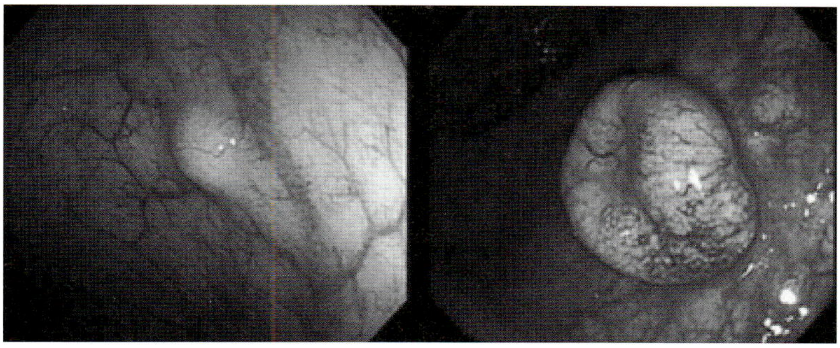

유암종의 일반암 진단비 지급에 대한 이해를 위해서는 의학지식이 선행되어야 한다. 이에 대해서는 국가암정보센터(www.cancer.go.kr)를 참조하였다. 또한, 보험측면에서 유암종을 알기 위해서는 의학지식외에도 한국표준질병사인분류(KCD) 및 형태학 분류에 대한 연구와 약관 검토가 필요하다.

의학지식

Ⅰ. 위 유암종

1. 정의

위유암종은 위점막하의 장 크롬 친화성 세포에서 유래하는, 비교적 드문 내분비종양이다. 유암종은 1907년 오베른도르퍼(Oberndorfer)가 선암보다는 성장이 느리고 양성의 경과를 보이는 위장관계 종양을 기술하면서 암과 유사한 병변이라는 뜻으로 "Karzinoide(카르시노이드)"라고 명명한 데서 유래되었다. 그러나 1914년 고셋과 메이슨(Gosset and Masson)에 의해서 내분비계와 관련된 종양으로 인식되었으며, 최근에는 유암종이 잘못 붙여진 이름이라는 의견이 지배적이다. 병리학적으로는 은친화 세포(argyrophil cell)가 과증식하여 점막

근육층을 지나 점막하층에서 결절을 형성하기 때문에, 점막에서 생긴 병변이 점막하층으로 침범한다는 면에서 내분비 암종으로 분류함이 합당하다. 유암종은 장 점막에 존재하는 샘의 깊은 부위에서 발생하는 상피성 종양으로 비교적 경계가 명확한 노란색을 띠며 발생 초기에 점막하층을 침윤하여 점막하 종양처럼 성장하는 종양이다. 느리게 진행하지만 간이나 다른 부위로 전이하기도 하고, 경우에 따라 세로토닌(serotonin)과 프로스타글란딘(prostaglandin)이라는 물질을 분비하여 카르시노이드 증후군을 일으키기도 한다. 또한 유암종은 원발병소에서 다발성으로 발견되거나, 한 병소내에서 선암과 공존하는 경우도 있다.

2. 종류

1) 병리학적 분류

종양을 구성하는 종양세포의 대부분이 내분비 분화(endocrine differentiation)를 보이는 경우에 내분비종양(endocrine neoplasm)으로 분류되며 유암종(carcinoid)은 위장관에서 발생하는 내분비종양의 가장 대표적인 종양이다.

위장관의 내분비종양에서 분비되는 물질이 신경세포에서 존재하는 물질과 유사한 성질을 포함하고 있어서 신경내분비종양(neuroendocrine neoplasm)이라고도 많이 불리지만, 실제 정상적인 우리 몸의 신경조직과는 상관이 없다. 내분비종양을 분류하는 방법은 어떤 것을 기준으로 하느냐에 따라 매우 다양하고 복잡하다.

현재까지는 위장관의 내분비종양은 충수돌기(appendix)에서 발생한 경우 중 일부에서 양성종양이 있으며 그 외에는 기본적으로 악성종양으로 분류되어 있다. 이와 같이 내분비종양의 악성도에 따른 분류는 양성 또는 악성으로 명확하게 구분하기 어려운 경우가 있으므로 이분법적으로 생각하기 보다는 악성의 가능성이 낮다 또는 높다는 식으로 이해하여야 하며 치료 후에도 계속적인 경과의 추적관찰이 중요하다.

위장관계의 내분비종양에 대해 현재 주로 사용되는 전통적인 병리학적 분류는 다음과 같다.

유암종(Carcinoid)

- 유암종(Carcinoid)
- 비정형 유암종(Atypical carcinoid)

저분화 신경내분비암종(Poorly differentiated neuroendocrine carcinoma)

- 소세포암종(Small cell carcinoma)
- 대세포 신경내분비암종(Large cell neuroendocrine carcinoma)

세포분화도가 높고 악성도가 낮은 경우 유암종, 세포분화도가 낮고 악성도가 높은 경우 저분화 신경내분비암종으로 분류된다. 비교적 세포분화도가 낮고 악성도가 높은 증례를 비정형 유암종으로 별도로 분류하기도 한다.

악성도를 판단하는 기준은 종양의 크기(size of tumor), 침습 깊이(depth of invasion), 분화도(grade of histologic differentiation), 유사 분열수(mitotic count) 또는 Ki67 지수(index), 혈관침습(angioinvasion)유무 등이며 종양의 병리학적 검사를 거친 후 결정된다.

내시경 생검조직 만으로는 병리학적 악성도 판단에 충분치 않은 경우가 발생할 수 있는데 이러한 경우 병리학적 소견과 함께 종양의 크기와 임상병기를 참조하여 치료방침을 결정하며 절제된 종양전체에 대한 병리학적 검사 후 최종 판단을 하게된다.

저분화 신경내분비암종은 세포의 형태에 따라 소세포암종(small cell carcinoma), 대세포 신경내분비암종(large cell neuroendocrine carcinoma)으로 분류된다. 저분화 신경내분비암종은 위장관종양중 특히 악성도가 높은 종양으로 진행이 매우 빠르다.

최근 세계보건기구(WHO)에서 신경내분비종양(neuroendocrine neoplasm)의 분류가 새롭게 제시되었으며 역시 병리학적인 종양의 악성도를 기준으로 한 것이며 다음과 같다.

(1) 고분화 신경내분비종양(Well differentiated neuroendocrine tumor)

- **양성 신경내분비종양**(Benign) : 종양에서 분비하는 물질에 의한 증상이 없는 경우, 종양

이 점막이나 점막하층에 한정되어 있으며, 혈관 침범이 없고, 종양의 크기는 1cm 보다 작거나 같은 경우

- **양성 혹은 불확실한 악성 가능성을 가진 신경내분비종양**(Benign or uncertain malignant potential) : 종양에서 분비하는 물질에 의한 증상이 없는 경우, 종양이 점막이나 점막하층에 한정되어 있으며, 혈관 침범이 있거나 혹은 없고, 종양의 크기는 1cm 보다 크고 2cm 보다 작은 경우

(2) 고분화 신경내분비암종(Well differentiated neuroendocrine carcinoma)

- **저등급 악성**(Low grade malignant) : 종양이 고유근(muscularis propria)층까지 침윤했거나 그 이상을 침윤, 또는 전이가 있는 경우이며, 종양의 크기는 2cm 이상인 경우

(3) 저분화 신경내분비암종(Poorly differentiated neuroendocrine carcinoma)

- **고등급 악성**(High grade malignant)

전통적으로 사용되고 있는 진단명과 비교하여 보면, 1)고분화 신경내분비종양과 2)고분화 신경내분비암종에 해당되는 증례들은 전통적으로 사용하는 유암종이라는 명칭으로 진단되어 왔다. 이 경우 보다 세분하면 악성도가 낮은 유암종은 대부분 고분화 신경내분비종양에 속하며 악성도가 보다 높은 경우인 비정형성 유암종은 고분화 신경내분비암종에 속한다. 또한, 고분화 신경내분비종양의 증례에서 양성증례와 악성가능성이 있는 증례를 분류하는 기준을 제시하고 있다.

2) 임상양상에 따른 분류

위 유암종의 종류는 병리 생물학적 양상에 따라, 제1형; 자가면역성 만성 위축성 위염(autoimmune chronic atrophic gastritis)과 연관되어 나타나는 경우(65%), 제2형; 일차성 고가스트린혈증을 유발하는 졸링거-엘리슨 증후군(Zollinger -Ellison Syndrome, ZES)/제1형 다발성 내분비선종증(Multiple Endocrine Neoplasia 1, MEN1)과 연관되어 나타나는 경우(14%), 제3형; 산발성으로 나타나는 경우(21%)의 3가지 형태로 분류할 수 있다.

제1형 위유암종은 가스트린의 작용에 의해 창자크롬친화 유사세포의 과다증식

(hyperplastic change)과 이형성(dysplastic growth)이 자주 보이며, 이것이 병인에 중요한 역할을 한다. 제1형의 중요한 특징은 전이가 드문 악성도가 낮은 병변이 다발성으로 나타난다는 점이다.

제2형도 제1형과 비슷하게 높은 농도의 가스트린에 의해 창자크롬친화 유사세포의 과다증식이 일어나고 치료와 예후도 비슷하다. 제3형(산발성) 위유암종은 1형, 2형과 달리 고가스트린혈증은 없지만 유암 증후군의 증상을 동반하고 단발성으로 크기가 크며, 비교적 전이가 잘되고 악성화 경향을 띠며 예후도 불량한 것으로 알려져 있다.

3. 진행단계

■ UICC에 따른 위암의 TNM병기 분류 7판

TNM 병기		의미
primary tumor (T) (원발종양의 위벽침윤 정도)	TX	원발종양의 침윤 정도 평가 불능
	T0	원발병변 존재증거 없음
	Tis	종양이 점막내에 국한
	T1a	종양이 점막 침윤
	T1b	종양이 점막하층 침윤
	T2	종양이 고유근층까지 침윤
	T3	종양이 장막하조직(subserosa)까지 침윤
	T4a	종양이 장막(serosa)에 침윤했으나 주위장기로의 침윤은 없음
	T4b	종양이 주위장기에 침윤함
nodal involvement (N) (림프절 전이 정도)	NX	영역 림프절 전이 유무 평가 불능
	N0	영역 림프절 전이 없음
	N1	영역 림프절 전이가 1개에서 2개인 경우
	N2	영역 림프절 전이가 3개에서 6개인 경우
	N3a	영역 림프절 전이가 7개에서 15개인 경우
	N3b	영역 림프절 전이가 16개 이상인 경우
distant metastasis (M) (원격전이 유무)	MX	원격전이 유무 평가 불능
	M0	원격전이 없음
	M1	원격전이 있음(대동맥주위, 췌장후부 및 장간막 림프절 포함)

■ UICC에 따른 위암의 병기분류 stage grouping 7판

<table>
<tr><th colspan="2">병기</th><th>TNM</th><th>의미</th></tr>
<tr><td colspan="2">0기</td><td>TisN0M0</td><td>종양이 점막내에 국한되어 있으며, 림프절 전이나 원격전이 없음</td></tr>
<tr><td rowspan="3">1기</td><td>A</td><td>T1N0M0</td><td>종양이 점막 혹은 점막하층을 침윤했으나, 림프절이나 원격전이 없음</td></tr>
<tr><td rowspan="2">B</td><td>T1N1M0</td><td>종양이 점막 혹은 점막하층을 침윤했으며, 림프절 전이가 1개에서 2개이고, 원격전이는 없음</td></tr>
<tr><td>T2N0M0</td><td>종양이 고유근층까지 침윤했으나, 림프절 전이와 원격전이는 없음</td></tr>
<tr><td rowspan="7">2기</td><td rowspan="3">A</td><td>T1N2M0</td><td>종양이 점막 혹은 점막하층을 침윤했으며, 림프절 전이가 3개에서 6개이고, 원격전이는 없음</td></tr>
<tr><td>T2N1M0</td><td>종양이 고유근층까지 침윤했으며, 림프절 전이가 1개에서 2개이고, 원격전이는 없음</td></tr>
<tr><td>T3N0M0</td><td>종양이 장막하 조직까지 침윤했으나, 림프절 전이와 원격전이는 없음</td></tr>
<tr><td rowspan="4">B</td><td>T1N3M0</td><td>종양이 점막 혹은 점막하층에 침윤했으며, 림프절 전이가 7개 이상이며, 원격전이는 없음</td></tr>
<tr><td>T2N2M0</td><td>종양이 고유근층까지 침윤했으며, 림프절 전이가 3개에서 6개이고, 원격전이는 없음</td></tr>
<tr><td>T3N1M0</td><td>종양이 장막하조직까지 침윤했으며, 림프절 전이가 1개에서 2개이고, 원격전이는 없음</td></tr>
<tr><td>T4aN0M0</td><td>종양이 장막에 침윤했으나 주위장기로의 침윤이 없으며 림프절 전이와 원격전이는 없음</td></tr>
<tr><td rowspan="10">3기</td><td rowspan="3">A</td><td>T2N3M0</td><td>종양이 고유근층까지 침윤했으며, 림프절 전이가 7개 이상이며, 원격전이는 없음</td></tr>
<tr><td>T3N2M0</td><td>종양이 장막하조직까지 침윤했으며 림프절 전이가 3개에서 6개이고, 원격전이는 없음</td></tr>
<tr><td>T4aN1M0</td><td>종양이 장막에 침윤했으나 주위장기로의 침윤이 없으며 림프절 전이가 1개에서 2개이고 원격전이는 없음</td></tr>
<tr><td rowspan="4">B</td><td>T3N3M0</td><td>종양이 장막하조직까지 침윤했으며, 림프절 전이가 7개 이상이고, 원격전이는 없음</td></tr>
<tr><td>T4aN2M0</td><td>종양이 장막에 침윤했으나 주위장기로의 침윤이 없으며 림프절 전이가 3개에서 6개이고 원격전이는 없음</td></tr>
<tr><td>T4bN0M0</td><td>종양이 주위장기에 침윤했으며, 림프절 전이와 원격전이는 없음</td></tr>
<tr><td>T4bN1M0</td><td>종양이 주위장기에 침윤했으며 림프절 전이는 1개에서 2개이고 원격전이는 없음</td></tr>
<tr><td rowspan="3">C</td><td>T4aN3M0</td><td>종양이 장막에 침윤했으나 주위장기로의 침윤이 없으며 림프절 전이가 7개 이상이고, 원격전이는 없음</td></tr>
<tr><td>T4bN2M0</td><td>종양이 주위장기에 침윤했으며 림프절 전이가 3개에서 6개이고 원격전이는 없음</td></tr>
<tr><td>T4bN3M0</td><td>종양이 주위장기에 침윤했으며 림프절 전이가 7개 이상이고 원격전이는 없음</td></tr>
<tr><td colspan="2">4기</td><td>Any T, any N, M1</td><td>T, N 병기에 상관없이 원격전이가 있음</td></tr>
</table>

Ⅱ. 소장암

▶ 소장암의 종류

기원세포	양성 종양	악성 종양(암)
상피세포(선세포)	선종	선암
근육세포	평활근종	평활근육종
지방세포	지방종	지방육종
신경세포	신경섬유종	신경섬유육종
섬유아세포	섬유종	섬유육종
림프구	악성림프종	
호은세포	유암종(신경내분비종양)	
간엽세포	위장관간질종양	

소장암에는 여러 종류가 있는데, 이는 암세포가 기원하는 세포들이 서로 다르기 때문이다. 자주 발생하는 순으로 살펴보면, 선암, 유암종(신경내분비종), 림프종, 위장관간질종양(Gastrointestinal stromal tumor, GIST) 등이 있다.

◐ 선암

선암(腺癌)은 소장 내벽의 가장 바깥쪽을 덮고 있는 상피세포의 한 종류인 선세포에서 암세포가 발생한 경우이다. 선암은 가장 흔한 소장암으로 전체 소장암의 50% 이상을 차지하고, 주로 십이지장과 공장에서 발생한다. 소장의 선암은 흔히 다른 소화기 암을 동반하는 경우가 많으므로 수술적 치료 시에 철저하게 조사하는 것이 중요하다.

◐ 유암종(신경내분비종양)

유암종은 소장 점막의 호은(好銀) 세포에서 암세포가 기원한다. 유암종은 두 번째로 흔한 소장암으로, 전체 소장암의 약 20% 정도를 차지한다. 전체 위장관을 대상으로 보면 충수돌기와 직장에서 유암종이 잘 발생하며, 소장의 경우에는 회장에서 많이 발생한다. 특히 소장 유암종의 경우, 약 30%에서 다발성으로 발생하므로 주의 깊게 소장 전체를 검사하는 것이 필요하다.

◐ 악성 림프종

악성 림프종은 림프조직의 림프구에서 발생하는 악성 종양으로 대부분 림프절에서 발생하는 전신질환이다. 그러나 일부의 경우 림프절에서 발생하지 않고 소화관과 관련된 림프조직에서 단독으로 발생하기도 하는데 이를 림프절외 림프종이라고 한다. 림프절 외 림프종이 가장 흔하게 발생하는 장소는 위와 소장이며, 소장의 경우에는 주로 회장에서 많이 발생한다. 소장의 악성 림프종은 전체 소장암의 약 14% 정도를 차지한다.

◐ 육종

육종(肉腫)이란 결합조직세포에서 기원하는 악성 종양을 말한다. 소장에서 발생하는 악성 종양 중에 육종에 해당하는 것으로는 평활근육종, 지방육종, 섬유육종, 혈관육종 및 위장관간질종양(Gastrointestinal stromal tumor, GIST)등이 있으며, 이중 위장관간질종양이 가장 흔하다. 소장의 육종은 전체 소장암의 약 12% 정도를 차지한다.

◐ 위장관간질종양(GIST)

위장관간질종양은 점막하층에 있는 간엽세포의 일종인 "카할 기질세포(interstitial cell of Cajal)"에서 기원하는 것으로 알려져 있으며, 카할 기질세포는 장운동에 관여한다. 소장의 위장관간질종양은 회장과 공장에서 자주 발생한다. 위장관간질종양은 장의 외측으로 자라기 때문에 증상을 일으키기 전에 큰 종괴를 형성하며 별다른 불편감 없는 복부 종괴 때문에 병원을 찾는 경우가 흔하다.

◐ 전이성 소장암

전이성 소장암은 원래 다른 곳에서 발생한 암이 소장으로 전이된 경우를 말한다. 소장으로 전이를 가장 잘 일으키는 암은 악성 흑색종이고 , 그 외 폐암, 카포시 육종, 신장암 등도 소장으로 전이될 수 있다.

Ⅲ. 직장 유암종

1. 발생부위

유암종은 위장관, 담도계, 췌장, 난소, 기관지 및 폐 등의 신경 내분비 세포에서 발생하는 비교적 드문 종양이다. 위장관계에서 많이 생긴다고 알려져 있으며, 그 중 직장에서 가장 많이 생긴다. 다음으로 십이지장, 위, 식도, 공장-회장, 대장, 충수 등의 순으로 발생한다고 보고되고 있지만, 신경내분비 세포가 존재하는 신체의 어느 부위에도 생길 수 있다.

2. 정의

직장 유암종은 직장의 신경 내분비 세포에서 발생하는 내분비종양을 말한다. 병리학적으로는 은친화 세포(argyrophil cell)가 과증식하여 점막근육층을 지나 점막하층에서 결절을 형성하기 때문에 점막에서 생긴 병변이 점막하층으로 침범한다는 면에서 내분비 암종으로 분류함이 합당하다. 2000년 세계보건기구(WHO)의 분류 기준에 의하면, '유암종'은 신경내분비종양 중 분화가 좋은 종양만을 말하며, '악성 신경내분비종양'이나 '소세포암종', '거대세포 신경내분비암종'등과는 다르게 분류되어야 한다고 하고 있다. 2009년 발표된 미국합동암위원회(AJCC)의 표준암병기분류표기법(TNM staging system) 7판에서는 그 전까지 포함되지 않던 유암종이 "신경내분비종양"이라는 공식 명칭으로 최초로 포함되었다.

3. 종류

유암종은 2000년 세계보건기구(WHO) 의 조직학적 분류에 따라 고분화 신경내분비종양, 고분화 신경내분비암종, 저분화 신경내분비암종으로 분류된다. 과거 유암종으로 불리던 종양은 고분화 신경내분비종양에 해당되며 대부분 양호한 임상 경과를 보이지만, 매우 불량한 예후를 보이는 경우도 드물게 보고되고 있다. 한편, 유암종은 발생위치에 따라 앞창자 유암종[폐, 위, 십이지장, 담드계, 췌장], 중간창자 유암종[소장, 충수돌기, 맹장, 근위(상행)결장], 뒤창자 유암종[원위(하행)결장, 직장]으로 분류되기도 한다.

4. 진행단계

2009년 미국합동암위원회(AJCC)에서는 표준 암병기분류표기법(TNM staging system)에 의해 대장 및 직장 유암종의 병기를 다음과 같이 분류하였다.

▶ 직장유암종의 병기분류

병기 Ⅰ	종양의 크기가 2cm 이하이고 점막하층에 국한되어 있으며, 림프절 및 원격적이가 없음
병기ⅡA	근육층을 침범하였거나, 점막하층에 국한되고 크기가 2cm보다 큰 종양으로 림프절 및 원격전이가 없음
병기ⅡB	종양이 장막하층까지 침범하거나, 후복막 직장주위 조직을 침범하고 림프절 및 원격 전이가 없음
병기ⅢA	종양이 장막이나 다른 장기를 침범하고, 림프절 및 원격 전이가 없음
병기ⅢB	크기, 침습 정도와 상관없이 림프절 전이가 있으나 원격 전이가 없음
병기Ⅳ	크기, 침습 정도, 림프절 전이와 상관 없이 원격 전이가 있음

Ⅳ. 유암종(D37.5, 카시노이드)의 일반암(C20) 진단비 지급사유

사례 연습

견본으로 '병리검사결과지, 진단서'의 자료가 주어진다. 이것을 토대로 일반암 진단비 지급사유와 부지급사유에 대해서 각 판단해보자.

▶ 견본 병리검사결과지

2013/08/28,01:51PM Page 1

병리검사 결과지

등록번호 :
성 명 :
나 이 : 45
진료과 : GI/
성별 : 여자
병실 :

검 사 명 : Biopsy(1-3pieces) 2011/05/11
실 행 일 : 2011/05/11
관련 번호 : H11-2890,Verified 2011/05/13

Clinical information/Diagnosis

Slightly yellowish IS polyp.

결과

Rectum, biopsy :
Consistent with carcinoid tumor.

육안소견

Submitted are 2 pieces of whitish mucosal tissue. Entirely embedded. (May 11, "2011)

Micro

(1H-E)

Comment

1. 확진을 위하여 특수염색(PAS, M-T)과 면역조직화학염색(CK7, CK20, NSE, Synaptophysin, Chromogranin, CDX2)을 처방해 주십시요.
2. 생검조직으로 진단에 제한이 있습니다.
3. 생검조직 전부에 종양 세포가 보입니다.
4. Tumor size : about 0.3x0.2cm in this specimen.
5. ICD-O : 82403
6. Mitosis 수는 10HPF에 2개 이하 소견입니다.

판독 의사 : ,09:47AM

제주특별자치도 제주시 Tel.064) / Fax.064) AP 병리과

병 원

▶ 견본 진단서

원부대조필인

진　　단　　서

병록번호 :

연 번 호 :　　　　　　　　　　　주민등록번호 :

환자의 성명		성별	여자	생년월일		연령	만 43 세
환자의 주소	제주특별자치도 제주시 :					전 화	
병 명 ☐ 임상적 추정 ☐ 최 종 진 단	철결핍성빈혈 직장의 암양종양						한국질병분류번호 D50.9 D37.5
발 병 일	미 상				진 단 일		공 란
향 후 치 료 의 견	환자분은 철분결핍성빈혈로 본원 내원하여 원인을 찾기 위한 피검사, 하부 위장관 내시경 시행. 2011.5.11 시행한 대장내시경 검사에서 직장에 0.3cm 크기의 용종이 발견되었고, 조직검사에서 유암종(carcinoid tumor)으로 확진되심. 향후 6개월-1년 간격으로 지속적인 대장내시경 추적 검사 요함.						
비 고	공 란				용 도		공 란

위와 같이 진단함.

발 행 일　　　　　　　　　　2011-05-25

의 료 기 관 :

주소 및 명 칭 : 제주특별자치도

전 화 및 FAX :

면 허 번 호 제　　　　　호　　　　　의 사 성 명 :　　　　　인

[병원 직인 및 의사 서명 또는 날인이 없는 것은 법적 효력이 발생하지 않습니다.]

Page 1 of 1

1. 사실관계

가. 개 요

일 자	내 용	해당기관
2009. 07. 13.	무배당착한암보험 가입(이하 '이사건 보험')	A생명보험
2011. 05. 11.	병리판독 결과지상 'carcinoid tumor'진단 * 육안소견 : submitted are 2 pieces of whitish mucosal tissue. * comment : ICD-O 8240/ 3	**병원
2011. 05. 25.	진단서상 직장의 암양종양(질병분류번호 D37.5)	

나. 수술병원 조직병리검사 결과지

내 용
• 2011. 05. 11.자 **병원 병리검사 결과지 인용하면, 결과 : carcinoid tumor. 육안소견 : submitted are 2 pieces of whitish mucosal tissue. comment : ICD-O기준으로 형태학적 분류상 8240/ 3.

2. 관련규정

가. 무배당착한암보험약관(이하 '이사건 보험약관')

제3관 보험금의 지급(회사의 주된 의무)

제14조【"암", "기타피부암"및 "갑상섬암"의 정의 및 진단확정】

① 이 계약에서 "암"이라 함은 제5차 개정 한국표준질병 · 사인분류 중 별표4(대상이 되는 악성신생물(암) 분류표(기타피부암 및 갑상샘암 제외))에서 정한 질병을 말합니다.

⑤ "암", "기타피부암"및 "갑상샘암"의 진단확정은 해부병리 또는 임상병리의 전문의사 자격증을 가진 자에 의하여 내려져야 하며, 이 진단은 조직(fixed tissue)검사, 미세바늘흡인검사(fine needle aspiration) 또는 혈액(hemic system)검사에 대한 현미경 소견을 기초로 하여야 합니다.

(별표4)

대상이 되는 악성신생물(암) 분류표 (기타피부암 및 갑상샘암 제외)

약관에서 정하는 악성신생물(암)로 분류되는 질병은 제5차 개정 한국표준질병 · 사인분류(통계청 고시 제2007-4호, 2008.1.1 시행) 중 다음에 적은 질병을 말합니다.

대 상 질 병	분류번호
2. 소화기관의 악성신생물(암)	C15-C26

제17조【보험금의 종류 및 지급사유】

회사는 보험기간 중 피보험자(보험대상자)에게 다음 사항 중 어느 한가지의 경우에 해당되는 사유가 발생한 때에는 보험수익자(보험금을 받는 자)에게 약정한 보험금(별표1 "보험금 지급기준표"참조)을 지급합니다.

보험기간 중 암보장개시일 이후에 피보험자(보험대상자)가 암으로 진단이 확정되었을 경우 : 암진단치료자금을 지급(단, 최초 1회의 진단확정에 한하여 지급하며, 계약일로부터 만2년이 지난 보험계약해당일의 전일 이전에 진단확정시에는 50%를 지급합니다.)

제18조【보험금 지급에 관한 세부규정】

① 보험료 납입기간 중 피보험자(보험대상자)가 암보장개시일 이후 암(기타피부암, 상피내암, 경계성종양 및 갑상샘암 제외)으로 진단이 확정되거나 보장개시일 이후 장해분류표(별표3 참조) 중 동일한 재해 또는 재해 이외의 동일한 원인으로 여러 신체부위의 장해지급률을 더하여 50%이상인 장해상태가 되었을 경우에는 차회 이후의 보험료 납입을 면제하여 드립니다.

나. 한국표준질병 · 사인분류 질병코딩지침서 Ver.2014

구 분	morphology(형태학)	code
Neuroendocrine tumour (NET)	NET G1(carcinoid) NET G2	8240/3 8249/3

다. 한국표준질병 · 사인분류(제4편 신생물의 형태)

형태 분류번호는 5단위 숫자로 구성된다. 처음 4자리수는 신생물의 조직학적 형태를 표시하고 사선뒤의 5째 자리수는 그 행동양식을 표시한다. 그 행동양식 분류번호는 다음과 같다.

행동양식 분류번호	제2장 항목
/0 양성신생물	D10 - D36
/1 불확실한 또는 알려지지 않은 성격의 신생물 /2 상피내 신생물 /3 원발성으로 기재 또는 추정된 악성신생물	D37 - D48, D76.0 D00 - D09 C00 - C76

라. 유사판례(서울중앙지방법원 2011가단191576판결)

1) 사실관계 : ① 조직병리결과보고서상 점막근층(muscularis mucosa) 까지 침윤한 0.3cm 크기의 '카르시노이드 종양(carcinoid tumor)', ② 진단서상 직장 미상의 신생물(질병분류번호 D37.5)

2) 법원판단 : 암의 분류방법에는 다양한 분류법이 병존하나, 약관상의 암은 한국표준질병사인분류에 따르기로 규정되어 있고, 이 분류 제4편 신생물의 형태분류에 따라 부호화된 명명법에 의하면 카르시노이드 종양(Carcinoid tumour)은 분류번호 M8240/1의 '불확실한 악성 잠재성의 카르시노이드 종양(Carcinoid tumour of uncertain malignant potential)'과, 분류번호 M8240/3의 '카르시노이드 종양(충수 M8240/1제외) Carcinoid tumour(except of appendix M8240/1) NOS'로 분류되고, 카르시노이드 종양은 검사 결과 '불확실한 악성 잠재성'인 아닌 달리 명시되지 않은 것은 모두 분류번호 M8240/3으로 분류되고(충수 제외), 행동양식 분류번호 '/3'의 신생물의 경우에는 한국표준질병사인분류 제3편 제2장의 C00-C97에 해당하는 '악성 신생물(Malignant neoplasms)'로 분류된다. 병리과 의사의 조직검사결과에 의하면 직장에서 발견된 점막근층(muscularis mucosa)까지 침윤한 0.3㎝ 크기의 '카르시노이드 종양(Carcinoid tumor)'이고, 달리 '불확실한 악성 잠재성'이라는 등의 부가된 검사결과가 없는 한 한국표준질병사인분류 제4편 신생물의 형태분류에 의하여 부호화된 명명법에 따라 M8240/3에 해당하여 한국표준질병사인분류 제3편 제2장의 C20 직장의 악성 신생물(Malignant neoplasmof rectum)에 해당한다. 또한, 진단서상 D37.5로 진단되었고 의료실무상 경계성 종양으로 분류될 여지가 있다고 하더라도, 각 보험약관에 정한 바에 따라 질병을 분류하면 앞서 본 바와 같이 병리과 의사의 조직검사결과 및 한국표준질병사인분류에 따라 C20직장의 악성 신생물(Malignant neoplasm of rectum)로 분류된다.[68]

마. 약관 해석 원칙

보험약관의 해석은 신의성실 원칙에 따라 당해 약관의 목적과 규정취지를 고려하여 공정하고 합리적으로 해석하되, 개개 계약 당사자가 기도한 목적이나 의사를 참작함이 없이 평균적 고객의 이해가능성을 기준으로 보험단체 전체의 이해관계를 고려하여 객관적·획일적으로 해석하여야 하며, 위와 같은 해석을 거친 후에도 약관 조항이 객관적으로 다의적으로 해석되고 그 각각의 해석이 합리성이 있는 등 당해 약관의 뜻이 명백하지 아니한 경우에는 고객에게 유리하게 해석하여야 한다(대법원 1996. 6. 25. 선고 96다12009 판결, 대법원 2005. 10. 28. 선고 2005다35226 판결 등 참조).

---

68) 서울중앙지방법원 2011가단191576판결 참조.

보험 & 보상의 눈 (D37.5 → C20)

이사건 보험약관 제3관, 제14조, 1항은 이 계약에서 암이라 함은 한국표준질병사인분류중(별표4)에서 정한 질병을 말하고,(별표4)에는 2.소화기관의 악성신생물(암)을 포함하며, 소화기관의 악성신생물(암)의 분류는 한국표준질병사인분류를 따른다. 최신판(2014년도) 한국표준질병사인분류 질병코딩지침서의 6.결장 및 직장에서 Neuroendocrine tumour(NET)는 G1(carcinoid)과 G2를 모두 행동양식 '8240/ 3'으로 분류한다.[69] 또한, 한국표준질병사인분류 제4편 신생물의 형태에서 행동양식 분류번호 '/3'은 원발성으로 기재 또는 추정된 악성신생물을 의미하고, 한국표준질병사인분류 제3편 제2장 항목의 C00 – C76에 해당한다.

피보험자는 ＊＊병원의 병리검사 결과지상 carcinoid tumor[70] 로 진단되었고, 행동양식 분류번호는 국제질병분류번호(ICD-0)상 '8240/ 3'이다. 이상을 종합하면, 일반암 진단치료자금은 지급되어야 한다.

입증자료 보험증권 2매, 병원 진료기록(병리검사결과지 1매, 진단서 1매), 무배당착한암보험 약관 2매, 2014년도 한국표준질병사인분류 질병코딩지침서 1매, 한국표준질병사인분류 제4편 신생물의 형태 1매.

첨부자료 서울중앙지방법원 2011가단191576판결

---

69) G1은 Grade 1, G2는 Grade 2를 말함.

70) 2000년 WHO는 Table 7에 제시한 바와 같이 소화기에 발생하는 카르시노이드 종양이라도 기원하는 세포와 분비 산물이 다양하므로, 카르시노이드 증후군을 연상시키는 카르시노이드 종양보다는 "분화좋은 신경내분비성 종양(well-differentiated neuroendocrine tumor)"로 명명하기를 권함. 2008년 병리의사를 위한 소화기계 암등록에 대한 제안(1), 143면.

Ⅴ. 유암종(D37.5, 카시노이드)의 일반암(C20) 진단비 부지급사유

아래 견본의 진단서로 일반암 진단비(직장암, C20)가 청구되었다. 보험사의 대한병리학회의 의료자문결과를 살펴보자.

▶ 견본 진단서

진 단 서

원부대조필인

병록번호 :

연 번 호 : 주민등록번호 :

환자의 성명		성별	여자	생년월일		연령	만 46 세
환자의 주소	제주특별자치도 제주시					전 화	
병 명 임상적 추정 V 최종진단	직장의 암양종양 (악성신생물)					한국질병분류번호 C20	
발 병 일	미 상				진 단 일	2011-05-13	
향 후 치 료 의 견	2011년 5월 11일 시행한 대장내시경에서 위 질환으로 진단된 환자로 향후 정기적인 추적 검사를 요함.						
비 고	공 란				용 도	공 란	

위와 같이 진단함.

발 행 일 2014-07-03

의 료 기 관 :

주소 및 명 칭 : 제주특별자치도

전 화 및 FAX :

면 허 번 호 제 의 사 성 명 : 인

[병원 직인 및 의사 서명 또는 날인이 없는 것은 법적 효력이 발생하지 않습니다.]

Page 1 of 1

▶ 견본 병리검사결과지

2013/08/28,01:51PM Page 1

병리검사 결과지

등록번호 :
성 명 :
나 이 : 45
진료과 : GI/
성별 : 여자
병실 :

검 사 명 : Biopsy(1-3pieces) 2011/05/11
실 행 일 : 2011/05/11
관련 번호 : H11-2890,Verified 2011/05/13

Clinical information/Diagnosis

Slightly yellowish IS polyp.

결과

Rectum, biopsy :
Consistent with carcinoid tumor.

육안소견

Submitted are 2 pieces of whitish mucosal tissue. Entirely embedded. (May 11, "2011)

Micro

(1H-E)

Comment

1. 확진을 위하여 특수염색(PAS, M-T)과 면역조직화학염색(CK7, CK20, NSE, Synaptophysin, Chromogranin, CDX2)을 처방해 주십시요.
2. 생검조직으로 진단에 제한이 있습니다.
3. 생검조직 전부에 종양 세포가 보입니다.
4. Tumor size : about 0.3x0.2cm in this specimen.
5. ICD-O : 82403
6. Mitosis 수는 10HPF에 2개 이하 소견입니다.

판독 의사 : ,09:47AM

제주특별자치도 Tel. AP 병리과

병 원

▶ 견본 대한병리학회 회신문 첫장

학 회

서울시 종로구

TEL : (FAX :
Homepage :
E-mail :

대병학 : 제 호 (제 호) 2014. . .

수 신 : PNS 손해사정주식회사

제 목 : 의료자문결과에 대한 추가질의의 회신

본 학회에서는 귀사에서 요청하신 의료자문에 대하여 별첨과 같이 재회신하오니 참고하시기 바라며 본 자문결과의 내용과 관련하여 문의사항이 있는 경우에는 학회로 그 사항을 서면으로 제출하여 주시면 답변하여 드리도록 하겠습니다. 본 자문결과는 병리학적 소견에 한정된 병리의사의 임상적 견해이며, 법적이나 진단적 책임과는 무관합니다.

그리고 귀사요청에 의한 의료자문 결과로 자문의사가 환자 또는 환자가족으로부터 불이익을 당하지 않도록 협조하여 주시기를 요청합니다.

- 아 래 -

1. 환 자 명 : (주민번호 : 6 - 2000000)
2. 자문결과 : 별첨 자료 참조

별 첨 : 의료자문 회신서 1부. 끝.

학 회 이 사 장
회 장

Q 유암종(카시노이드)의 한국표준질병사인분류상 직장의 암(C20) 해당여부

A)

[자문내용]

: 고전적으로 유암종은 저등급의, 잠재적 악성도를 보이는 신경내분비세포 기원의 종양이라고 정의되어 왔으나, 2000년 WHO는 소화기에 발생하는 유암종이라도 기원하는 세포와 분비산물이 다양하므로, 카르시노이드 증후군을 연상시키는 카르시노이드 종양(유암종)보다는 "분화 좋은 신경내분비성 종양(well differentiated neuroendocrine tumor)"으로 명명하기를 권하고 있습니다. 일반적으로 유암종은 분화, 크기, 혈관침윤, 증식도, 전이, 주변장기로의 침범, 호르몬 분비 등에 따라 예후가 결정되지만, 동일한 모양을 보이는 종양이라 할지라도 발생위치에 따라 생물학적 특성과 예후가 다르다고 알려져 있습니다(korean J Pathol 2008;42:140-150). 직장의 유암종의 경우 1 cm 이하인 경우가 2/3을 차지하며, 5년 생존율이 72-89 %로 공장이나 회장에 생긴 유암종 보다 예후가 좋은 것으로 알려져 있습니다(2010년 WHO).

2011년 5월 11일 내시경으로 직장에서 얻어진 검체의 병리검사 결과지에는 'Consistent with carcinoid tumor' 로 진단되어있고, 면역조직화학염색이 필요하다는 사실과 생검조직으로 진단에 제한이 있다는 사실이 기록되어 있습니다. 이 검체 중 종양의 크기는 약 0.3 cm 이며 mitosis는 10HPF에 2개 이하 소견이었습니다. 보내온 참고서류 중 내시경 결과에 의하면 2011년 5월 11일에는 직장에 0.3cm 크기의 약간 노란 병변이 있어 세차례의 생검으로 제거되었다고 적혀있고 2011년 5월 25일에는 이전 조직검사를 시행한 부위에 0.2-0.3 cm 크기의 병변을 제거하였다고 적혀 있는 바 종양의 크기는 0.5-0.6 cm 가량으로 추정됩니다. 종합하여 2010년 WHO 분류에 따라 진단하면, 0.5-0.6 cm 크기의 neuroendocrine tumor grade1 으로 생각됩니다.

2010년 WHO 기준에 의하면 직장에 생긴 NET중 L cell, glucagon-like peptide and PP/PYY-producing NET 만 M8152/1 로 분류하고 있으며, 대한병리학회 소화기병리연구회에서 발표한 가이드라인에 따르면 L cell type, 1 cm 미만, Grade 1, angioinvation 이 없는 경우 /1을 적용하도록 하고 있습니다(korean J Pathol 2012;46:443-453).

본 증례의 경우 글루카곤에 대한 검사가 시행되지 않았습니다. 하지만 L cell type 임을 쉽게 알 수 있는 마커가 없으며, 직장에서 생긴 대부분의 NET가 L cell type 인 점 등을 고려하면 M8152/1 일 가능성이 매우 높습니다. 대한병리학회 소화기병리연구회에서 발표한 가이드라인에 따르면 L cell type, 1cm 미만, Grade 1, angiovasion 이 없는 경우 /1을 적용하도록 하고 있으므로(korean J Pathol 2012;46:443-453), 한국표준질병사인분류상 D37.5(Neoplasm of uncertain or unknown behavior of rectum)로 생각됩니다.

[질병형태분류코드(ICD-O3)] : M8152/1

[질병분류기호] : D37.5

● 보험 & 보상의 눈

카시노이드(유암종)로 일반암 진단비를 청구하면, 보험사에서는 대한병리학회에 의료자문을 구하고, 그 결과대로 지급하겠다는 의견을 제시한다. 그러나, 대부분의 유암종 관련 대한병리학회의 의료자문결과는 위와 같이 일반암이 아닌 경계성 종양으로 회신된다. 보험사는 많은 의료자문 데이터를 갖고 있다.

Ⅵ. 카시노이드(유암종)에 대한 법원 판결의 변화

카시노이드(유암종)관련 법원의 판결이 변하고 있다. 그러나 사실관계에 따른 법리적 판단의 기준은 동일하다.

첫 번째, (일반암 인정) 2012년 5월 24일 선고한 '대법원2011다13968판결'은 수술을 담당했던 의사가 피고의 병명을 직장유암종(질병분류번호 C20)으로 진단한 사실, 피고가 보험계약에서 정한 대로 조직검사 등을 통해 그 질병이 직장유암종(질병분류번호 C20)에 해당한다는 전문의의 진단을 받았고, 관련 진료기록 감정 결과에서도 '보험계약에서 말하는 한국표준질병사인분류에서는 직장의 모든 유암종(carcinoid tumor)은 크기가 작아도 잠재적으로 악성의 경과를 보일 여지가 적지만 있는 것으로 간주하고 있다'고 밝히고 있는 사정을 들어, 피고의 질병은 보험계약의 내용이 되는 악성신생물 분류표의 '소화기관의 악성신생물', 즉 '암'에 해당한다고 판단하였다.

두 번째, (일반암 불인정) 2012년 12월 13일 선고한 '대법원2012다95820판결'은 유암종은 경계성 종양이라는 판결을 하였다. 이 사건의 사실관계는 진단서상 경계성 종양(D37.5)이었다.

세 번째, (일반암 불인정) 2013년 7월 25일 선고한 '대법원2013다202786판결'은 진단서상 직장암(C20)으로 진단되었음에도 경계성 종양에 해당한다는 판결을 하였다.

네 번째, (일반암 인정) 2014년 10월 17일 선고한 대구지방법원2013가합1624판결은 6차 한국표준질병사인분류에서는 유암종의 행태코드를 '/3'으로만 구분하고 있으므로, 진단의사의 진단서상 일반암(질병분류번호 C20)을 인정하였다.

● 선고일 2012년 5월 24일

(일반암 인정) 2012. 05. 24. 선고 대법원2011다13968, 13975 판결	
요 지	갑이 을 보험회사와 체결한 보험계약 약관에서 '암'과 '경계성 종양'을 구분하여 보험금에 차이를 둔 사안에서, 갑의 수술을 담당했던 의사가 '직장 유암종'으로 진단한 갑의 질병을 보험약관에서 정한 '암'에 해당한다고 본 원심판단은 정당함

판결내용	보험계약은 그 약관에서 '암'과 '경계성 종양'을 구분하여 그 보험금에 차이를 두고 있는 사실. 이 사건 보험계약의 약관은 '암'을 '한국표준질병사인분류에서 악성신생물로 분류되는 질병(별표 악성신생물 분류표 참조)'이라고 정의하면서 그 별표에서는 한국표준질병사인분류 중 분류번호 C15~C26의 소화기관의 악성신생물을 '악성신생물로 분류되는 질병'으로 규정하는 한편 암 등의 진단확정은 해부병리 또는 임상병리의 전문의사 자격증을 가진 자에 의하여 내려져야 한다고 규정하고 있는 사실, 피보험자는 직장(직장)에서 융기성 병변이 관찰되어 조직검사를 받은 다음 종양절제수술을 받았는데 당시 수술을 담당했던 소화기 내과 과장이 피보험자의 병명을 직장유암종(질병분류번호 C20)으로 진단한 사실 등을 인정한 다음, 피보험자가 이 사건 보험계약에서 정한 대로 조직검사 등을 통해 그 질병이 직장유암종(질병분류번호 C20)에 해당한다는 전문의의 진단을 받았고, 관련 진료기록 감정 결과에서도 '이 사건 보험계약에서 말하는 한국표준질병사인분류에서는 직장의 모든 유암종(carcinoid tumor)은 크기가 작아도 잠재적으로 악성의 경과를 보일 여지가 적지만 있는 것으로 간주하고 있다'고 밝히고 있는 사정을 들어, 피보험자의 질병은 이 사건 보험계약의 내용이 되는 악성신생물 분류표의 '소화기관의 악성신생물', 즉 '암'에 해당한다고 판단.
손해사정의견	보험약관 및 약관해석원칙(작성자 불이익)에 충실한 해석

● 선고일 2012년 12월 13일

(일반암 불인정) 2012년 12월 13일 선고. 대법원2012다95820 판결	
사실관계	2006. 07. 31. 메리츠화재 가입 2006. 11. 29. 동양생명 가입 2009. 04. 28. 직장 용종 절제술 후 진단서 발급 (질병분류번호 D37.5)
관련규정	1) 메리츠화재보험약관 암이라 함은 제4차 한국표준질병사인분류에 근거함 2) 한국표준질병사인분류의 내용 (1) 국제연합 산하 세계보건기구(WHO)의 국제질병분류체계 따름. (2) 행동양식분류번호는 형태분류에 따라 불확실한 악성 잠재성의 카르시노이드 종양은 M8240/1, 카르시노이드 종양(충수 M8240/1제외)은 M8240/3으로 분류
판단	1) 약관에서 암이라 함은 한국표준질병사인분류(4차)를 따름. 2) 2010년 WHO종양분류는 카르시노이드 종양 중 G1(카르시노이드)에 "8240/3"의 분류번호를 부여하고, 종양이 점막고유층 또는 점막하층에 침윤하고 크기가 2cm 보다 큰 것이 없는 경우에 T1, 크기가 1cm-2cm인 경우 T1b, 크기가 1cm 보다 작은 경우 T1a의 병기를 부여하고 모두 대장암 1기로 구분함 3) 종양학 국제질병분류(ICD-O)는 불확실한 악성 잠재성의 카르시노이드종양(Carcinoid tumor of uncertain malignant potential)의 경우 'M8240/1'를 부여, 카르시노이드

판단	종양(Carcinoid tumor, NOS)의 경우 'M8240/3'를 부여함. 4) 보험약관에서는 2010년 WHO종양분류, AJCC의 TNM, ICD-O의 기준이 아닌 한국표준질병사인분류를 따르기로 규정함. 5) 한국표준질병사인분류는 불확실한 악성 잠재성의 카르시노이드 종양에 형태코드 M8240/1을, 카르시노이드 종양(충수 M8240/1 제외)에 형태코드 M8240/3을 부여 6) 진단서상 질병분류번호 D37.5로 분류 7) 결 한국표준질병사인분류상 '악성신생물(C20)로 의사에 의한 확진을 받았다고 볼 수 없다고 판결.
손해사정 의견	법원은 암의 판단기준을 약관상 규정하고 있는 한국표준질병사인분류에 근거하여 판단하였고, 약관에 따라 4차 한국표준질병사인분류에서는 유암종의 행태코드를 /1, /3으로 구분하고 있으므로, 진단의사의 D37. 5의 의견에 근거하여 경계성 종양으로 인정하였음.

● 선고일 2013년 7월 25일. 대법원 2013다202786

(일반암 불인정) 2013. 7. 25.선고, 대법원2013다202786판결	
사실관계	2011. 03. 23. 가족사랑CI공제Ⅱ 가입 2011. 10. 20. 조직검사상 직장부위의 카르시노이드종양 진단 2011. 11. 05. 수술후 진단서상 직장의 악성신생물(C20) 진단(A의사) 2011. 12. 09. 조직검사(well differentiated neuroendocrine tumour, grade 1, 0.8cm ×0.6cm ×0.6cm, Mucosa 와 submucosa에 분포)에 기초해 '경계성 종양(D37)'으로 진료확인서 작성(B의사)
관련규정	1. 2010년 세계보건기구(WHO)종양분류는 잘 분화된 신경내분비 종양 중 G1(카르시노이드)에 '8240/3'을, 직장의 카르시노이드 종양이 점막고유층 또는 점막하층에 침윤하고 크기가 2cm보다 큰 것이 없는 경우에 T1의 병기를, 크기가 1cm보다 작은 경우 T1a를, 크기가 1~2cm T1b로 구분하여 대장암 stage 1에 진입한 것으로 병기 부여. 미국합동암위원회(AJCC)와 국제암연맹(UICC)의 TNM 병기 분류법에 따른 것임. 2. 종양학 국제질병분류(ICD-O)는 불확실한 악성 잠재성의 카르시노이드 종양은 M8240/1을 부여하면서 카르시노이드종양, 온친화성, 악성의 경우를 예시하고, 카르시노이드 종양의 경우 M8240/3을 부여하면서 전형적 카르시노이드를 예로 들며 1cm 미만의 경우도 직장유암종의 경우 잠재적으로 악성의 경과를 보일 여지가 적지만 있다고 함.
판단	1. 모든 카르시노이드종양이 형태코드 M8240/3으로 분류된다고 보면 한국표준질병사인분류상의 구분이 무의미 2. 2008년 발행된 '병리의사를 위한 소화기계 암등록에 대한 제안[1]'에서 점막하층에 국한되고 혈관침범이 없는 1cm이하의 작은 종양은 행태코드 '/1'을, 담당의사가 경계성 종양으로 최종 진단한 내용의 진료확인서에 근거

판단	3. 한국표준질병사인분류의 분류기준에 의하면 행동양식 분류번호 '/1'이 부여되는 '불확실한 악성 잠재성의 카르시노이드 종양'으로서 '직장에 있는 행동양식 불명의 신생물(D37.5)'로 정의되는 경계성 종양으로 보는 것이 타당.
손해사정 의견	법원은 세계보건기구(WHO)의 종양분류, 종양학 국제질병분류(ICD-O)의 분류방법은 우리나라에서 통용되고 있지 않는다며, 판단에서 배제하였음. 2008년 발행된 '병리의사를 위한 소화기계 암등록에 대한 제안[1]'에서 다수의 의견을 인용하였음. 피고를 수술했던 담당의사의 일반암 진단(C20)은 배제하고 다른 의사의 진료확인서상 경계성 종양의 진단(D37.5)을 최종 진단으로 인정하여, 판결하였음. 즉 대법원2013다202786판결에서는 판단근거의 타당성과 객관성을 찾을 수 가 없음. 본 판결에서 보험약관상 한국표준질병사인분류를 따르기로 했으므로 세계보건기구(WHO)의 종양분류와 종양학 국제질병분류(ICD-O)를 배제한다고 하였는데, 한국표준질병사인분류에서는 불확실한 악성잠재성의 카르시노이드 종양은 '/1'로 부여하지만 그 외 카르시노이드 종양은 크기에 상관없이 '/3'을 부여하고 있다. 따라서 본 판결의 주장대로 판단하더라도 불확실한 악성 잠재성이 아닌 전형적인 카르시노이드 종양이라면 '/3'를 부여하는 것이 타당하다. 또한, 2008년 발행된 '병리의사를 위한 소화기계 암등록에 대한 제안[1]'에서 다수의 의견이 1cm이하 크기의 작은 종양에 대해서는 행태코드 '/1'을 부여하고 있으므로 이를 반영해야 한다고 하였는데, 위 논문에는 소수의 의견에서 카르시노이드 종양의 경우 악성의 경과를 보일 여지가 적지만 있다고 보아서 일부 의사는 일반암으로 진단해야한다고 하였다. 더욱이 약관해석은 작성자 불이익원칙에 근거해 판단해야 하고, 이에 근거해 이전 대법원판결에서는 일반암으로 판단하였다. 마지막으로 수술한 의사의 진단서가 아닌 다른 의사의 진료확인서를 판단의 근거로 삼았다(통상 진료확인서는 소비자의 보험금 청구에 대해 보험사측에서 의사를 찾아가 받는 확인서이다. 확인서를 받는 과정의 절차상 하자는 없었는지에 대해서도 살펴보았어야 했다.).

● 선고일 2014년 10월 17일

(일반암 인정) 2014. 10. 17.선고, 대구지방법원 경주지원 2013가합1624 판결	
사실관계	2011. 05. 20. 손해보험가입 2013. 05. 15. 진단서 발급 (질병분류번호 C20)
관련규정	1) 보험약관 암이라 함은 제6차 한국표준질병사인분류에 근거함
판단	1) 감정인의 감정결과상 점막하층에 국한되고 혈관침범이 없는 1cm이하 크기의 작은 종양에 대해서는 국제질병분류(ICD-O)상 행태코드 /1을 부여, 조직검사상 점막하층에 국한되고 크기가 0.3cm ×0.7cm 로서 1cm보다 작으므로 행태코드 /1, 질병분류코드

판 단	D375에 해당한다고 판단한 사실을 인정하더라도, 2) 세계보건기구(WHO)의 2010년 제10차 개정 국제질병분류(ICD)는 모든 직장 유암종을 악성과 경계성 종양으로 구분하지 않고 모두 /3 코드를 부여 3) 위 개정 국제질병분류에 따라 개정된 한국표준질병사인분류 질병 코딩 지침서(ver. 2014)에 의하더라도 질병분류번호 및 행태코드 8240/3에 해당 4) 위 행태코드 /3은 악성을 의미, 1㎝미만의 직장유암종도 잠재적으로 악성의 경과를 보일 여지가 적지만 있다고 보아 점차 암으로 분류되는 추세 5) 병리과 전문의 조직검사 진단을 토대로 진단의사는 한국질병분류번호상 악성 신생물인 C20으로 분류 6) 결 직접 진단한 의사가 조직검사결과 등을 종합하여 고도의 전문적 지식과 경험에 따라 그 병명을 악성 종양으로 진단한 것이 현저히 합리성을 결여한 것이라고 볼 근거가 없는 점 등에 비추어 보면, 암에 해당한다고 보는 것이 타당하다는 판결
손해사정 의견	법원은 암의 판단기준을 2010년 WHO종양분류, AJCC의 TNM, ICD-O의 기준이 아닌 약관상 규정하고 있는 한국표준질병사인분류에 근거하여 판단하였고, 6차 한국표준질병사인분류에서는 유암종의 행태코드를 '/3'으로만 구분하고 있으므로, 진단의사의 진단서상 일반암(질병분류번호 C20)을 인정하였다.

● 보험 & 보상의 눈

대법원의 판결이 다른 것처럼 보이나, 판단의 근거는 같다. 즉 약관에서 암 진단의 기준이 세계보건기구나 국제질병분류가 아닌 한국표준질병분류를 따르고 있으므로, 이에 근거해 판단한 담당의사의 진단에 하자가 없다면 인정해야 한다는 것이다. 보험사에서는 일반암으로 인정하지 않은 2013. 07. 25. 선고한 대법원 2013다202786 판결을 보험금지급여부의 판단기준으로 보고 있으나, 그 이전 대법원 판결 및 최근 2014. 10. 17. 선고한 판결을 보면 한국표준질병사인분류 및 담당의사의 진단을 판단의 결정적인 근거로 보고 있음을 알 수 있다. 결국 카르시노이드 종양에 대해서도 일반암으로 지급할 수 밖에 없는 상황이 될 것이다. 그러나 약관은 이에 맞추어 개정될 것이며, 시간이 경과함에 따라 기존 지급해야했던 사안들은 소멸시효가 지나 청구가 어렵게 될 것이다.

제6절 뇌혈관 질환(I63, I67, I69, G46)의 뇌졸중 진단비

● 보험 & 보상의 눈

갑은 두통 및 어지러움으로 인해 정밀검사(뇌CT)를 받았고, 그 결과 혈관이 막혔다는 뇌경색 진단(I63)을 받았다. 이를 근거로 뇌졸중 진단비를 청구하였으나, 보험사는 의료자문 결과 '오래경과한 무증상의 열공경색(G46) 및 오래 경과한 뇌경색(I69)에 해당한다'며, 지급을 거절하였다. 이에 대해 갑이 선임한 사정사도 자문을 하였고 그 결과는 지급이 타당하다는 의견이었다.

위와 같이 동일한 사실관계를 두고 다른 결과가 나온 것은 왜 일까.
전제(질문에 따라 제출된 자료)가 잘못되었기 때문이다.

의학적 소견만을 질의한다면 제출되는 자료는 진료관련 자료(챠트, 영상 사진 등)로 한정되어야 하고, 약관상 부합여부를 질의한다면 제출되는 자료는 위의 진료관련 자료외에 법리적 및 문리적 판단을 할 수 있는 자료(예, 환자의 상태를 알 수 있는 자료, 약관, 판례, 질병분류코딩지침서 등)가 함께 제출되어야 의사의 경험에 의한 주관적 판단(재량)이 최소화 될 수 있다.

즉, 자문의의 회신이 만병통치약은 아니다. 자문의사의 주관적 판단이 최소화될 수 있도록 해야 하고, 그 결과를 토대로 약관상 부합여부는 보험심사자 중 유자격자(손해사정사)가 해야한다.

【 참고 】

법원은 약관이 규정하는 I63코드에 열공성 뇌경색까지 포함되는 지 여부에 관하여 다의적으로 해석이 가능하여 약규법상 작성자 불이익원칙에 의해 열공성 뇌경색 또한 I63뇌경색증에 해당된다고 판단하였고(서울고법2011나4935판결), 보험사가 의료자문결과 기타열공증후군(G46.7)에 해당하여 뇌졸중 진단비를 지급할 수 없다는 분쟁에서 전문의사가 정밀검사(뇌MR 등)에 기초하여 열공성 뇌경색이 확인되어 뇌경색을 진단하였다면 진단비를 지급해야 한다고 판결하였다.

(광주지원 2008가단79802판결)

사 례 | 연습

다음의 주어지는 기초사실(의무기록지, 영상진단소견서, 신경계결과보고서, 진단서), 보험약관, 한국표준질병사인분류, 유사판례에 근거해 지급여부를 판단해보자.

▶ 기초사실

의 무 기 록 지 (외 래)

등록번호		진료과	신경외과	최초내원일	2010-05-25
성 명	(F/48)	주민번호	6 2******	주 소	
피보험자명		유 형	☐일반 ☐건강보험 ☐의료급여 ☐자보 ☐산재		

Vital signs : B.P 110/160 mm/Hg. P /min. R /min. T 'C

초진일자 : 2010-05-25	진 단 명	상병분류기호
Chief Complaint : [illegible]		

Present Illness : [illegible]

발생시각 ☐ / 발견 시각 ☐ 년 월 일 시 분

Past Medical History
D.M. ☐ HTN ☐
Heart dis ☐ Af ☐
Previous stroke ☐
Hyperlipidemia ☐
Allergy ☐
Operation ☐
Renal dis ☐
Others ☐
Alcohol ☐
Smoking ☐
L.M.P 월 일

영상진단 소견서
(Image Interpretation)

등록번호:		진 료 과: 신경외과
성 명:	외래/입원: 외 래	담당의사:
주민등록번호: 6 -2******	촬영일자: 2010-05-25	판독일자: 2010-05-25
연령/성별: 49/F	처방일자: 2010-05-25	판독의사:

검 사 명

1. BRAIN MRI NONENHANCED

Brain MR

Old small infarction이 right BG에서 관찰됨.
Ventricle과 cisterns의 모양 및 크기는 정상임.
Subarachnoid와 subdural 또는 epidural space에 hematoma나 abnormal fluid collection 등의 이상소견 없음.
Right posterior ethmoid와 sphenoid sinus에 fluid가 있음.

Con: 1. Old small infarction in right BG. r/o ICH sequela.
2. Right posterior ethmoid and sphenoid sinusitis.

신경계 결과 보고서

등록번호:
환자성명: (F/49)
검 사 자:
검사일자: 2010-05-25
진 료 과: 신경외과
의뢰의사:
검 사 명: 뇌혈관 DOPPLER

1.Moderate stenosis of right MCA
2.Mild stenosis of left MCA, both ACA, left distal ICA,
both proximal ICA, both vertebral artery & basilar artery

영상진단 소견서
(Image Interpretation)

등록번호:
진 료 과: 신경외과
성 명:
외래/입원: 외 래
담당의사:
주민등록번호:
촬영일자: 2012-01-10
판독일자: 2012-01-10
연령/성별: 51/F
처방일자: 2012-01-10
판독의사:

검 사 명

1. BRAIN MRI NONENHANCED

Brain MRI

Right BG에 Chronic lacunar infarction이 관찰됨.
그외 Cerebrum, cerebellum엔 hemorrhage 또는 mass lesion을 시사하는 abnormal lesion 없음.
Ventricle과 cisterns의 모양 및 크기는 정상임.
Subarachnoid와 subdural space에 abnormal fluid collection 등의 이상소견 없음.
Bony structures의 평가는 skull series이나 Brain CT 참조 바람.

Con; Chronic lacunar infarction in the right BG.
r/o small old ICH sequela.

원부대조필 인

병록번호

진 단 서

연 번 호

주민등록번호

환자의주소	서울 영등포구							
환자의성명		성별	여	생년월일	년 월 일	연령	만 51세	
병 명 V 임 상 적 ☐ 최 종	1)뇌경색 (우기저핵부,진구성,작은크기) 2)경추척추증					국제질병분류번호 I639 M478		
발 병 일			진 단 일	2010-05-25				
향 후 치 료 의 견	상기환자 상병으로 현재 통원가료중이며 향후 추적검사와 함께 경과관찰요합니다.							
비 고	단, 추후 미발견증, 합병증 발견시는 추가 진단서를 발부할수 있음.							
용 도								

위와 같이 진단함.

발 행 일 : 2012 년 07 월 27 일

병 · 의원 주소 : 서울특별시

병 · 의 원 명 : 전화번호 : 02)
F A X : 02)

면 허 번 호 : 제 호 의사성명

●● 보험약관

제13조【뇌졸중의 정의 및 진단확정】

① 이 계약에 있어서 뇌졸중이라 함은 제3차 한국표준질병사인분류의 기본분류에 있어서 (별표)에서 정한 질병을 말합니다.

④ 뇌졸중, 급성심근경색증의 진단확정은 전문의사의 자격을 가진 자에 의한 병리학적 소견, 세포학적 소견, 이학적 소견(X선, CT, 내시경, 심전도, 혈액검사 등), 임상학적 소견 및 수술소견의 전부 또는 그 중의 일부로 되어 있어야 합니다.

※ (별표) 뇌졸중 분류표

약관 제13조에 규정하는 뇌졸중으로 분류되는 질병은 제3차 개정 한국표준질병사인분류(통계청 고시 제1993-3호, 1995.01.01. 시행) 중 다음에 적은 질병을 말합니다.

뇌졸중	거미막하출혈	I60
	뇌내출혈	I61
	기타 비외상성 두개내 출혈	I62
	뇌경색(증)	I63
	대뇌경색(증)을 유발하지 않은 뇌전동맥의 폐색 및 협착	I65
	대뇌경색증을 유발하지 않은 대뇌동맥의 폐색 및 협착	I66

●● 한국표준질병사인분류(KCD) 내용

I63 뇌경색(증)(Cerebral infarction)

포함 : 뇌경색(증)을 유발하는 대뇌동맥 및 뇌전동맥의 폐색 및 협착 (occlusion and stenosis of cerebral and precerebral arteries, resulting in cerebral infarction)

제외 : 뇌경색(증)의 후유증(sequelae of cerebral infarction)(I69.3)

I63.9 상세불명의 뇌경색(증)(Cerebral infarction, unspecified)

I67 기타 대뇌혈관 질환(Other cerebrovascular diseases)

제외 : 나열된 병태의 후유증(sequelae of the listed conditions)(I69.8)

I67.6 두개내 정맥계통의 비화농성 혈전증

(Nonpyogenic thrombosis of intracranial venous system)

대뇌정맥의 비화농성 혈전증(Nonpyogenic thrombosis of cerebral vein)

두개내 정맥동의 비화농성 혈전증

(Nonpyogenic thrombosis of intracranial venous sinus)

제외 : 경색증을 유발했을 대(when causing infarction)(I63.6)

I67.7 달리 분류되지 않은 대뇌동맥염(Cerebral arteritis, NEC)

I67.8 기타 명시된 대뇌혈관 질환(Other specified cerebrovascular diseases)

급성 대뇌혈관 폐쇄부전증(Acute cerebrovascular insufficiency) NOS

대뇌허혈(만성)(Cerebral ischaemia(chronic))

I67.9 상세불명의 대뇌혈관 질환(Cerebrovascular disease, unspecified)

I69 대뇌혈관 질환의 후유증(Sequelae of cerebrovascular disease)

주 : 이 항목은 달리 분류될 수 있는 후유증의 원인으로써 I60-I67 에서의 병태를 나타내는 데 사용된다. "후유증"은 만기 효과 또는 원인 병태의 발병 후 1년 이후에 나타나는 것으로 명기되어 있는 병태를 포함한다.

G45 일과성 대뇌 허혈성 발작 및 관련 증후군

(Transient cerebral ischaemic attacks and related syndromes)

[한국표준질병사인분류 코딩 지침서]

00-06 후유증(Sequelae)

질병의 후유증을 코딩할 때는 다음과 같이 두개의 코드를 부여한다.

- 잔여병태 또는 후유증의 성격(현행 병태)
- 후유증의 원인(이전 병태)

※ 증후군(syndromes)은 하나의 코드로 특정증후군에 속해있는 모든 구성요소를 기술해 내기는 어려운 경우, 모든 구성요소를 분리해서 코딩하기는 어려울 수 있다고 규정되어 있다. 즉, 증후군의 코딩사용은 하나의 코드로 특정증후군에 속해있는 모든 구성요소를 기술해낼 때 사용하는 것으로 판단된다.

■ 유사판례

1) 2012. 10. 12. 판결 / 서울고법2011나4935판결

① 한국표준질병사인분류가 뇌경색을 급성(최근) 뇌경색과 만성(오래된) 뇌경색으로 분류하고 있다고 보기 어려운 점, ② 진료병원에서 뇌경색 진단(분류코드 I63)을 받은 것이 잘못된 진단이라고 보기 어려운 점, ③ 약관이 규정하는 분류코드 I63에 해당하는 뇌경색에 열공성 뇌경색까지 포함되는지 여부에 관하여 다의적으로 해석이 가능하여 약관 조항의 뜻이 명백하지 아니한 경우에 해당한다고 볼 수 있으므로, 이와 같은 경우에는 약관의 규제에 관한 법률 제5조 제2항이 규정하는 '작성자 불이익의 원칙'을 적용하여 열공성 뇌경색 또한 위 분류번호 I63 뇌경색(증)에 해당한다고 해석하는 것이 타당한 점, ④ I63 뇌경색(증)의 진단에 반드시 대뇌동맥 및 뇌전동맥의 폐색 및 협착에 의한 출혈 소견이 필요한 것은 아닌 점을 종합하면, 보험계약에서 정한 I63의 뇌경색(증) 진단을 받은 것으로 인정할 수 있다고 판결함.

2) 2010. 07. 09. 판결 / 광주지방법원 2008가단79802

피보험자(원고)가 뇌MRI상 좌측 기저핵(right basal ganglia)의 열공성 뇌경색으로 진단되어 뇌경색(I63) 진단비를 청구한 사례에서 보험사(피고)가 의료자문결과에 근거해 기타열공증후군(G46.7) 내지 소혈관질환을 앓고 있는 것에 불과하여 뇌졸중으로 진단 확정되었다고 볼 수 없으므로 보험금을 지급할 수 없다는 분쟁에서 "전문의 자격을 가진 자에 의해 뇌MRI 검사결과상 열공성 뇌경색이 확인되어 뇌경색(I63)으로 진단한 경우라면 뇌졸중 진단비를 지급해야 한다"고 판결함.

보험 & 보상의 눈 (뇌경색 I63과 G45의 비교)

1. 법원은 약관이 규정하는 I63코드에 열공성 뇌경색까지 포함되는 지 여부에 관하여 다의적으로 해석이 가능하여 약규법상 작성자 불이익원칙에 의해 열공성 뇌경색 또한 I63 뇌경색증에 해당된다고 판단하였고(서울고법2011나4935판결), 보험사가 의료자문결과 기타열공증후군(G46.7)에 해당하여 뇌졸중 진단비를 지급할 수 없다는 분쟁에서 전문의사가 정

밀검사(뇌MR 등)에 기초하여 열공성 뇌경색이 확인되어 뇌경색을 진단하였다면 진단비를 지급해야 한다고 판결하였다(광주지원 2008가단79802판결).

2. 보험약관은 전문의사의 자격을 가진 자에 의해 병리학적, 세포학적, 이학적 소견(X선, CT, 내시경, 심전도, 혈액검사 등)에 근거하여, 뇌졸중으로 진단 확정한 경우는 뇌졸중 진단비를 지급하는 것으로 하며, KCD(한국표준질병사인분류)에서 'I63 뇌경색증은 cerebral infarction'을 의미하고, '뇌경색(증)을 유발하는 대뇌동맥 및 뇌전동맥의 폐색 및 협착(occlusion and stenosis of cerebral and precerebral arteries, resulting in cerebral infarction)'을 포함하며, I63.9 상세불명의 뇌경색(증)은 Cerebral infarction, unspecified 을, G45 일과성 대뇌허혈성 발작 및 관련 증후군은 Transient cerebral ischaemic attacks and related syndromes 을 의미하며, 여기서 증후군(syndromes)의 코드사용은 하나의 코드로 특정증후군에 속해있는 모든 구성요소를 나타낼 때 사용한다.

3. 이상을 종합해 판단하면, 2010. 05. 25. 검사한 BRAIN MRI상 infarction(경색) 확인되었고, 같은 날 시행한 뇌혈관 도플러(DOPPLER)상 stenosis(협착) 확인되었다. 이에 근거해 담당의사는 뇌경색(한국질병분류코드 I63.9)으로 진단하였다. 따라서, 뇌경색(분류번호 I63.9)으로 보는 것이 타당하다.

보험 & 보상의 눈 (뇌경색 I63과 I67 및 I69의 비교)

1. I69의 질병분류를 할 때는 두 개의 코드를 부여한다. I69는 후유증의 원인으로써 I60-I67에서의 병태를 나타낼 때 사용되기 때문이다. 따라서 I69의 질병으로 분류되었다는 것은 I63도 함께 병행할 수 있다는 것이다.
2. 또한, I67은 cerebrovascular(뇌혈관) disease(질병)을 의미한다. 이에 대한 판단을 위해서 다른 항목을 참조하면 I67.6은 두개내정맥계통의 비화농성 혈전증을 의미하나 경색증을 유발한 경우에는 I67.6 에서 제외되어 I63.6으로 분류된다. 즉, I67의 질병분류는 뇌경색이 아닌 뇌혈관 질병(환)을 나타낼 때 사용된다.

진단서상 I63으로 분류되었다고 하더라도 대부분 의료자문을 거치면 I63이 아닌 I67, I69, G45, G46 등의 결과가 나온다. 대부분의 자문의사는 I63의 뇌경색을 의학적인 입장, 즉 치료측면에서 의견을 보인다. 임상적인 부전마비, 구음장애, 대뇌혈관의 막힘, 급성의 소견 등을 보이는 경우로 축소해석한다. 치료와 보상과는 다른 것이다.

따라서, 진단명 관련해서는 의료자문은 필요치 않다. 부득이 해야한다면 진단의사에게 약관상 진단의 근거가 되는 부분에 대해서 설명이 먼저 되어야 하고, 이에 근거해 타당성에 대해서 확인해야 한다. 또는 약관상 진단의 근거가 되는 부분에 대해서만 확인해야 한다. 이후 심사자가 그 근거 및 타당성이 약관에 부합한 것인지를 판단해야 한다. 그러나 현재의 자문은 모두 의학적인 의견만 구하고 있는 실정이다. 환자를 처음 대면했을 때 말도 잘하고 행동에도 이상이 없다면 뇌경색으로 보지 않는다. 일시적인 증상정도로 취급해 버린다.

약관에 근거해 질문하고 판단을 해야한다, 또는 뇌경색의 경우도 객관적인 검사 결과에 따라 증상별 단계별로 보상을 구분해 놓는다면 많은 분쟁은 줄어들 것이다.

■ 다음은 동일한 기초사실하여 시행한 각 자문결과이다.

▶ 보험사에서 시행한 의료자문결과

: 열공성경색(G46) 또는 오래경과한 뇌경색(I69)으로 회신되었다.

> 1) 상기인의 MRI등 영상 판독소견에 대하여
> : 2010년 5월 25일 두부MRI, MRA필름 및 2012년 1월 10일 촬영한 두부 MRI, MRA 필름 모두에서 우측 기저핵부위에 국소적으로 뇌연화 또는 뇌실질 결핍이 의심되는 소견이 보임. 이를 소견 이외 뇌혈관 폐쇄나 협착 소견은 볼 수 없음.
>
> 2) 상기 환자는 두통과 무기력 증상으로 2010년 5월 25일 ＊＊병원에서 통원치료하던 분으로 통원치료중 뇌혈관 질한 관련 검사상 우측 기저핵 부위의 피각부에 8mm의

뇌경색 소견, 진구성 병변 관찰되었는 바, 검사결과를 통한 확정진단명 및 질병분류코드는 ?
: 상기 MRI 소견은 그 정확한 병리소견은 알 수 없으나, 오래 경과한 무증상의 열공경색(G46)의로 추정됨.

3) 상기 환자 뇌경색(I63) 확정진단으로 볼 수 있는지
: 뇌경색으로 확정 할 수 없음
뇌경색(I63)으로 확진하기 위해서는 지속적인 신경학적 결손증상과 영상 사진(뇌 MRI 등)상 급성 뇌경색 소견이 보여야 확진할 수 있음. 이들 소견 이외 오래 경과한 뇌경색의 경우에는 I69에 해당하리라 판단됨.
4) 뇌경색이 아니라면 상기환자의 검사소견상 진단명은
: 영상 소견상 오래경과한 열공경색(G46 또는 I69)으로 추정됨.

5) 상기 환자의 영상 자료 및 의무기록사본 등 제반상기 환자의 상태
: 환자는 특별하 신경학적 결손 증상 없이 비 특이적인 두통증상으로 내원하였음.

6) 본 보험약관상 뇌졸중에 해당하는지 여부
: 보험약관상 뇌졸중(I60~I66)에는 해당되지 않으리라 판단됨.

▶ 소비자측에서 시행한 의료자문결과

1) 1차 대학병원 신경외과 전문의 자문소견

질의)
1. 진료챠트, 각종 검사자료, 질병분류코드, 보험약관에 근거할 때 약관상 뇌졸중에 해당되는지 여부 및 근거는?

뇌졸중에 해당 되는것으로 판단 됨.

근거)
- 뇌 MRI에서 우측 기저핵 부위에 진구성으로 작은 크기의 뇌경색 소견.
- 뇌혈관초음파에서 우증대뇌동맥에 중등도의 협착과 기타 동맥들에 경도의 협착 소견

질병분류코드 : I63/I66등에 해당 됨.

2) 2차 종합병원 신경외과 전문의 자문소견

질의)

1. 뇌 MRI에서 우측 기저핵 부위에 뇌경색 소견이 있습니다.
2. 2010년 5월 25일, 2012년 1월 10일 , 2년의 시간을 두고 측정한 뇌혈관초음파에서 일관되게 우측 중대뇌동맥에 중등도의 협착, 그리고 기타 대뇌동맥들에 경도의 협착소견이 있습니다.

따라서 질병분류 I63~I63등에 해당 된다고 판단됩니다.

▶ 과거 보험사에서 시행한 다른 의료자문 결과

서울A병원 신경외과에 시행했던 의료자문 내용 중 일부로 뇌경색 관련 질병분류코드의 구분을 다음과 같이 하고 있음.

I63 : 뇌혈관이 막혀 그 결과로 뇌경색의 범위 및 크기가 확실하게 관찰되는 소견이 있는 경우, 즉 어느 누가 보더라도 뇌경색이라는 진단을 확실하게 내릴 수 있는 경우에 한하여 사용할 수 있는 경우

I64 : 출혈 또는 경색증으로 명시되지 않은 졸중, 즉 MRI 및 MRA상 특이 소견 관찰되지 않으나 뇌졸중의 신경학적 증상 및 징후를 의심할 만한 명확하고 충분한 소견이 있는 경우

I65 : 전-대뇌 동맥들의 폐색과 협착은 관찰되나 그 결과로 뇌경색을 초래하지 않는 경우

I69 : 뇌혈관 질환들의 후유증이 있는 경우

G46.4W1 : 순수 감각 뇌졸중

G46.5W1 : 순수 운동 뇌졸중

G46.6W1 : 감각 운동 뇌졸중

G46.7W1 : 구음 장애, 그리고 손 운동이 불편한 증후군

G81.9W1 : 운동 실조에 의한 반신운동 부전

G46.7 : 열공성 증후군

제 4 장

보상민원 해결

본 장은 금감원에 제기된 민원 진행절차 및 국외의 유사 제도에 대해서 서술하였다. 또한, 한국의료분쟁조정중재원 산하의 의료사고감정단의 역할에 대해 함께 살펴봄으로써 보상시 문제되고 있는 의료자문에 있어 해결책을 찾아보았다.[71)]

제1절 금융분쟁조정위원회

Ⅰ. 법적근거

보험관련 분쟁조정업무는 금융감독원에 설치된 '금융분쟁조정위원회'와 한국소비자원에 설치된 '소비자분쟁조정위원회'에 의해 이루어지고 있다. 금융분쟁조정위원회는 '금융위원회의 설치 등에 관한 법률'에 근거를 두고 있다.[72)] 그 검사 대상은 금융감독원의 검사

71) 참고로 4장과 5장은 "김영현, 보험분쟁의 원인과 대책, 고려대학교 법무대학원, 2014, 30-55면."을 인용하였다.
72) 금융위원회의 설치 등에 관한 법률 제51조(분쟁조정기구) 제38조 각 호의 기관, 예금자 등 금융 수요자와 그

를 받는 기관에 관한 분쟁으로 국한되며, 금융감독원의 검사를 받지 않는 공제와 우체국 보험은 제외된다.[73] 소비자분쟁조정위원회는 '소비자기본법'에 근거를 두고 있다.[74] 여기서는 금융분쟁조정위원회에 대해서만 살펴본다.

Ⅱ. 금융분쟁조정위원회

1. 의의 및 연혁

금융분쟁이란 금융회사, 금융수요자 및 기타 이해관계인이 금융거래 업무 등과 관련하여 이해관계가 발생하는 경우 금융회사를 상대로 제기하는 분쟁을 의미하고, 이러한 분쟁조정에 관한 사항을 심의 · 의결하기 위하여 금융감독원에 금융분쟁조정위원회(이하 '조정위원회'라 한다)를 설치하도록 정하고 있으며, 금융감독원은 금융분쟁에 대한 조정신청을 받아 당사자의 주장과 사실관계를 조사 · 확인하고, 이에 대한 합리적 해결방안을 제시하여 당사자 간 합의를 유도함으로써 원만하게 해결하고 있으나, 금융소비자는 방대한 조직과 전문성을 갖춘 금융회사와 대등한 위치에서 분쟁을 해결하기 어렵고, 소송은 비용과 시간이 많이 들기 때문에 이러한 국민의 어려움을 해결하고자 금융회사를 감독 · 검사하는 금융감독원으로 하여금 공정하고 객관적인 입장에서 소비자의 피해를 구제하도록 금융분쟁조정제도를 운영하고 있다.[75]

밖의 이해관계인 사이에 발생하는 금융 관련 분쟁의 조정에 관한 사항을 심의 · 의결하기 위하여 금융감독원에 금융분쟁조정위원회를 둔다.

73) 금융위원회의 설치 등에 관한 법률 제38조(검사 대상 기관) 금융감독원의 검사를 받는 기관은 다음 각 호와 같다. 1. 「은행법」에 따른 인가를 받아 설립된 은행, 2. 「자본시장과 금융투자업에 관한 법률」에 따른 금융투자업자, 증권금융회사, 종합금융회사 및 명의개서대행회사(名義改書代行會社), 3. 「보험업법」에 따른 보험회사, 4. 「상호저축은행법」에 따른 상호저축은행과 그 중앙회, 5. 「신용협동조합법」에 따른 신용협동조합 및 그 중앙회, 6. 「여신전문금융업법」에 따른 여신전문금융회사 및 겸영여신업자(兼營與信業者), 7. 「농업협동조합법」에 따른 농협은행, 8. 「수산업협동조합법」에 따른 수산업협동조합중앙회의 신용사업부문, 9. 다른 법령에서 금융감독원이 검사를 하도록 규정한 기관, 10. 그 밖에 금융업 및 금융 관련 업무를 하는 자로서 대통령령으로 정하는 자.

74) 소비자기본법 제60조(소비자분쟁조정위원회의 설치) ① 소비자와 사업자 사이에 발생한 분쟁을 조정하기 위하여 한국소비자원에 소비자분쟁조정위원회를 둔다.

75) 금융감독원, 금융소비자보호 백서, 2011.4, 325면.

보험분쟁 관련 민원은 보험계약자, 피보험자, 기타 이해관계자 등으로부터 제기되고 있으며, 이는 원칙적으로 민원인들이 이해당사자인 보험회사나 보험협회와의 협의를 통해 처리하는 것이 바람직하다. 이러한 취지하에 정책당국은 1968년에는 '보험상담실', 1975년에는 '보험사고심의위원회'를 보험회사 및 협회에 설치토록 하여 보험업계 차원에서 자율적으로 민원해결창구의 역할을 해 줄 것으로 기대했지만, 효율적으로 처리되지 않았다. 이에 1978년 3월 한국보험공사의 설립에 따라 협회의 보험사고분쟁심의 관련 업무가 한국보험공사로 이관되었고, 1978년 4월 한국보험공사는 '보험분쟁심의위원회'를 설치하였으며, 1985년 5월에는 민원업무를 총괄하는 독립된 민원실을 설치하였다. 그 후 한국보험공사가 보험감독원으로 변경되고 다시 금융감독원으로 통합됨에 따라 분쟁관련 업무는 '금융분쟁조정위원회'와 '금융민원센터'로 이관되어 현재에 이르고 있다.[76)]

2. 구성 및 처리절차

조정위원회는 위원장 1명을 포함한 30인 이내의 위원으로 구성한다.[77)] 2010년 12월 현재 금융감독원 내부위원(2인), 법조계(9인), 학계(4인), 의료계(3인), 손해사정사(1인), IT(1인), 소비자보호단체(6인), 금융계(4인)이며, 임기는 2년으로 하되 연임이 가능하고, 위원회의 회의는 매월 2회 개최되며, 구성원 과반수의 출석과 출석위원 과반수의 찬성으로 의결한다.[78)] 조정위원회는 사건이 회부된 날로부터 60일 이내에 이를 심의하여 조정결정을 하는데, 조정결정을 분쟁당사자가 수락하여 조정이 성립되면 법원의 확정 판결과 동일한 효력(재판상 화해)을 가지며, 분쟁조정의 공정성을 유지하기 위하여 조정위원이 분쟁사건과 인적 또는 물적으로 특수한 관계가 있는 경우에 의결에서 배제(제척, 기피, 회피)할 수 있도록 하였다.[79)]

---

76) 오영수, 김경환, 이종욱, 보험연구원, 보험분쟁의 재판외적 해결 활성화 방안 : 금융분쟁제도를 중심으로, 보험연구원, 2009. 36~37면.

77) 금융위원회의 설치 등에 관한 법률 제52조(조정위원회의 구성) ① 조정위원회는 위원장 1명을 포함한 30명 이내의 위원으로 구성한다. ② 조정위원회 위원장은 원장이 그 소속 부원장 중에서 지명하는 사람이 되며, 조정위원회 위원은 다음 각 호의 사람으로 한다. 1. 원장이 그 소속 부원장보 중에서 지명하는 사람, 2. 판사 · 검사 또는 변호사의 자격이 있는 사람 중에서 원장이 위촉하는 사람, 3. 「소비자기본법」에 따른 한국소비자원 및 소비자단체의 임원 또는 그 직에 있었던 사람으로서 원장이 위촉하는 사람, 4. 금융기관 또는 금융 관계 기관 · 단체에서 15년 이상 근무한 경력이 있는 사람으로서 원장이 위촉하는 사람, 5. 금융에 관한 학식과 경험이 있는 사람 중에서 원장이 위촉하는 사람, 6. 전문의의 자격이 있는 의사 중에서 원장이 위촉하는 사람, 7. 그 밖에 분쟁의 조정과 관련하여 원장이 필요하다고 인정하여 위촉하는 사람.

78) 금융감독원, 금융소비자보호 백서, 2011.4, 327면.

79) 금융감독원, 금융소비자보호 백서, 2011.4, 327면. 금융위원회의설치등에 관한 법률 시행령 제18조(위원의 제척 · 기피 및 회피)

조정위원회에 회부하여 심의 · 의결하는 안건은 조정례 및 판례와 같은 객관적 증빙이 있는 경우에까지 회부할 경우 진행의 실익 및 행정력의 낭비를 초래할 수 있기 때문에, 기존의 조정례 또는 판례 등이 없거나 약관에 명확한 규정이 없어 다의적 해석 또는 법률적 판단이 필요한 경우 등 새로운 조정결정이 필요한 사안에 대해서만 상정하고 있다.[80)]

분쟁이 발생한 경우에는 조정신청의 원인 및 사실을 증명하는 자료 등을 기재한 분쟁조정신청서를 금융감독원에 제출하면, 금융감독원장은 감독원에 접수된 사건 중 분쟁의 원만한 해결을 위하여 당사자가 합의하도록 함이 상당하다고 인정되는 경우에는 구두 또는 서면으로 당사자에게 합의할 것을 권고할 수 있으며, 금융감독원장은 조정신청을 받은 날로부터 30일 이내에 합의권고가 이루어지 아니할 때 지체없이 조정위원회에 회부하여야 하며, 이 경우 사실조사 등에 소요된 기간은 산입하지 않는다.[81)] 또한, 의사 · 법조인 · 학계 등의 전문가로 구성된 전문위원(60인)으로부터 법률 또는 의료자문 등을 받는 전문위원 자문제도를 운영함으로써 분쟁조정 사건의 전문성 · 공정성을 제고하고 있으며, 조정위원회에 회부된 분쟁조정 사건은 회부일로부터 60일 이내에 심의하여 결정 하도록 하며, 그 수락은 분쟁의 당사자가 조정결정의 통지를 받은 날로부터 20일 이내에 조정결정수락서에 기명하고 날인하여 제출하면 조정이 성립되고, 조정이 성립되면 법이 정하는 바에 따라 재판상 화해와 동일한 효력을 가지게 된다. 수락여부는 전적으로 당사자의 의사에 있으나, 금융회사가 조정위원회의 결정을 수락하지 않는 사례는 거의 찾아볼 수 없다. 금융감독원장은 위원회의 의결사항이 관련 법규를 위반하거나 공익에 비추어 심히 부당하다고 판단되는 경우 재의를 요구할 수 있고, 이러한 요구가 있는 경우 조정위원회는 구성원 3분의 2이상의 출석과 출석위원 3분의 2이상의 찬성으로 재의결한다.[82)]

한편, 조정위원회에서 신청인의 청구를 수용하는 것으로 결정된 사건이거나 조정결정이 있기 전 사건으로서 위원회의 조정선례 또는 법원의 판례 등에 비추어 신청인의 청구를 수용하는 것으로 조정결정될 것이 명백한 사건 등에 대하여 금융회사의 조치가 현저히 부당하다고 조정위원회가 인정하는 경우에는 금융감독원장에게 신청인을 위한 소송 지원을 하게 할 수 있고, 그 대상으로 확정되면 금융감독원이 변호인 선임, 소송비용 등을 판

---

80) 금융감독원, 금융소비자보호 백서, 2011.4, 327면.
81) 금융감독원, 금융소비자보호 백서, 2011.4, 329면.
82) 금융감독원, 금융소비자보호 백서, 2011.4, 329면.

결확정시까지 지원한다.[83)]

3. 소송과의 관계

금융감독원은 법원판결에 의하여 확정된 사항, 재판에 계류 중인 사항 또는 수사 중인 사항은 민원처리 대상에서 제외한다. 그 이유는 재판 계류 중 또는 수사 중인 사항에 대한 민원인의 권리 구제할 수 있는 최종적인 수단은 법원의 판결, 검찰의 기소 등으로 이는 사법기관의 권한에 속하며, 사법기관의 권리구제 절차와 행정기관의 권리구제 절차가 병존하는 경우에는 삼권분립의 원칙에 따라 최종적인 확정권한은 사법기관에 있기 때문이다.[84)] 이러한 취지로「금융위원회의 설치 등에 관한 법률」제56조에서도 일방당사자가 제소하면 분쟁조정절차를 중단할 것을 명시하고 있다.[85)]

Ⅲ. 외국의 민원해결

1. 영국

영국의 금융소비자보호정책수립 업무는 FSA(Financial Services Authority)에서 이루어지며 그 외에도 금융교육, 금융정보 제공 및 홍보업무를 수행하고, 금융민원은 FOS(Financial Ombudsman Service)에서 처리하며, FOS는 FSA산하의 독립적인 기구로서 「금융서비스·시장법(Financial Services and Market Act 2000)」에 따라 2001년 설립된 기구로 기존의 은행업무 Ombudsman, 주택금융공제조합 Ombudsman, 보험 Ombudsman, 투자 Ombudsman, FSA 민원사무국 등을 통합한 것이다. FSA는 금융소비자보호제도 기획, 교육, 홍보 및 FOS 감독업무를 수행하며, FOS는 금융민원 처리업무를 수행하며 이 경우 FSA는 FOS의

---

83) 금융감독원, 금융소비자보호 백서, 2011.4, 329면.
84) 금융감독원 소비자보호센터, 금융생활안내서, 보험편, 63면.
85) 금융위원회의 설치 등에 관한 법률 제56조(조정의 중지) 원장은 조정신청사건의 처리절차의 진행 중에 한쪽 당사자가 소송을 제기한 경우에는 그 조정의 처리를 중지하고 그 사실을 양쪽 당사자 모두에게 통보하여야 한다.

금융민원 조정결정에는 간여할 수 없다.[86)]

FOS의 조직형태 및 주요 업무 내용을 살펴보면 법적형태 및 재원은 공적민간기구로 금융회사 분담금으로 운영되며, FOS의 결정은 10만파운드(약 1억 7천만원) 범위 내에서 편면적 구속력을 가지고 있어, 금융회사에게는 결정내용을 수용해야 하는 강제성이 있으나 소비자에게는 강제성이 없는 방식을 취하고 있다.[87)] 연간 약 50만여건의 금융민원을 상담하고 약 9만여건을 민원으로 접수하여 처리하고 있으며 이중 40%정도는 초기단계에서 해결하고 50%정도는 조사 등 공식적인 처리과정에서 해결(수용율 약 25%)하며 약 10%정도만 Ombudsman에 의해 조정 결정(수용율 약37%)이 이루어지고 있다. FOS의 민원처리에서 특이할 사실은 당해 금융회사와의 조정을 거친 민원만을 접수한다.[88)]

2. 미국

현재 미국의 금융감독체계는 각 금융영역별로 분산되어 있으며, 이에 따라 금융민원도 개별 감독기관이 접수하여 처리한다. 금융소비자보호정책 수립은 보험의 경우는 주 보험청 등 금융감독기관에서 수행하며 금융소비자교육의 효율적인 추진을 위해 재무부에 금융교육국(OFE)을 설치하였다. 금융민원업무는 금융권역별로 담당 기관이 상이한 형태로 보험은 주 보험청, AAA(미국중재협회) 등에서 민원업무를 수행하고 있다.[89)]

3. 독일

금융소비자보호정책수립 업무는 정부조직인 BaFin(The Federal Financial Supervisory Authority)에서 수행하고, BaFin에서는 그밖에 민원상담, 소비자교육, 금융정보 제공 및 홍보업무가 이루어지고 있다. 금융민원업무는 금융권역별로 담당 기관이 상이하고, 보험은 보험옴부즈만(Versicherungsombudsman)에서 이루어지며, 이 기관은 2001년 출범한 사단법인으로 보험회사 분담금으로 운영되고 5,000유로(약 770만원) 내에서 편면적 구속력을 가지고 있다[90)].

---

86) 금융감독원, 금융소비자보호업무백서, 2010년도, 177면.
87) 금융감독원, 금융소비자보호업무백서, 2010년도, 177면.
88) 금융감독원, 금융소비자보호업무백서, 2010년도, 177면.
89) 금융감독원, 금융소비자보호업무백서, 2010년도, 178~179면.
90) 금융감독원, 금융소비자보호업무백서, 2010년도, 179면

4. 캐나다

2001년 캐나다 연방정부에 의해 설립된 소비자보호기구인 FCAC(Financial Consumer Agency of Canada)에서는 금융소비자교육, 금융정보제공, 금융소비자보호 관련 법규준수 여부 등 감시하는 역할을 수행하고 있고, 특히 금융교육 및 금융이해력 프로그램을 운영하는 등 소비자교육에 주력하고 있다. 금융민원업무는 OBSI(Ombudsman for Banking Services and Investment) 등 5개 독립적인 기구에서 금융권역별로 수행하고, OBSI는 2002년 설립된 사단법인으로 금융회사 분담금으로 운영되며 35만달러(약 3억 9천만원) 내에서 편면적 구속력을 가지고 있다.[91)]

보험 & 보상의 눈

해외 주요국들은 효율적인 소비자보호를 위해 금융교육을 통한 사전 예방적 기능을 강화하기 위해 소비자보호정책과 금융교육을 동시에 진행한다. 영국의 경우 조정전치제도, 제기민원에 대한 편면적 구속력을 부여함으로써 민원처리업무의 효율성을 극대화하고 있다. 우리나라도 외국의 경우처럼 조정전치제도, 편면적 구속력, 분쟁조정절차 진행중 금융회사의 소제기 금지 등의 다양한 방안을 도입하여 소비자보호의 효율성을 강화해야 한다.[92)]

---

91) 금융감독원, 금융소비자보호업무백서, 2010년도, 179면. 조정기구의 결정에 대하여 민원인이 이를 수용할 경우 금융회사는 조정기구의 결정을 수용하여야하나, 민원인은 소송제기 가능하다.
92) 금융감독원, 금융소비자보호업무백서, 2010년도, 180~181면.

제2절 의료자문 및 감정

민원해결에서 중요한 역할을 하고 있는 것이 의료자문 및 감정이다. 마찬가지로 의료사고에서도 의료자문 및 감정이 중요한 역할을 하고 있다. 따라서, 의료사고에서 의료자문 및 감정을 어떻게 하고 있는지에 대해서 살펴본다. '의료사고 피해구제 및 의료분쟁 조정 등에 관한 법률'에 의해 한국의료분쟁조정중재원(이하 '조정중재원'이라 한다)을 설립하였고,[93] 여기서 중요한 역할을 하고 있는 것이 의료사고감정단이다.

Ⅰ. 의료사고감정단의 업무

의료사고감정단(이하 '감정단'이라 한다)은 의료분쟁의 조정 또는 중재에 필요한 사실조사, 의료행위등을 둘러싼 과실 유무 및 인과관계의 규명, 후유장애 발생 여부 등 확인, 다른 기관에서 의뢰한 의료사고에 대한 감정업무를 한다.[94]

또한, 환자가 의료인에게 불법행위책임 및 계약책임에 기초하여 손해배상을 청구하는 경우에, 환자가 이를 입증하여 손해배상을 받는 것은 매우 어렵다. 감정단은 환자가 신청서를 제출하여 조정이나 중재절차가 진행되면 입증활동을 하게 되므로 환자는 그 부담을 면할 수 있다.[95]

93) 의료사고 피해구제 및 의료분쟁조정 등에 관한 법률 제6조(한국의료분쟁조정중재원의 설립) ① 의료분쟁을 신속 · 공정하고 효율적으로 해결하기 위하여 한국의료분쟁조정중재원(이하 "조정중재원"이라 한다)을 설립한다. ② 조정중재원은 법인으로 한다.
94) 의료사고 피해구제 및 의료분쟁조정 등에 관한 법률 제25조(의료사고감정단의 설치)
95) 박미라, 의료분쟁조정제도에 대한 연구, 고려대학교 법무대학원, 2013, 74면

Ⅱ. 의료사고감정단 및 감정부의 구성

감정단은 단장 및 50명 이상 100명 이내의 감정위원으로 구성하고, 단장은 비상임으로서 보건의료에 관한 학식과 경험이 풍부한 사람 중에서 원장의 제청으로 보건복지부장관이 위촉한다.[96] 감정단의 업무를 효율적으로 수행하기 위하여 상임 감정위원 및 비상임 감정위원으로 구성된 분야별, 대상별 또는 지역별 감정부를 둘 수 있고, 감정위원은 9명의 추천위원으로 구성된 감정위원추천위원회의 추천을 받아 원장이 임명 또는 위촉한다.[97]

Ⅲ. 의료사고감정단의 규범적 판단

감정단은 의료사고에 대한 사실관계를 규명하는 기능을 하는 기관이며, 이를 위해서 전문적인 의학지식이 필요하기 때문에 의료인의 역할이 중요하다. 그러나, 의료행위에 대한 사실판단은 규범적 판단이지 자연과학적인 판단은 아니다. 또한, 규범적 판단을 위해서는 의학이라는 자연과학적 판단이 의미를 가지므로, 감정부에 의료인과 법조인을 각 2명씩 포함시켜 사실을 규명함에 있어서 자연과학적인 판단 및 의학적 판단으로 기울지 않고 규범적 차원에서 판단할 수 있도록 하고 있다.[98]

Ⅳ. 감정절차

감정부는 조정신청이 있는 날부터 60일 이내에 감정서를 작성하여 조정부에 송부하여

---

96) 의료사고 피해구제 및 의료분쟁조정 등에 관한 법률 제25조(의료사고감정단의 설치)

97) 의료사고 피해구제 및 의료분쟁조정 등에 관한 법률 제26조(감정부) ① 감정단의 업무를 효율적으로 수행하기 위하여 상임 감정위원 및 비상임 감정위원으로 구성된 분야별, 대상별 또는 지역별 감정부를 둘 수 있다. ② 감정위원은 다음 각 호의 어느 하나에 해당하는 사람 중에서 9명의 추천위원으로 구성된 감정위원추천위원회(이하 "추천위원회"라 한다)의 추천을 받아 원장이 임명 또는 위촉한다.

98) 박미라, 의료분쟁조정제도에 대한 연구, 고려대학교 법무대학원, 2013, 83면.

야 하고, 1회에 한하여 30일까지 연장할 수 있으며, 감정서에는 사실조사의 내용 및 결과, 과실 및 인과관계 유무, 후유장애의 정도 등을 기재하고, 감정부의 장 및 감정위원이 서명한다.[99]

감정서의 감정소견에는 그 판단근거 및 이유를 적어야 하나, 감정위원 전원의 일치된 감정소견의 경우에는 그 판단근거 및 이유의 기재를 생략할 수 있고, 감정위원의 감정소견이 일치하지 아니하는 경우에는 재적 감정위원 과반수가 찬성한 감정소견을 적되, 이에 반대하는 감정위원의 의견을 덧붙여야 한다.[100]

---

99) 의료사고 피해구제 및 의료분쟁조정 등에 관한 법률 제29조(감정서) ① 감정부는 조정신청이 있은 날부터 60일 이내에 감정서를 작성하여 조정부에 송부하여야 한다. ② 제1항에도 불구하고 감정부가 필요하다고 인정하는 때에는 그 기간을 1회에 한하여 30일까지 연장할 수 있다. 이 경우 그 사유와 기한을 명시하여 조정부에 통지하여야 한다. ③ 제1항의 감정서에는 사실조사의 내용 및 결과, 과실 및 인과관계 유무, 후유장애의 정도 등 대통령령으로 정하는 사항을 기재하고 감정부의 장 및 감정위원이 이에 기명날인 또는 서명하여야 한다.

100) 의료사고 피해구제 및 의료분쟁 조정 등에 관한 법률 시행령 제15조(감정서의 기재사항) ① 법 제29조제3항에서 "대통령령으로 정하는 사항"이란 다음 각 호의 사항을 말한다. 1. 사건번호와 사건명, 2. 당사자와 대리인의 성명 및 주소, 3. 감정대상, 4. 사실조사의 내용 및 결과, 5. 과실 및 인과관계의 유무, 6. 후유장애의 유무, 종류 및 정도, 7. 제5호 및 제6호의 사항에 관한 감정소견, 8. 작성일, 9. 관할 감정부의 명칭. ② 제1항제7호의 감정소견에는 그 판단 근거 및 이유를 적어야 한다. 다만, 감정위원 전원의 일치된 감정소견의 경우에는 그 판단 근거 및 이유의 기재를 생략할 수 있다. ③ 감정위원의 감정소견이 일치하지 아니하는 경우에는 재적 감정위원 과반수가 찬성한 감정소견을 적되, 이에 반대하는 감정위원의 의견을 덧붙여 적어야 한다.

제 5 장

보상제도 개선

민원해결을 위해 중요한 역할을 함과 동시에 민원의 원인이 된 의료자문 개선방안, 심사절차 개선방안[101], 민원제도 개선방안에 대해 살펴보자.

제1절 의료자문 개선

I. 자문시행주체에 대한 약관규정 개정

금융감독원의 보험상품 자료에 공시된 생명보험 표준약관 및 질병상해보험 표준약관에는 보험소비자와 보험회사가 장해에 대해 합의에 도달하지 못하는 때에는 당사자가 동의

101) 금융위원회, 금융소비자 보호를 위한 불합리한 금융관행 개선 추진, 보도자료, 2013.11.20., 3면을 보면, 보험사의 자문의 선정에 객관성이 부족하여 보험사에 유리한 자문을 제공하는 등 계약자의 권익을 침해할 여지가 있고, 자문의가 환자를 직접 진료하지 않고 보험사가 제출한 환자의 진료기록만을 토대로 자문을 하고('13. 10. 8일, SBS 등), 자문업무가 일부 자문의에게 편중되어 자문업무만으로 고소득을 올리는 자문의도 존재하는 실정이었다. 또한, 보험사에 자문을 했던 자문의가 보험금 관련 소송시 법원 감정의로도 참여하는 '이중 자문'으로 자문의 객관성 및 공정성이 담보되지 않았다. 2012년 기준 손보사(14개사) 자문의 중 30%인 128명이 법원 감정의로 참여(13.11.1일자 연합, 머니투데이, 경향신문 등)하고 있었다.

하는 제3자를 정하고 그 제3자의 의견에 따를 수 있다고 규정한다.[102)]

그러나, 위에서 제3자에 대한 정보에 대해 보험회사에 비해 상대적으로 취약한 보험소비자입장에서는 그 선정에 있어 보험회사의 결정에 따라갈 수 밖에 없다. 따라서 제3자(의료기관)를 선정하는 데 있어 당사자가 동의하는 것이 아닌, 보험소비자의 일방에 의해 정할 수 있도록 개선되는 것이 소비자 보호에 합당할 것이다. 다만, 공정성 및 신뢰성을 위해 의료법 제3조(의료기관)의 규정에 의한 종합병원 소속 전문의 중에서 하면 될 것이다. 더 나아가 보험회사의 자문의로 등록된 의사는 금융감독원등에 공시되어서 자문의에서 배제되어야 하고, 동시에 법원 자문을 겸하는 것을 금해야 한다.[103)]

현 행	개선방안
피보험자(보험대상자)와 회사가 피보험자(보험대상자)의 장해지급률에 대해 합의에 도달하지 못하는 때에는 **피보험자(보험대상자)와 회사가 동의하는 제3자를 정하고** 그 제3자의 의견에 따를 수 있습니다. 제3자는 의료법 제3조(의료기관)의 규정에 의한 종합병원 소속 전문의 중에 정하며, 장해판정에 소요되는 의료비용은 회사가 전액 부담합니다.	피보험자(보험대상자)와 회사가 피보험자(보험대상자)의 장해지급률에 대해 합의에 도달하지 못하는 때에는 **피보험자(보험대상자)가 제3자를 정하고** 그 제3자의 의견에 따를 수 있습니다. 제3자는 의료법 제3조(의료기관)의 규정에 의한 종합병원 소속 전문의 중에 정하며, 장해판정에 소요되는 의료비용은 회사가 전액 부담합니다.

Ⅱ. 외부 자문위원회 구성

손해보험은 각 손해보험사에서 손해보험협회의 의료심사위원회를 통해 자문을 의뢰하고 있고 있다. 또한, 금융위원회는 손해보험협회내 의료심사위원회가 보다 중립적으로 자

102) 생명보험 표준약관 제16조(보험금지급에 관한 세부규정) ⑨피보험자(보험대상자)와 회사가 보험자(보험대상자)의 장해지급률에 대해 합의에 도달하지 못하는 때에는 피보험자(보험대상자)와 회사가 동의하는 제3자를 정하고 그 제3자의 의견에 따를 수 있습니다. 제3자는 의료법 제3조(의료기관)의 규정에 의한 종합병원 소속 전문의 중에서 정하며, 장해판정에 소요되는 의료비용은 회사가 전액 부담합니다. 질병상해보험 표준약관 제16조(보험금지급에 관한 세부규정) ⑨ 피보험자(보험대상자)와 회사가 피보험자(보험대상자)의 장해지급률에 대해 합의에 도달하지 못하는 때에는 피보험자(보험대상자)와 회사가 동의하는 제3자를 정하고 그 제3자의 의견에 따를 수 있습니다. 제3자는 의료법 제3조(의료기관)의 규정에 의한 종합병원 소속 전문의 중에 정하며, 장해판정에 소요되는 의료비용은 회사가 전액 부담합니다.

103) 금융위원회, 금융소비자 보호를 위한 불합리한 금융관행 개선 추진, 보도자료, 2013.11.20., 3면에 자문의 현황을 법원과 실시간으로 공유하여 '이중자문'발생을 미연에 방지하는 방안마련필요.

문을 할 수 있도록 심사위원 선정 등을 담당할 별도의 자문위원회를 외부인사(소비자 단체, 보험업계, 의료계 등)로 구성 및 설치하는 개선방안을 마련하고 있다.[104] 생명보험은 생명보험 협회와 주요 전문 의학회(병리의학회, 외과의학회, 내과의학회, 신경외과의학회, 암의학회 등)와 업무협약을 맺고 분야별 자문의 풀(pool)을 구성하는 안을 갖고 있으며, 여기서 보험사가 필요시 임의 추출된 의사로 하여금 자문을 맡도록 하여 자문 객관성을 제고하는 개선방안을 마련하고 있다.[105]

그러나, 오랜기간 운영해온 손해보험협회의 경우도 객관성을 제고 하기 위해 외부 인사로 구성된 자문위원회를 설치하는 방안을 마련하고 있듯이 생명보험협외의 경우도 공정성 및 신뢰성을 위해 외부 자문위원회의 구성이 필요하다.

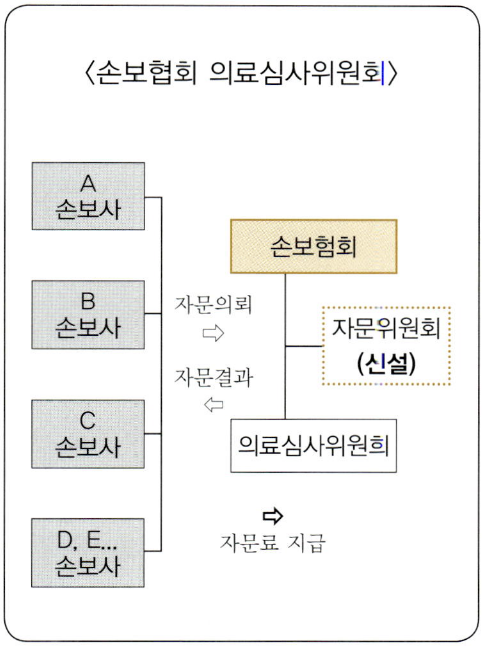

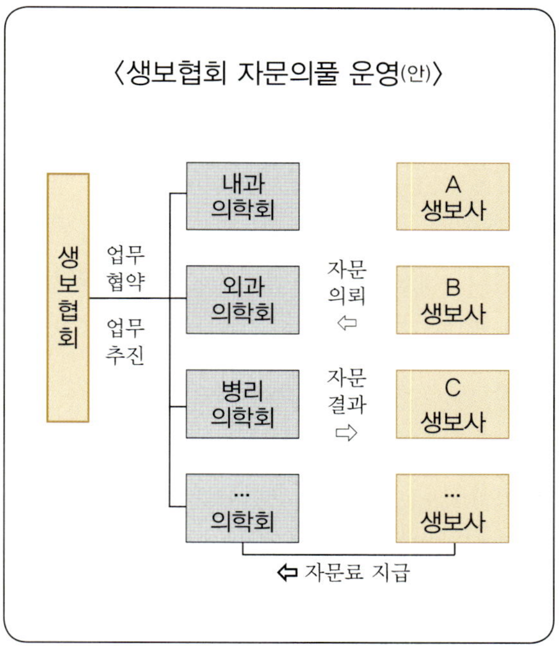

* 금융위원회, 금융소비자 보호를 위한 불합리한 금융관행 개선 추진, 보도자료, 2013.11.20., 3면의 표 참조.

104) 금융위원회, 금융소비자 보호를 위한 불합리한 금융관행 개선 추진, 보도자료, 2013.11.20., 3면에 손보협회는 87년부터 의료심사위원회(현재 29명의 전문의로 구성)를 운영하고 있으며 보험사에서 자체 처리하기 어려운 건에 대한 의료자문을 수행하고 있다.

105) 금융위원회, 금융소비자 보호를 위한 불합리한 금융관행 개선 추진, 보도자료, 2013.11.20., 3면.

Ⅲ. 자문위원의 의학지식외의 전문성 강화

자문의의 업무역할 규정과 자문관련 업무처리 절차등 매뉴얼을 개발해야한다.[106] 의학적 소견외에 문리적 및 법리적 해석이 필요한 경우도 있다. 따라서, 장해평가 및 배상의학 분야에 관한 교육 프로그램을 이수하거나 별도의 시험을 거친 의사만이 보험자문을 할 수 있는 방안을 검토해야한다.[107]

Ⅳ. 자문범위

법원은 민사분쟁에 있어서의 인과관계는 의학적, 자연과학적 인과관계가 아니라 사회적, 법적 인과관계이므로 그 인과관계가 반드시 의학적, 자연과학적으로 명백히 입증되어야 하는 것은 아니다고 하였다.[108] 따라서 자문의는 환자 상태(예, 영상사진에 대한 해석, 혈관의 협착 및 폐색여부, 골절여부, 골절상태, 움직임의 제한정도 등) 에 대한 의학적 소견으로만 국한된 자문을 해야 한다. 치료의사가 아닌 자문의가 보험약관상 뇌경색진단의 합치여부, 장해등급분류표상의 해당등급등에 대한 판단까지 하는 것은 보험분쟁에 있어 그 해결책을 의학 및 자연과학에서만 찾고자 하는 것으로 사회적 법적 인과성을 배제하는 것이다. 자문의의 의학적 소견에 근거하여 보험약관상 해당여부에 대한 판단은 보험보상 전문가(손해사정사 등)의 판단이어야 한다. 다만, 문리적 해석이 필요한 약관상 해당여부까지를 자문하고 자 한다면, 해당질의는 의학적 자료 외에 자문의사의 판단에 도움이 될 수 있도록 문리적 해석을 감안할 수 있는 자료가 첨부되어야 한다.

---

106) 금융위원회, 금융소비자 보호를 위한 불합리한 금융관행 개선 추진, 보도자료, 2013.11.20., 4면.
107) 금융위원회, 금융소비자 보호를 위한 불합리한 금융관행 개선 추진, 보도자료, 2013.11.20., 4면에 중장기적으로 의과대학내 배상의학에 대한 커리큘럼 마련, 배상의학 관련 학회의 연수과정 운영등도 추진.
108) 대법원 2002.10.11.선고2002다564, 대법원 2008.4.24.선고72734

Ⅴ. 입증서류 협조

의료자문시 제출되는 서류는 다양한 자료가 있는 것이 아니다. 결국 보험소비자의 의무진료기록(영상사진 등)이다. 따라서, 일차적으로 보험소비자 스스로가 제출할 서류를 구비하여 제3자(의료기관)에게 제공하고, 입증의 한계를 감안하여 심사전문업체 및 외부 전문가(예, 손해사정사 등)의 도움을 받아 서류를 구비할 수 있도록 해야 하고, 이러한 안내절차가 필요하다.

제2절 심사절차 개선

Ⅰ. 보험금 심사 및 손해사정 절차 준수의 강화

보험금 심사 및 손해사정 절차는 보험업감독규정 제9-21조(손해사정서 접수 및 처리절차 등)에 규정되어있다.[109] 이 규정대로라면 손해사정서 접수일로부터 10일이내에 서면으로 보정요청을 해야한다. 보정이 이루어진 경우에는 같은 사항으로 재보정요청을 할 수 없고, 재보정까지 이루어지면 지체없이 보험금이 지급되어야 한다. 그러나, 위 규정이 제대로 지켜지지 않고 있다. 따라서 보험업감독규정 제9-21조(손해사정서 접수 및 처리절차 등)는 상위법령으로 정비되어야 하고 준수될 수 있도록 강화되어야 한다.

---

109) 보험업감독규정 제9-21조(손해사정서 접수 및 처리절차 등) ① 보험회사는 손해사정사가 제출하는 손해사정서의 접수를 거절하지 못하며, 제9-18조 제1항 단서의 사유에 해당하는 경우를 제외하고는 손해사정서가 제출되지 아니한 상태에서 보험금을 지급하여서는 아니된다. ② 보험회사는 손해사정사가 제출한 손해사정서를 접수한 때에는 지체없이 보험금을 심사 · 지급하여야 한다. 다만, 다음 각 호의 1에 해당되어 보험금지급이 지연될 경우에는 손해사정서 접수일부터 10일이내에 그 사유를 보험금청구권자에게 통보하여야 한다. 1. 손해사정서의 내용이 사실과 다르거나 자체적으로 조사 · 확인한 내용과 다른 것으로 판명된 때, 2. 손해사정서의 내용이 관련법규, 약관에 위반된 경우, 3. 보험금청구권자가 손해사정서의 내용에 이의를 제기한 경우, 4. 민원 또는 소송이 제기되거나 수사기관에 의하여 수사가 진행중인 경우. ③ 보험회사는 손해사정사가 제출한 손해사정서가 제2항 제1호 또는 제2호에 해당되어 정정 · 보완("이하 보정"이라 한다)이 필요한 경우에는 손해사정서 접수일부터 10일이내에 구체적인 사유와 근거를 명시하여 손해사정사 또는 보험금청구권자에게 서면으로 요청하여야 한다. ④ 손해사정사 또는 보험금청구권자는 보험회사로부터 제3항의 규정에 의한 보정을 요청받은 경우에는 지체없이 손해사정서를 보정하거나 기 제출한 손해사정서의 정당성에 대한 의견과 근거를 작성하여 보험회사에 서면으로 제출하여야 한다. ⑤ 보험회사는 제4항의 규정에 의한 보정서 또는 의견서를 접수한 때에는 지체없이 보험금을 심사 · 지급하여야 하며, 다음 각 호의 1에 해당하는 경우를 제외하고는 다시 보정을 요청할 수 없다. 1. 보정서 또는 의견서의 내용이 부당하다는 객관적이고 명백한 반증이 있는 경우, 2. 제2항 제1호 또는 제2호에 해당하는 경우(기존의 보정요청에 대하여 보정이 완료된 경우는 제외). ⑥ 보험회사는 제9-18조 제1항 단서의 규정에 해당하는 경우를 제외하고는 제2항 내지 제5항의 절차에 따라 확정된 손해사정서에 의한 보험금을 지급하여야 한다. 다만, 다음 각 호의 1에 해당하는 경우에는 손해사정서에 따른 보험금을 정정하여 지급할 수 있다. 1. 민원 또는 소송이 제기되어 보험회사가 지급하여야 하는 보험금이 손해사정서와 다르게 결정된 경우, 2. 보험금청구권자가 손해사정서내용의 부당함에 대한 근거 및 자료를 서면으로 제출하고 보험회사가 이를 수용하여 보험회사가 지급하여야 하는 보험금이 손해사정서와 다르게 된 경우, 3. 보험회사가 결정한 보험금을 보험금청구권자가 수용한 경우

Ⅱ. 자기 손해사정 금지 및 사고조사업무 제3자 위탁 가능 안내

손해사정사는 보험분쟁시 사실관계 확인, 약관 및 관련규정 해석을 하고, 사고시 보상금을 산정하는 전문가이다. 이 제도는 보험사고로 생긴 손해액을 독립적인 전문가로 하여금 공정하게 결정하도록 함으로써 보험사와 소비자 사이의 분쟁을 억제하여 소비자의 권익보호를 위해 도입되었다. 또한, 보험업법 제189조(손해사정사의 의무 등)는 자기와 이해관계를 가진자의 보험사고 및 자기와 이해관계를 가진 자가 모집한 보험계약에 관한 보험사고에 대하에 대하여 손해사정을 하는 행위를 금하고 있다.[110)]

그러나, 보험업법 시행령 제99조(손해사정사 등의 의무)가 개정되면서 단서조항으로 보험회사 또는 보험회사가 출자한 손해사정법인에 소속된 손해사정사가 그 소속 보험회사 또는 출자한 보험회사가 체결한 보험계약에 관한 보험사고에 대하여 손해사정을 하는 행위는 제외한다고 개정되었다.[111)] 더욱이 대부분의 손해사정사가 보험사 소속이거나 위탁(계약) 형태로 운영되고 있어 손해사정사의 업무를 하는데 있어 보험사 눈치를 볼 수밖에 없다.[112)]

따라서, 보험업법 시행령 제99조의 단서를 삭제하고 관련법령에서 자기손해사정과 관련된 규정들을 정비 및 보완해야한다. 장기적으로 보험사에서 보험심사 및 손해사정관련 부서가 독립되어야 함은 물론이고, 위탁(계약)형태로 운영되고 있는 손해사정법인들과의 관계도 수직이 아닌 수평적 지위를 갖을 수 있도록 법령이 정비되어야 한다.

---

110) 보험업법 제189조(손해사정사의 의무 등) ③ 손해사정사 또는 손해사정업자는 손해사정업무를 수행할 때 보험계약자, 그 밖의 이해관계자들의 이익을 부당하게 침해하여서는 아니 되며, 다음 각 호의 행위를 하여서는 아니 된다. 6. 그 밖에 공정한 손해사정업무의 수행을 해치는 행위로서 대통령령으로 정하는 행위. 보험업법 시행령 제99조(손해사정사 등의 의무) 법 제189조제3항 제6호에서 "대통령령으로 정하는 행위"란 다음 각 호의 어느 하나에 해당하는 행위를 말한다. 2. 자기 또는 자기와 총리령으로 정하는 이해관계를 가진 자의 보험사고에 대하여 손해사정을 하는 행위. 3. 자기와 총리령으로 정하는 이해관계를 가진 자가 모집한 보험계약에 관한 보험사고에 대하여 손해사정을 하는 행위(보험회사 또는 보험회사가 출자한 손해사정법인에 소속된 손해사정사가 그 소속 보험회사 또는 출자한 보험회사가 체결한 보험계약에 관한 보험사고에 대하여 손해사정을 하는 행위는 제외한다)

111) 보험업법 시행령 제99조(손해사정사등의 의무) 3항은 자기와 총리령으로 정하는 이해관계를 가진 자가 모집한 보험계약에 관한 보험사고에 대하여 손해사정을 하는 행위(보험회사 또는 보험회사가 출자한 손해사정법인에 소속된 손해사정사가 그 소속 보험회사 또는 출자한 보험회사가 체결한 보험계약에 관한 보험사고에 대하여 손해사정을 하는 행위는 제외한다)[전문개정 2011.1.24.]

112) MK뉴스(http://mk.co.kr), 경제, 2014. 05. 21.기사, '고양이에게 생선 맡긴 꼴' 손해사정사제도 도마위, 21일 금융감독원 및 보험업계 등에 따르면 작년 말 현재 손해사정사로 등록된 인원은 7809명으로 이중 보험사 소속은 3120명으로 절반 수준을 차지했다. 또 별도 손해사정업체로 등록된 회사에 소속돼 보험사와 업무 위탁 관계에 있는 인원은 2350명으로, 전체 손해사정사의 70% 이상이 보험사와 특별한 관계에 있는 것으로 파악됐다.

보험사에 보험금을 청구하면 보험사에 소속된 손해사정사나 보험사로부터 위탁(계약)형태로 운영되고 있는 심사전문업체(손해사정법인)에서 손해사정을 한다. 그러나, 소비자도 조사업무를 직접 제3자에게 위탁할 수 있다는 사실에 대해 아는 사람은 거의 없다. 금감원은 보험금 지급업무에 관한 모범규준을 통해 보험사로 하여금 보험금 청구를 받은 시점에 보험계약자에게 보험사고 조사업무를 제3자에게 위탁할 수 있다는 사실을 안내하도록 하고 있다.[113] 그러나, 이를 모르는 소비자가 대다수이므로 이에 대한 안내를 준수토록 의무화해야 한다.

113) 금융감독원, 보험금지급업무에 관한 모범규준, 4면

제3절 민원제도 개선

Ⅰ. 처리절차

1. 민원구분의 표준화

금융위원회의 설치 등에 관한 법률 및 같은 법률의 시행령에서 조정위원회에 회부되지 않는 경우는 신청내용이 분쟁조정 대상으로서 적합하지 않거나, 조정을 하는 것이 적당하지 않다고 인정되는 경우이다.[114] 즉 분쟁조정위원회에 회부되는 안건은 보험약관에 명확한 규정이 없어 다의적 해석 또는 법률적 판단이 필요한 경우 등 새로운 조정결정이 필요한 사안에 대해서만 상정한다.[115] 여기서 분쟁조정 대상으로서의 적합여부에 대한 판단기준이 불명확하다.

금융감독원의 민원(분쟁조정)처리절차를 보면 민원접수가 되면 일반민원과 분쟁민원으로 구분되어 일반민원은 해당부서(감독, 검사국, 파트 등)에서 처리하고 분쟁민원은 분쟁조정위원회로 회부된다. 그러나, 대다수의 사안이 일반민원으로 처리되고 있으며, 분쟁민원으로 진행되기를 원하더라도 소비자의 원과 달리 진행된다. 따라서 일반민원과 분쟁민원으로 구분하는 기준에 대한 표준화 및 이러한 표준화를 만드는 외부위원회도 별도로 설치할

---

114) 금융위원회의 설치 등에 관한 법률 제53조(분쟁의 조정) ② 원장은 제1항에 따른 분쟁조정의 신청을 받으면 관계 당사자에게 그 내용을 알리고 합의를 권고할 수 있다. 다만, 분쟁조정의 신청내용이 다음 각 호의 어느 하나에 해당하는 경우에는 합의권고를 하지 아니하거나 제3항에 따른 조정위원회에의 회부를 하지 아니할 수 있다. 1. 이미 법원에 제소된 사건이거나 분쟁조정을 신청한 후 소송을 제기한 경우, 2. 신청한 내용이 분쟁조정 대상으로서 적합하지 아니하다고 인정하는 경우, 3. 신청한 내용이 관련 법령 또는 객관적인 증빙(證憑) 등으로 비추어 볼 때 합의권고절차 및 조정절차를 진행할 실익이 없는 경우, 4. 그 밖에 대통령령으로 정하는 경우.

금융위원회의 설치 등에 관한 법률 시행령 제16조(조정위원회에 회 부되지 아니하는 내용 등) ① 법 제53조제2항 제4호에서 '기타 대통령령이 정하는 경우"라 함은 다음 각 호의 1에 해당하는 경우를 말한다. 1. 신청인이 정당한 이유없이 기한 내에 보완을 하지 아니하는 경우, 2. 신청의 내용과 직접적인 이해관계가 없는 자가 조정신청을 하는 경우, 3. 신청인이 부당한 이익을 얻을 목적으로 조정신청을 한 것으로 인정되는 경우, 4. 조정을 하는 것이 적당하지 아니하다고 인정되는 경우. ②원장은 법 제53조제2항 단서의 규정에 의하여 합의권고를 하지 아니하거나 금융분쟁조정위원회에 회부하지 아니하는 때에는 이를 당사자에게 서면으로 통지하여야 한다.

115) 금융감독원, 금융소비자보호 백서, 2011.4, 329면.

필요성이 있다. 그리고 표준화된 내용을 정기적으로 공시해서 민원신청인도 알 수 있도록 해야한다.

2. 당사자 참여 진술 의무화

분쟁을 명확히 규명할 수 없는 경우라도 당사자의 이해관계는 다를 수 있기 때문에 조정을 통해 당사자가 만족할 수 있다. 현재의 금융감독원의 민원처리절차에는 당사자의 참여가 의무화 되어있지 않아 진정한 조정과정을 갖기 힘들고, 서면으로만 주장하는 민원에 한계가 있을 수밖에 없다. 따라서 민원에 대한 사실관계조사 및 검토단계에서 보험소비자(손해사정사 포함)와 보험회사 담당자의 참여하에 의견진술할 수 있는 절차를 의무화해야한다.[116)]

Ⅱ. 처리기일

1. 금융감독원장의 합의권고

금융감독원장은 감독원에 접수된 사건 중 분쟁의 원만한 해결을 위하여 당사자가 합의하도록 함이 상당하다고 인정되는 사건의 경우에는 구두 또는 서면으로 당사자에게 합의할 것을 권고할 수 있고, 조정신청을 받은 날로부터 30일 이내에 합의권고가 안될 때 지체없이 조정위원회에 회부한다.

그러나, 당사자의 합의권고가 필요한 사안에 대한 판단기준 및 그 판단은 누가 하는지에 대해서 불명확하다. 결국 일반민원사건처럼 해당부서에서 판단해야할 것이다. 따라서 유명무실한 규정보다는 민원이 접수되면 바로 일반민원 및 분쟁민원으로 구분하고 이후 처리 절차 및 결과에 대해 보험사의 거부시에(소송 포함) 금융감독원장으로 하여금 합의권고를 할 수 있도록 하는 것이 보험소비자 보호에 합당하다.

116) 보험분쟁의 민원처리과정에서 보험소비자의 대리인에 손해사정사가 포함되는 것을 의무화 해야한다. 보험업법 제188조(손해사정사 등의 업무) 손해사정사 또는 손해사정업자의 업무는 다음 각 호와 같다. 1. 손해발생사실의 확인, 2. 보험약관 및 관계법규 적용의 적정여부 판단, 3. 손해액 및 보험금의 사정, 4. 제1호 내지 제3호의 업무와 관련한 서류의 작성 · 제출의 대행, 5. 제1호 내지 제3호의 업무의 수행과 관련한 보험회사에 대한 의견의 진술

2. 처리기일 한정

일반민원으로 분류되는 경우의 처리기일에 대한 규정은 없고, 조정위원회에 회부된 분쟁조정사건은 회부일로부터 60일 이내에 심의하여 조정결정하도록 정하고 있으나, 일반민원이든 분쟁조정사건이든 사실조사등에 소요된 기간을 산입하지 않고 있다. 의료분쟁의 경우는 조정신청이 있는 날부터 60일 이내에 감정서를 작성하여 조정부에 송부하여야 하고, 1회에 한하여 30일까지 연장할 수 있다.

따라서 보험분쟁의 경우도 사실조사등에 소요된 기간에 상관없이 민원신청이 있는 날부터 60일 이내에 민원결과를 도출하고, 1회에 한하여 30일 연장할 수 있도록 해야한다.

Ⅲ. 조정위원추천위원회

의료분쟁의 경우는 감정단의 업무를 효율적으로 수행하기 위하여 감정위원 및 비상임 감정위원으로 구성된 분야별, 대상별 또는 지역별 감정부를 둘 수 있고, 감정위원은 9명의 추천위원으로 구성된 감정의원추천위원회의 추천을 받아 원장이 임명 또는 위촉한다.[117] 보험분쟁의 경우는 금융위원회의 설치 등에 관한 법률 제52조(조정위원회의 구성)를 보면 원장이 위촉한다.[118] 따라서, 보험분쟁의 조정위원도 공정성과 신뢰성을 위해서 일정인원의 추천위원으로 구성된 조정위원추천위원의 추천을 받아 원장이 위촉하도록 해야한다.

---

117)의료사고 피해구제 및 의료분쟁조정 등에 관한 법률 제26조(감정부) ① 감정단의 업무를 효율적으로 수행하기 위하여 상임 감정위원 및 비상임 감정위원으로 구성된 분야별, 대상별 또는 지역별 감정부를 둘 수 있다. ② 감정위원은 다음 각 호의 어느 하나에 해당하는 사람 중에서 9명의 추천위원으로 구성된 감정위원추천위원회(이하 "추천위원회"라 한다)의 추천을 받아 원장이 임명 또는 위촉한다.

118) 금융위원회의 설치 등에 관한 법률 제52조(조정위원회의 구성) ① 조정위원회는 위원장 1명을 포함한 30명 이내의 위원으로 구성한다. ② 조정위원회 위원장은 원장이 그 소속 부원장 중에서 지명하는 사람이 되며, 조정위원회 위원은 다음 각 호의 사람으로 한다. 1. 원장이 그 소속 부원장보 중에서 지명하는 사람, 2. 판사 · 검사 또는 변호사의 자격이 있는 사람 중에서 원장이 위촉하는 사람, 3.「소비자기본법」에 따른 한국소비자원 및 소비자단체의 임원 또는 그 직에 있었던 사람으로서 원장이 위촉하는 사람, 4. 금융기관 또는 금융 관계 기관 · 단체에서 15년 이상 근무한 경력이 있는 사람으로서 원장이 위촉하는 사람, 5. 금융에 관한 학식과 경험이 있는 사람 중에서 원장이 위촉하는 사람, 6. 전문의의 자격이 있는 의사 중에서 원장이 위촉하는 사람, 7. 그 밖에 분쟁의 조정과 관련하여 원장이 필요하다고 인정하여 위촉하는 사람

Ⅳ. 신청민원의 규범적 판단

의료분쟁의 경우의 가장 큰 역할을 하고 있는 것이 의료사고감정단[119]이다. 이와관련해서 의료분쟁의 경우는 전문적인 의학지식이 필요하기 때문에 의료인의 역할이 크나, 의료행위(사고)에 대한 사실판단은 규범적 판단이며 자연과학적인 판단은 아니다. 규범적 판단을 위해서 의학이라는 자연과학적 판단이 의미를 가지는 것이므로 감정부에 의료인과 법조인을 각 2명씩 포함시켜 사실을 규명함에 있어서 자연과학적인 판단 및 의학적 판단으로 기울지 않고 규범적 차원에서 판단할 수 있도록 하고 있다.[120]

보험분쟁의 해결도 의료자문이 중요한 역할을 하고 있으므로 자연과학 및 의학적 판단으로만 기울지 않도록, 의료사고감정단의 구성 및 역할을 반영해야 할 것이다.

119) 의료사고에 대한 사실관계를 규명하는 기능을 하는 기관.
120) 박미라, 의료분쟁조정제도에 대한 연구, 고려대학교 법무대학원, 2013, 83면.

손해사정사가 쓴
알기쉬운 **보험 · 보상 솔루션**

1판 1쇄 발행 2015. 9. 24.
1판 2쇄 발행 2017. 10. 27.

지은이 김영현
펴낸이 윤진영
펴낸곳 도서출판 대학서림
등록번호 제1-88
등록일자 1965년 1월 20일
주소 서울시 종로구 혜화로2길 8
전화 (02)763-1220
팩스 (02)744-1210
Homepage www.daihaks.com
ISBN 978-89-6940-106-9 93320

값 19,600원

손해사정사가 쓴

알기쉬운 보험 · 보상 솔루션